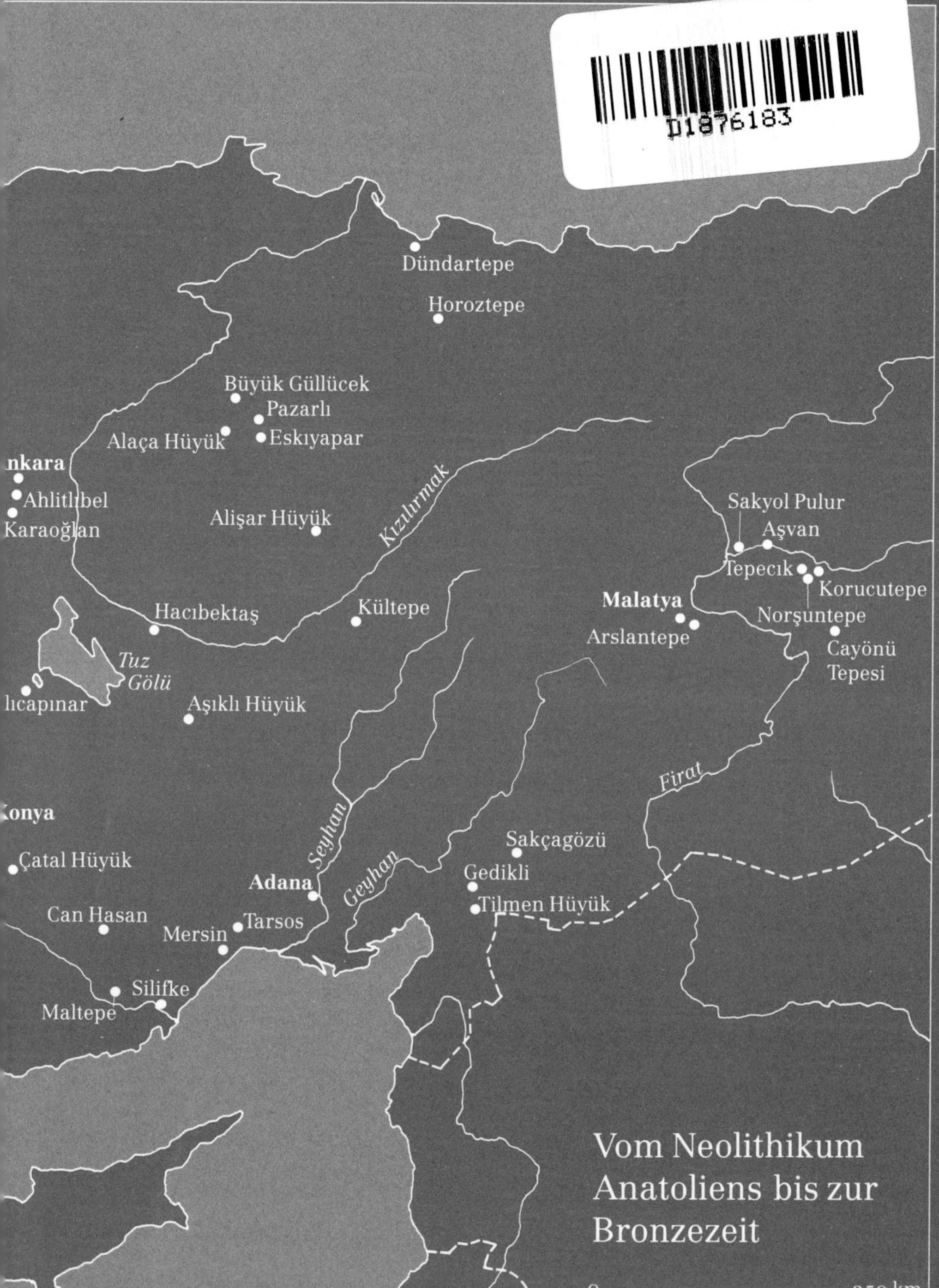
Vom Neolithikum Anatoliens bis zur Bronzezeit
Dündartepe
Horoztepe
Büyük Güllücek
Pazarlı
Alaça Hüyük
Eskıyapar
nkara
Ahlitlıbel
Karaoğlan
Alişar Hüyük
Kızılırmak
Hacıbektaş
Kültepe
Tuz Gölü
ıcapınar
Aşıklı Hüyük
Malatya
Arslantepe
Sakyol Pulur
Aşvan
Tepecık
Korucutepe
Norşuntepe
Cayönü Tepesi
Firat
onya
Çatal Hüyük
Seyhan
Geyhan
Adana
Sakçagözü
Gedikli
Tilmen Hüyük
Can Hasan
Tarsos
Mersin
Silifke
Maltepe
0
250 km

Helmut Uhlig

DIE MUTTER EUROPAS

Helmut Uhlig

DIE MUTTER EUROPAS

Ursprünge abendländischer Kultur in Alt-Anatolien

Gustav Lübbe Verlag

Für Walter Fritzsche

Umschlaggestaltung: Reinhard Borner,
Bergisch Gladbach, unter Verwendung eines Fotos
von Helmut Uhlig, Berlin
Fotos: Helmut Uhlig, Berlin, wenn nicht
anders vermerkt
Karten: Reinhard Borner, Bergisch Gladbach
Satz: Kremerdruck GmbH, Lindlar
Gesetzt aus der 10 Punkt Centennial von Linotype
Druck und Einband: Franz Spiegel Buch GmbH, Ulm

Printed in Germany
ISBN 3-7857-0601-4

INHALT

ANHANG

DAS ANATOLISCHE PROBLEM

Seit der Mitte unseres Jahrhunderts erleben wir den schwierigen Prozeß der Entstehung einer europäischen Gemeinschaft. Als EG besteht sie auf dem Papier und in gewissen machtlosen Gremien seit 1953. Wachsendes Gewicht gewann sie in einem Teilbereich als Wirtschaftsgemeinschaft: der EWG. Im Europäischen Parlament sind zwölf Länder des westlichen und südlichen Europa vertreten. Ein dreizehntes Land beantragte am 11. April 1988 die Aufnahme in die EG: die Türkei. Dieser Antrag löste vor allem in den mitteleuropäischen Gründungsländern der Gemeinschaft – so auch in der Bundesrepublik Deutschland – eine heftige Diskussion aus, die in der Frage gipfelte, ob die Türkei überhaupt ein europäisches Land sei.

Wenn das auch nicht der Tenor der Pragmatiker ist, die Sinn und Zweck des Beitritts vor allem unter politischen und wirtschaftlichen Aspekten beurteilen, so zeigt sich in solchen Stimmen doch eine traditionalistische Tendenz, die Grenzen Europas dort zu ziehen, wo sie nach alten Vorstellungen geographisch und kulturell zu ziehen sind. Griechenland und das Christentum sind dabei Markierungen, die selbst viele fortschrittliche Europäer noch nicht aufgegeben haben.

Und in der Tat: Spätestens seit der Eroberung Konstantinopels durch die Türken im Jahre 1453 zieht das abendländische Bewußtsein die europäische Südostgrenze am Bosporus. Jenseits der Meerenge beginnt Asien – nicht nur geographisch. Für die katholischen Christen war diese Grenze im Herzen schon viel früher und enger gezogen. Sie verlief inmitten Europas, östlich von Italien. Ein Beweis dafür, wie viele Grenzen mit Emotionen zu tun haben und wie schwer es noch immer oder gerade heute ist, Europa zu definieren und in vertretbaren Grenzen zu sehen und zu verstehen.

Bedenkt man, daß der Name »Europa« auf eine asiatische Prinzessin zurückgeht, die von Zeus in Gestalt eines Stieres entführt und auf der Insel Kreta zur Liebe verführt wurde, so wird einem verständlich, daß unser Erdteil im Mythos anders erscheint als im Bewußtsein der Menschen, die ihn nur rationalistisch begreifen – als Wiege dessen, was sie abendländische Kultur nennen. Doch auch historisch gesehen ist die eurozentristische christliche Hybris, wie sie sich in Zeiten kolonialer Welteroberung entwickelte, wenig begründet. Es sei denn, man wollte den Grund dafür in dem Elend suchen, mit dem europäische Geschichte 395 – nach der Teilung des Römischen Reiches – begann.

Schon damals ließ das abendländische Rom in seinem unversöhnlichen Haß gegen das morgenländische Byzanz Zweifel an einer möglichen Einheit dieses kleinsten Kontinents unserer Erde aufkommen, dem das seltsame Schicksal widerfuhr, durch zwei Glaubensweisen der gleichen christlichen Religion auseinandergerissen zu werden, bevor er sich geformt hatte. Denn das Römische Reich war ein eurasisches Gebilde gewesen, so wie schon vorher das Griechenland des Mazedoniers Alexander.

Und als Europa in seinen natürlichen geographischen Grenzen hätte beginnen können, fiel es auseinander in zwei Hälften, gebildet von den Herrschaftsblöcken einer aus Machtgier zerrissenen Kirche, die sich nichtsdestoweniger auf einen der größten, Liebe und Frieden predigenden Menschheitslehrer berief. Doch mit der Lehre Christi hat das, was seit dem vierten Jahrhundert in seinem Namen in Europa und von Europa aus geschah, ohnehin nicht viel zu tun.

Das ist um so tragischer, als die kulturelle Frühentwicklung dieses Erdteils von Kräften bestimmt war, die das Beste zusammenfaßten, was über Jahrtausende die frühe Menschheitsgeschichte geformt hatte. Es waren Kräfte, die zum großen Teil dort zu erster Entfaltung kamen, wo wir heute die Südostgrenze unseres Kontinents ziehen und wo nun, durch den türkischen

Antrag zur Aufnahme in die EG, die späte Korrektur eines Bruchs möglich werden könnte, der seit 1453 irreparabel schien, zumal dieses Datum einen weiteren Akt religiöser Feindschaft und Unversöhnlichkeit belegt. Denn religiöse Konflikte, das zeigt die Geschichte Europas wie die Asiens, greifen tiefer und währen länger als jeder politische Konflikt.

Doch auch nach dem Sieg des Islam vor fünfhundert Jahren blieben die anatolische Welt und die Brücke zum Abendland am Bosporus spannungsgeladenes Gebiet zwischen Asien und Europa: eine Welt des bunten Völkergemischs und der grenzübergreifenden Konflikte. Man denke nur an die alte Feindschaft zwischen Griechen und Türken.

Nicht weniger bewegt als die Zeiten, deren Geschichte ihren schriftlichen Niederschlag bei Dichtern und Historikern – in Sagen, Mythen, Berichten und Annalen – gefunden hat, waren, soweit wir sehen können, die frühen Jahrtausende im Bereich zwischen Orient und Okzident – in Vorderasien und rund um das Mittelmeer. Es scheint, als ob es ein Konzentrationsgebiet des frühen Menschen und seiner ersten formbewußten Lebensäußerungen gewesen sei, das schweifende Gruppen anlockte und Kräfte zur Entfaltung kommen ließ, die nach Jahrtausenden langsamer Entwicklung des Menschen das entstehen ließen, was wir heute Kultur nennen. Doch wir sollten vorsichtig sein mit solchen Feststellungen, die eine Zeit betreffen, über die uns weder schriftliche Nachrichten noch ausreichende Funde vorliegen. Denn wir müssen, so gut unsere Erde heute auch erforscht sein mag, von weiten weißen Flecken auf der Landkarte ausgehen, je weiter wir zeitlich zurückschauen.

Wenn wir bedenken, daß moderne Geschichtsforschung und Geschichtsschreibung kaum älter als zweihundert Jahre sind und daß von den frühen Texten vieles als verloren gelten muß, kann das nicht verwundern. Besonders deutlich wird das Problem, wenn man die Literatur zu diesem Thema – der Beziehung zwischen Vorderasien und dem Abendland – betrachtet. Sie ist ein Spiegel der sich seit mehr als hundert Jahren schnell verändernden historischen Karte jenes Gebietes.

Galt das alte Griechenland auch der katholischen Welt als Mutter des Abendlandes, war das türkische Reich unter den Osmanen zum Feind Europas geworden. Und die europäische Entscheidung Christentum oder Islam wurde 1683 vor Wien mit Waffen herbeigeführt. Kein Wunder, daß die Türkei in europäischen Augen kein Ansehen genoß. Das wirkte sich auch auf ihre historische Einschätzung aus. Für europäische Historiker war sie lange kein Thema. Und auch das Land selbst machte es dem interessierten Reisenden nicht leicht, es kennenzulernen, es sei denn, er reiste im offiziellen Auftrag wie etwa Helmuth von Moltke, der 1835 bis 1839 als preußischer Militärberater in der Türkei weilte. Seine Aufzeichnungen über das Land und dessen Bevölkerung bieten ein aufschlußreiches Bild aus der Endphase des Osmanischen Reiches, das zugleich die Verhältnisse in der alten Türkei durch viele Jahrhunderte spiegelt.

Wenn von Moltke als offizieller Gast Zeugnis von der Gegenwart ablegte, so machte sich ein anderer Deutscher – Heinrich Schliemann – 1868 auf den Weg nach Kleinasien, um der frühesten griechischen Geschichte nachzuspüren. Als er dann, seinen Homer wörtlich nehmend, an der türkischen Westküste 1870 Troja (Troia) entdeckte und auszugraben begann, war Anatolien unversehens in den Kreis der geschichtsträchtigen Länder eingetreten. Doch machte sich das damals noch niemand so recht klar.

Troja gehörte aus europäischer Sicht zur griechischen Geschichte, obwohl Leopold von Ranke 1881 in seiner *Weltgeschichte*, wenn auch noch sehr verschwommen, auf die vorderasiatisch-griechischen Beziehungen hinweist. Hier zeigt sich, wie lange es oft dauert, bis lokale Forschungen und Funde Eingang in die ein breiteres Publikum erreichenden zusammenfassenden Gesamtdarstellungen finden. Noch in der 1896 erschienenen Neuausgabe des ersten Bandes seiner *Weltgeschichte* erwähnt von Ranke, trotz ausführlicher Behandlung der historischen Bedeutung der Epen Homers, Schliemann und seine Ausgrabungen mit keinem Wort. Auch von dem, was inzwischen sonst auf anatolischem Boden entdeckt worden war, finden wir bei ihm keine Nachricht. Wir ersehen daraus, daß die Archäologie vor hundert Jahren von den Historikern noch nicht ernstgenommen wurde. Und das, obwohl gerade ihre Texte – etwa über Ägypten oder Babylon – den Anschein umfassenden Wissens erwecken.

Den entscheidenden Schritt zu einer Gesamtdarstellung der alten Geschichte tat Eduard Meyer, der 1884 mit der Veröffentlichung seines achtbändigen Werkes *Geschichte des Altertums* begann. Ihm kommt das Verdienst zu, die Betrachtung der griechischen Kultur aus ihrer europäischen Isolierung gelöst und sie in den Gesamtzusammenhang mediterranen und vorderasiatischen Geschehens gestellt zu haben. Welche Bedeutung diesem Werk zukommt, beweist die Tatsache, daß seine seit 1907 erschienene, stark erweiterte und in vielen Teilen neubearbeitete zweite Ausgabe inzwischen acht weitere Auflagen erlebt hat. Die letzte erschien ab 1975 und ist als Grundlagenwerk – gerade auch für unser Thema Anatolien – trotz aller Neuentdeckungen immer noch eine fundamentale Arbeit.

Im zweiten Band lesen wir unter der Überschrift »Die Welt des Aegaeischen Meers«: »Das Aegaeische Meer ist keine Völkerscheide. Das westliche Kleinasien streckt seine Halbinseln den Landzungen Griechenlands entgegen, die Inseln bilden die Brücke; nirgends im Meer gibt es eine Stelle, wo der Schiffer nicht ringsum aufragende Berggipfel erblickt. So fluten die Volksstämme hinüber und herüber, und wenn die Politik zeitweilig, wie in der Gegenwart, eine Grenzlinie hindurchgezogen hat, so bleibt dieselbe immer künstlich und ephemer und vermag weder dem Verkehr und dem Austausch der Kultur noch den Expansionsbestrebungen der Völker und Staaten Schranken zu setzen. Gerade in den ältesten geschichtlicher Forschung erkennbaren Epochen tritt diese Einheit der Inseln und Küsten des Aegaeischen Meers besonders anschaulich hervor. In einer Zeit, wo die Elemente der Kultur sich erst ausbilden, hat das Meer hier dieselbe Bedeutung besessen wie am Nil und Euphrat das fruchtbare Ackerland des Überschwemmungsgebiets: Es lockt zur Seefahrt, zum Vordringen nach unbekannten Küsten, es schafft einen regen Verkehr und in demselben eine ständige Weiterentwicklung der materiellen und der geistigen Errungenschaften.«

Der Geist, der aus diesen Sätzen spricht, ist der Geist einer universalen, kosmopolitischen Betrachtung der Geschichte bis in ihre wahrnehmbaren Anfänge, der zu Beginn unseres Jahrhunderts nicht selbstverständlich war und es – wie viele Publikationen zeigen – auch heute noch nicht ist.

Die entscheidenden Voraussetzungen für die historische Forschung sind Quellen und Funde, wobei schriftliche Quellen, wie sie ab 3000 v. Chr. zutage treten, den Vorteil besserer Deutbarkeit gegenüber den früheren Funden haben. Eindeutig freilich müssen auch sie nicht immer sein. Trotzdem bin ich mir der großen Schwierigkeiten bewußt, die die schriftlosen Kulturen, wie wir sie jetzt aus dem archäologischen Neuland Früh-Anatoliens kennen, einer Deutung und Wertung entgegensetzen.

Doch bestanden nicht ähnliche Schwierigkeiten vor der Entzifferung der hethitischen Schrift lange Zeit auch für eine viel spätere Epoche anatolischer Geschichte?

Bereits 1812 war ein Schweizer bei Hama auf einen Stein mit rätselhaften Hieroglyphen gestoßen. 1834 hatte dann der französische Asien-Reisende Charles Texier die hethitischen Ruinen von Boğazköy entdeckt, die sich später als monumentale Reste der Hethiter-Hauptstadt Hattuşa erweisen sollten. Doch erst 1905 begann der deutsche Assyriologe Hugo Winckler mit der Ausgrabung von Hattuşa, die 1931 von Kurt Bittel fortgesetzt wurde und erst 1972 einen vorläufigen Abschluß fand. Die Entzifferung der hethitischen Keilschrift, von der die Ausgrabungen Winklers bis 1911 eine Fülle, eingeritzt auf Tontafeln, zutage gefördert hatten, gelang in der Zeit des Ersten Weltkrieges dem Tschechen Bedřich Hrozný.

In der gesamten Zeit dieser Erforschung des Hethiterreiches und seiner Kultur war das historische Interesse auf Anatolien gerichtet. Es gab zahlreiche Publikationen. Die Frage nach der Herkunft der Hethiter, die man als ein indogermanisches Volk identifizierte, wurde leidenschaftlich diskutiert. Doch lief die

Betrachtung, wie schon zu Ende des neunzehnten Jahrhunderts im Falle Trojas, wiederum auf eine Isolierung hinaus. Anatolien wurde nun im öffentlichen Bewußtsein oft gleichgesetzt mit dem Land der Hethiter, obwohl gerade Kurt Bittel, das Haupt der modernen Hethiter-Forschung, von Anfang an den anatolischen Kulturkreis wesentlich weiter gezogen und seinen Blick auch auf die den Hethitern vorangegangenen Kulturäußerungen im anatolischen Raum gerichtet hatte.

In diesem Zusammenhang scheint es mir besonders wichtig, daß Kurt Bittel, wie vorher schon Eduard Meyer, von den Einflüssen spricht, die das Gebiet der Ägäis und Griechenlands von Anatolien empfangen hat. Wobei er betont, daß es sich wohl nicht nur um Wanderbewegungen der Stämme, wie sie der österreichische Ägäis-Forscher Fritz Schachermeyr annimmt, sondern um echten Kulturtransfer handelt – und das schon in sehr früher Zeit, deren Kulturträchtigkeit im anatolischen Raum uns erst in den letzten Jahrzehnten durch Ausgrabungen verdeutlicht worden ist.

In der Tat hätte ein Buch wie das vorliegende, das neben der Geschichte Anatoliens auch die »ost-westliche Kulturdrift«, wie sie Schachermeyr nennt, zum Thema hat, vor dreißig Jahren noch nicht geschrieben werden können. Doch die Entdeckungen der sechziger Jahre, die vor allem mit dem Namen des Ausgräbers James Mellaart verbunden sind, lassen keinen Zweifel mehr zu an der kulturhistorischen Bedeutung Vorderasiens für die Entwicklung des Abendlandes.

Mag die archäologische Karte Anatoliens auch noch viele Lücken aufweisen, so ist doch mit Mellaarts Ausgrabungen in Çatal Hüyük und Hacılar aus dem siebten und sechsten Jahrtausend v. Chr. ein Horizont erreicht, der Ursprünge und Zusammenhänge erkennen läßt, an die vor wenigen Jahren noch niemand glauben mochte. Und dies, obwohl die Idee von der Existenz solcher Zusammenhänge – auch mit der frühen europäischen Kulturentwicklung – damals schon geboren war und von einer Reihe von Wissenschaftlern als Hypothese vertreten wurde.

DIE WELT DER ERSTEN STUNDE

So alt wie die Menschheit ist die Frage nach ihrem Ursprung. Wir wissen nicht, wann die ersten menschenähnlichen Wesen die Erde bevölkerten. Wir wissen auch nicht genau, wo das geschah, wenngleich gewichtige Funde nach Ostafrika deuten. Doch Funde aus frühesten Zeiten sind oft Zufallsfunde. Selbst dort, wo systematisch gegraben wird, ist die Frage nach den zeitlichen Zusammenhängen von Fundstücken und der Möglichkeit ihrer Deutung oft nur schwer zu beantworten.

Was sagen uns schon die Jahrmillionen oder Jahrhunderttausende, von denen Erdgeschichtsexperten und Anthropologen heute mit großer Selbstverständlichkeit sprechen? Wer kann sich wirklich einen Zeitraum von hunderttausend Jahren vorstellen, wer sich die Geschlechterfolge in einer solchen Zeit mit all ihren Wandlungen vergegenwärtigen? Ist es nicht wie ein Riesenpuzzle über Raum und Zeit, von dem wir nur einen winzigen Bruchteil an Stücken besitzen, während wir die vielen fehlenden Glieder noch suchen müssen?

Ich glaube, wir können uns trotz aller wissenschaftlichen Bemühungen die Welt der ersten Stunde nur als das Irgendwann und Irgendwo im Riesenzeitraum der sich entfaltenden Erdgeschichte aufbrechende menschliche Bewußtsein vorstellen. Der erste Mensch war der, dem es nicht mehr ums bloße Überleben ging, um instinktive Existenz, sondern der vorwärtsschaute, aber auch zurückblickte, und dem sein Leben bewußt wurde. Er war einer, der fragte. Und die rückwärtsgewandte Frage war die Frage nach seiner Herkunft, nach seinem Ursprung.

An dieser Tatsache ändert das chronologische Rätselraten der Forscher ebensowenig wie die fleißige Suche nach den dazu benötigten Beweisstücken. Dabei ist es auch unerheblich, ob die ältesten, von menschenähnlichen Wesen hergestellten und benutzten Werkzeuge 1 850 000 Jahre alt sind – wie man heute annimmt –, oder ob man bei der lange Zeit von vielen Wissenschaftlern anerkannten Schätzzahl von einer Million Jahre bleibt.

Die Neugier der Forscher freilich führt in immer frühere Erdzeiträume. So wird das Alter primitiver Steinwerkzeuge, die man am ostafrikanischen Rudolfsee gefunden hat, aufgrund eines modernen wissenschaftlichen Verfahrens mit zwei bis drei Millionen Jahren angegeben. Die für solche Untersuchungen benutzte Kalium-Argon-Methode ist bei kaliumhaltigem Gestein anwendbar. Dabei geht man vom relativen Anteil des in solchem Gestein vorkommenden Isotops Argon 40 aus, das beim sehr langsamen Zerfall – man rechnet mit einer Halbwertzeit von 1,3 Milliarden Jahren – des Kalium-40-Isotops entsteht.

Durch derartige naturwissenschaftliche Untersuchungsmethoden, die zum Teil noch sehr umstritten sind, ist die Urgeschichtsforschung in eine gewisse Abhängigkeit von den Naturwissenschaften geraten, ohne daß die von dort gelieferten Zahlen wirklich einen nachvollziehbaren Sinn ergeben. Alter, das nicht an klaren Entwicklungen aufgezeigt werden kann, ist etwas schwer Begreifliches und kaum Definierbares. Da helfen Zahlen wenig. Womit wir wieder beim aufbrechenden Bewußtsein sind, durch das ja Alter erstmals erfahrbar wird – in Form von Vergangenheit.

Wenn wir die Stunde des aufbrechenden Bewußtseins auch nicht zeitlich bestimmen können, so wissen wir doch, daß sie die entscheidende Stunde unserer menschlichen Entwicklung war – eine Art Geburtsstunde. Und so muß sie, wenn nicht alle frühesten Zeugnisse, die über die Herstellung von Werkzeugen hinausgehen, täuschen, vom Menschen auch empfunden worden sein: nicht als Stunde der Schöpfung – Schöpfungsmythen entstanden erst viel später –, sondern als Stunde der Geburt.

Zwei Stufen dieses in Wirklichkeit unendlich währenden Geburtsvorgangs können wir unterscheiden: Eine lange Phase, in der Bewußtsein entsteht; es ist die Phase der Ausbildung erster grober, dann aber immer feiner und vielfältiger werdender Werkzeuge. Mit der zweiten Stufe wird der Zustand rein materieller Lebensbewältigung überschritten. Ein geistiges Element tritt zutage. Es entstehen Formen jenseits des im genauen Wortsinn Notwendigen. Vergleichen kann man diese beiden Stufen, um im Bild der Geburt zu bleiben, mit dem Heranwachsen des Kindes im Mutterleib und mit seinem Heraustreten aus dem Leib – der eigentlichen Geburt.

Wenn wir entsprechende Funde richtig datieren und deuten, muß sich diese Geburt vor mehr als dreißigtausend Jahren ereignet haben. Das Wachstum des Fötus Bewußtsein aber hätte sich dann über achtundneunzig bis neunundneunzig Prozent der Zeit erstreckt, in der wir vom Dasein des Menschen sprechen können – und das bis auf den heutigen Tag.

Der Augenblick der beginnenden Geburt, das heißt des Aufbrechens von Bewußtsein, ist begleitet vom Erscheinen bildhafter Gestaltung und Darstellung wichtiger Aspekte der ins Bewußtsein tretenden Umwelt. Das sind vor allem Mitmenschen und Tiere. Das Lebendige, so sehen wir an den Funden, wird sich zuerst des Lebendigen bewußt, das aber heißt auch des Gebärenden. Denn Geburt ist sicher für den ins Bewußtsein tretenden Menschen eines der großen, entscheidenden Erlebnisse gewesen, dem nur Naturerscheinungen wie Tag und Nacht – also Sonne, Mond und Sterne –, die wechselnden Jahreszeiten oder spürbare Klimaschwankungen sowie alle Arten von Naturereignissen bis hin zu Naturkatastrophen und dann vor allem der Tod als gleichbedeutend an die Seite zu stellen sind.

Die Zeit, von der wir hier sprechen, ohne sie genau bestimmen zu können, ist zugleich die Geburtsstunde menschlichen Ausdrucks, menschlicher Gestaltung. Es ist die Stunde der Entstehung oder vielleicht auch schon der Differenzierung von Lautformung, von Sprache, sichtbar und darum nachweisbar aber vor allem als Stunde erster Hervorbringung von Gestaltetem – von Kunst. Da die Thematik dieser ältesten Kunstäußerungen im wesentlichen auf Mensch und Tier begrenzt ist, wobei

Frau und Jagdtier unübersehbar im Vordergrund stehen, muß der Anlaß für solches Tun wohl ein anderer als die reine Freude am Dargestellten gewesen sein. Man darf vielmehr davon ausgehen, daß Frau und Tier in der damaligen Welt nicht nur eine dominierende Rolle gespielt haben, sondern auch über ihre jeweilige Lebenszeit hinaus als Einzelwesen bewahrt werden sollten. Dazu diente damals die Kunst. Ihre vorrangigen Themen waren das Tier als Jagdwild, als Beute, aber auch als das andere Lebendige, das Gegenüber, auf dessen Vermehrung und Fortbestand man achthaben mußte, und die Frau als Gebärende, als die Leben und Überleben Sichernde.

Nicht nur die räumliche Ausdehnung der Fundstätten über ganz Europa und weite Teile Asiens, sondern auch die zeitliche Dauer solchen Gestaltens von der späten Altsteinzeit um 30000 v. Chr. bis in historisch faßbare Epochen hinein machen die andauernde Bedeutung dieser Themen für den Menschen deutlich. Sie begleiten seine Kulturentwicklung von den Anfängen bis in die Hochkulturen der letzten drei Jahrtausende vor der Zeitenwende.

Selbst der gravierende Wechsel des Wirtschafts- und damit des Lebensstils – vom Jäger und Sammler zum Tierzüchter und Ackerbauer –, der sich in einigen Gebieten Asiens und Europas schon vom achten oder gar neunten Jahrtausend v. Chr. an vollzog, hat daran nichts geändert. Mag die Bedeutung der Bilder in der langen Zeit ihres fortwährenden Entstehens einen Wandel erfahren haben, als Archetypen blieben sie erhalten und verloren wohl auch nichts von der numinosen Bedeutung ihrer ersten Stunde. Denn wahrscheinlich war die Zeit, in der Kunst entstand, zugleich die Zeit der Entfaltung, vielleicht auch schon der Formulierung von Religion. Damit stünden Religion und Kunst als natürliche Begleiterscheinungen an der Wiege des menschlichen Bewußtseins.

Religion war in dieser ersten Stunde vor allem Reaktion auf das Erlebnis von Geburt und Tod. Die Erfahrung der Vergänglichkeit und das Erlebnis der ewigen Wiederkehr – in der Geburt – mögen die Auslöser religiösen Empfindens und seiner

Umsetzung in Vorstellungen und damit auch ins Bild gewesen sein. Anders ist es kaum zu erklären, daß über weite Gebiete der Erde und in annähernd gleichen Zeiträumen Bilder und Erscheinungen auftreten, die man nur als Ausdruck eines allgemeinen, alle Menschen mehr oder weniger beherrschenden Gefühls ansehen kann. In ihm drückt sich etwas aus, was allen gesellschaftlichen Veränderungen und allen Unterdrückungen zum Trotz die Jahrtausende überlebt hat – die Religion in ihrer vielgestaltigen, oft phantastischen Wirkungskraft, die bisher kein aufgeklärtes, atheistisches, materialistisches Denken und kein daraus hervorgegangenes politisches System zerstören konnte.

Über die Anfänge von Religion ist viel nachgedacht und viel geschrieben worden. Das Spektrum reicht von Vorstellungen eines primitiven magischen Zauberwesens bis zum Eingottglauben als Ursprung des Religiösen. Der naheliegende Vergleich mit Religionen und Kulten von Naturvölkern der Gegenwart wurde ebenso strapaziert wie die vorgefaßten Meinungen von Vertretern heutiger Hochreligionen, wobei sich christliche Interpreten mit vorgefaßter Meinung besonders hervortaten.

Der Streit läuft immer auf ein Entweder-Oder hinaus. Ich glaube, schon hier liegt der falsche Ansatz. Was kritisches, analytisches Denken aus Gegensätzen verstehen und erklären möchte, war vielleicht ursprünglich gar nicht Gegensatz, sondern Einheit, wie sie in frühen Zeiten aus einem Sowohl-Alsauch immer wieder entstanden ist und die Kontinuität der ältesten Kulturmenschheit bewahren half.

Ein Beispiel dafür: Zwischen Vorgeschichtsforschern und Religionswissenschaftlern gibt es einen langanhaltenden Streit um die Frage, ob die frühen Tierdarstellungen in den altsteinzeitlichen Höhlen Frankreichs und Spaniens einem Jagdzauber gedient haben oder ob sie bildhafter Ausdruck eines Fruchtbarkeitskultes zur Bewahrung der Tierheit sind, also einem frühen ökologischen Verantwortungsbewußtsein bei den Jägern der Eiszeit entspringen. Hier wie bei vielen anderen Streitfragen zur Deutung vorzeitlicher Bilder und Vorstellungen ist zu sagen, daß die Erklärungsversuche einander nicht ausschließen müssen.

Das auf Ordnungsbegriffe und Schemata ausgerichtete moderne wissenschaftliche Denken ist ganz zweifellos in seinen differenzierenden Kategorien weit von der Geisteshaltung des frühen Menschen entfernt. Er begriff und deutete das Leben als Ganzheit, wie wir von zahlreichen Funden und ihrem Vorkommen durch viele Jahrtausende ablesen können. Er war also, wie wir noch oft sehen werden, ein ausgesprochener Mensch des Sowohl-Als-auch.

Nicht anders als mit den Kategorien der Deutung geht es mit der räumlichen Ausdehnung der frühen Kunst. Malereien und Skulpturen kommen über weite Räume – zwischen Spanien und Sibirien, zwischen Mitteleuropa und dem Vorderen Orient – in überraschender Gleichförmigkeit vor, wenn man ihre Hauptwesensmerkmale betrachtet, die wohl in erster Linie religiöser Natur sind. Sie deuten auf eine frühe Weltreligion hin, wenn auch nicht auf Monotheismus, wie es einige christliche Forscher so gern wahrhaben möchten. Und sie deuten auch auf eine erste Weltkunst hin, was natürlich wiederum nur aus dem allen frühen Völkern gemeinsamen religiösen Geist zu verstehen ist. Diesen müssen wir begreifen aus der Verehrung der Mutter als Ewiger Mutter, als der Gebärerin, die zugleich Garantin fortdauernden Lebens ist – ein Symbol für Ewigkeit.

DIE GEBÄRENDE GÖTTIN

Kein Thema ist in der Literatur zur frühesten Geschichte so häufig und kontrovers behandelt worden wie das der steinzeitlichen weiblichen Kleinplastiken und Skulpturen, die man nach den ersten Funden »Venusstatuetten« genannt hat. Unter ihnen ist die 1908 entdeckte, sogenannte Venus aus dem österreichischen Willendorf wohl die bekannteste.

Wir müssen dem Phänomen dieser Skulpturen, die man auch als Idole bezeichnet, im Rahmen dieses Buches ebenso nachgehen wie dem Aufbruch des menschlichen Bewußtseins. Denn beide Themen spielen in der Geschichte des frühen Anatolien und für die uns hier beschäftigende ost-westliche Kulturdrift der Frühzeit eine entscheidende Rolle.

Betrachten wir die ältesten, bis in eine Zeit vor über dreißigtausend Jahren nachweisbaren weiblichen Figuren, wie sie sich über einen Raum von mehreren tausend Kilometern – zwischen Spanien und dem Baikalsee – gefunden haben, kann ihre religiöse Bedeutung kaum zweifelhaft sein, so sehr auch darum gestritten wird.

Freilich wurzelt der Geist der meisten Argumente, die sowohl für wie auch gegen die religiöse Bedeutung der Skulpturen vorgebracht werden, tief im neunzehnten Jahrhundert. Das beginnt mit der Bezeichnung »Götzenbilder«, wie wir sie noch Mitte der zwanziger Jahre in einem Standardwerk – der *Urgeschichte der bildenden Kunst in Europa* von Hoernes-Menghin –, ja selbst in Fachpublikationen der Gegenwart finden, und endet mit der bei einem hochkarätigen Wissenschaftler wie André Leroi-Gourhan befremdenden Feststellung, am Thema Fruchtbarkeitsgöttin sei »nichts besonders Originelles«.

Ich weiß nicht, ob sich Wissenschaft durch Lässigkeit des Ausdrucks aufwerten kann. Leroi-Gourhan jedenfalls hätte es nicht nötig, sich auf solche Weise zu empfehlen, da er zweifellos zu den bedeutendsten Prähistorikern gehört, die wir heute haben. Und gerade sein vorurteilsfreies Hinterfragen bisheriger Interpretationen hat viel zur Bereinigung des durch Hypothesen ideologisch vernebelten Frühfeldes der Geschichte beigetragen.

Interessant ist die Stellungnahme zu den Frauenstatuetten in den beiden führenden Handbüchern zur Ur- und Frühgeschichte. Sie stammen beide aus deutscher Feder. Das zweibändige, 1966 (1. Band) und 1975 (2. Band) von Karl J. Narr herausgegebene *Handbuch der Urgeschichte* faßt Beiträge verschiedener Forscher zusammen und bietet so eine breite Palette urgeschichtlicher Zusammenhänge und Deutungen.

Das gleichfalls seit 1966 erschienene, 1980 zum Abschluß gekommene *Handbuch der Vorgeschichte* ist mit seinen neun Bänden im Lexikonformat die gewaltige Leistung eines einzigen Autors: Hermann Müller-Karpe. Er beschränkt sich in bezug auf die figürliche Plastik des Frühpaläolithikums auf das Referieren bestehender Lehrmeinungen, schließt aber eine religiöse Bedeutung der Statuetten nicht aus. Aus den meisten Fundsituationen und der Verschiedenheit der Typen meint er jedoch eher eine Selbstdarstellung der Schöpfer solcher Kleinkunst ableiten zu können. Nun muß das einer religiösen Bedeutung der Skulpturen nicht widersprechen, vor allem dann nicht, wenn man davon ausgeht, daß der religiöse Hintergrund der Darstellung in der Rolle der Frau als Gebärender zu suchen ist. Andererseits macht die häufige Vernachlässigung des Gesichts gegenüber den Geschlechtsmerkmalen eine Selbstdarstellung eher unwahrscheinlich.

Karl J. Narr, der auch eine *Urgeschichte der Kultur* (1961) geschrieben und im gleichen Jahr eine Untersuchung zur *Weiblichen Symbolplastik der älteren Steinzeit* veröffentlicht hat, schreibt dagegen: »Der Gedanke an die weibliche Fruchtbarkeit drängt sich bei einem Teil dieser Kleinplastiken ganz von selbst und unabwendbar in den Vordergrund und hat zur Deutung als

Fruchtbarkeitsidole und Muttergottheiten oder magische Mittel der Fruchtbarkeit geführt.«

Mit dieser Deutung trifft Narr die entscheidenden Auslöser früher künstlerischer Schaffensprozesse: Fruchtbarkeit, Mutterschaft und Lebens- sowie Überlebensbewältigung. Der Zusammenhang zwischen erstem Lebensbewußtsein und daraus folgender Gestaltung ist hier begriffen und formuliert.

Lange Zeit sah es so aus, als ob zwischen den ersten Äußerungen menschlichen Bewußtseins in künstlerischer Form – wie immer man sie auch deuten mochte – und den weiteren Schritten des Menschen in seiner kulturellen Entwicklung eine Lücke von Jahrtausenden klaffte. Zwischen der Eiszeitkunst vor dreißigtausend Jahren und dem Beginn der ältesten Hochkulturen vor etwa fünftausend Jahren schien es nach den vorgefundenen Relikten keine Brücke zu geben. Insbesondere fehlte jeder verwertbare Hinweis auf früheste Völkerbewegungen. Und niemand wußte zu sagen, wo die zweite, die neolithische Kulturentfaltung der Jungsteinzeit ihren Ausgang genommen hat, das heißt, wo sich der Übergang vom Jäger- und Sammlertum zum Viehzüchter und Ackerbauern vollzogen haben könnte. Dieses Nichtwissen war deshalb besonders deprimierend, weil unter den Wissenschaftlern Einigkeit darüber herrscht, daß dieser Schritt der wichtigste in der Entwicklung der frühen Menschheit überhaupt war. Der britische Vorgeschichtler Gordon Childe nannte ihn neolithische Revolution und verglich ihn in seiner Bedeutung mit dem Eintritt des Menschen ins Zeitalter der modernen Zivilisation.

Bevor wir den Schritt ins Neolithikum nachzuvollziehen versuchen – wobei uns Zeit und Ort besonders beschäftigen werden –, wollen wir uns die Fundorte und die Typen jener Frauenstatuetten ansehen, deren Verbreitung über weite Teile Europas und Asiens sie zu einer Art von Zeugen des Kulturwegs der frühen Menschheit hat werden lassen.

Betrachten wir eine Karte mit den Fundorten altsteinzeitlicher Kunstäußerungen, wie sie vor etwa dreißigtausend Jahren einsetzten, reichen die Markierungen vom Atlantik und vom

Mittelmeer durch ganz Europa bis nach Sibirien. Im Gegensatz zur Höhlenmalerei, die mit ihren wesentlichen Zeugnissen im Pyrenäen-Raum konzentriert ist, erstrecken sich die Funde von Frauenstatuetten über das ganze Gebiet. Dabei fallen stilistische Ähnlichkeiten an Stücken weit voneinander entfernt liegender Fundplätze auf – so vor allem zwischen der österreichischen »Venus von Willendorf« und den beiden Figuren aus Gagarino am Don, die wie Schwestern der Willendorferin wirken. In beiden Fällen haben wir es mit einem zwar naturalistisch anmutenden Darstellungsstil zu tun, der aber sicher nicht, wie von medizinisch-anthropologischer Seite behauptet worden ist, einen oder gar den Frauentyp der älteren Steinzeit wiedergibt. Vielmehr stellt die füllige Frau mit dem Leib der Hochschwangeren, den schwellenden Brüsten, dem betonten Geschlecht zweifellos die Empfangende und Gebärende dar als die Garantin fortdauernden Lebens – als ein ältestes, verehrtes Symbol für Empfängnis, Geburt und Wiedergeburt.

Oft ist in der Wissenschaft gerätselt worden, weshalb neben vielen Frauendarstellungen fast nie eine männliche Figur erscheint. Sieht man die Statuetten im oben beschriebenen Sinne, kann das nicht verwundern. Nicht der Mann an sich, sondern nur der besondere Mann, der sich auf der Jagd oder bei der Führung der Horde hervorgetan hatte, konnte auf Verewigung im Bild rechnen, so wie es die Männerfigur im Grab von Brünn, die man neben einem Leichnam gefunden hat, verdeutlicht. Hier scheint es sich in der Tat um die Darstellung eines Individuums zu handeln.

Wahrscheinlich kannte man vor dreißigtausend Jahren die Beziehungen zwischen Zyklus, Zeugung, Schwangerschaft und Geburt noch nicht genau, zumal man sah, daß nicht jeder Geschlechtsverkehr zu einer Schwangerschaft führte. Doch Zweifel am Zusammenhang zwischen Koitus und Schwangerschaft bestanden wohl kaum. So ergab sich für den Mann schon früh eine besondere Beachtung des Phallus, zumal er als das Lust schenkende und bei der Frau Lust erzeugende Glied erlebt wurde.

Auf dieses Urerlebnis weisen steinzeitliche Figuren hin, die den Frauenleib in einen erigierten Penis übergehen lassen. Dabei werden Ähnlichkeiten der Körper entdeckt und dargestellt. Die Brüste ähneln männlichen Hoden, die von den unter den Brüsten zusammengelegten Armen wie vom Hodensack umschlossen werden. Daneben, ja wahrscheinlich noch vor den plastischen Darstellungen des Menschen – vor allem der Frau – finden wir Ritzzeichen von Vulven, Brüsten, Penissen und geschlechtlicher Vereinigung.

Ein eindeutiges Beispiel dafür bietet eine Ritzzeichnung auf Schieferplatte, die in Gönnersdorf bei Neuwied am Rhein gefunden worden ist und sich im Landesamt für Denkmalpflege in Koblenz befindet. Andere Schieferplatten aus Gönnersdorf zeigen Frauenumrisse im Profil, die als Tänzerinnen interpretiert worden sind, aber in ihrer klaren Linienführung wohl eher als Aufforderung zur Begattung, das heißt als Beschwörung des Befruchtungsvorgangs, zu verstehen sind.

So mag es nicht verwundern, wenn gewisse Interpreten dieser Zeichen und Figuren mit auffälliger Betonung des Geschlechtlichen darin Anfänge von Pornographie erkennen wollen und diese ältesten Menschendarstellungen als Ausdruck der sinnlichen Lüsternheit des Steinzeitmenschen meinen deuten zu müssen. Schlimmer kann man die Lebenswirklichkeit jener frühen Zeit kaum mißverstehen. Hier hat der verkrampfte spätchristliche Moralbegriff bei der Suche nach Erklärungen Pate gestanden.

Das Geschlechtliche war in der Steinzeit das Lebendige, das Verbindende, das im wahrsten Sinne des Wortes Fortwirkende, wobei die Rolle der Frau entsprechend ihrer Funktion als der Leben Gebärenden die dominierende war, ohne daß man wohl zu dieser Zeit schon eine Art gesellschaftspolitischer Bedeutung daraus ableiten kann. Deshalb halte ich auch Begriffe wie Matriarchat oder Mutterrecht, die für diese Epoche immer noch verwendet werden, für verfehlt, zumal eine verbindliche Vorstellung von Herrschaft und Recht zu dieser Zeit sicher noch nicht vorhanden war.

Die Bedeutung der Frau ergab sich aus ihrer Fähigkeit, Leben

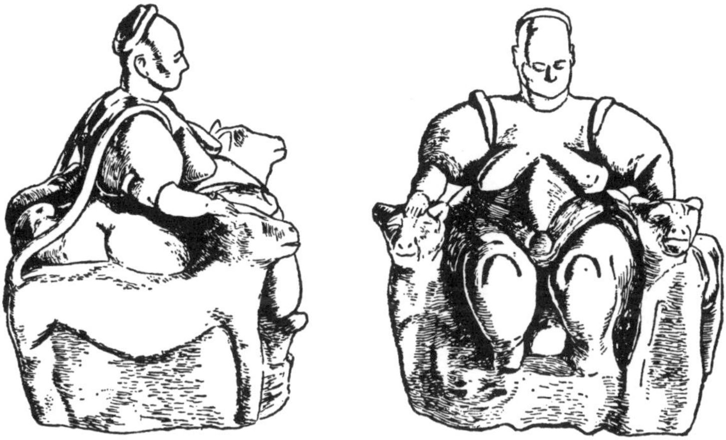

Çatal Hüyük:
Tonstatuette einer von Leoparden gestützten gebärenden Göttin.
Aus einem Korngefäß in der Kultstätte A II 1.

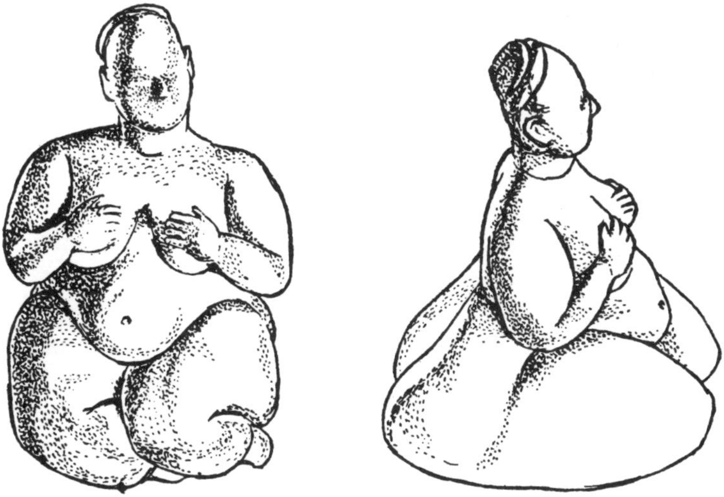

Çatal Hüyük: Vollständige Tonstatuette einer sitzenden Göttin.
Aus dem Heiligtum A II 1.

hervorzubringen. Sie war es wohl auch, die zum erstenmal die Idee des Göttlichen erzeugte – ein Bewußtsein des Religiösen im Sinne des Heiligen, als welches Leben in seiner vom Menschen erfahrenen Anfangsphase begriffen worden sein dürfte.

Die Menschen jener Frühzeit waren Jäger und Sammler, wurden mit den fortschreitenden Jahrtausenden aber wohl mehr und mehr Jäger und sogar Großwildjäger, die es mit dem Mammut aufnahmen. Aber sie waren trotz zeitweiser Seßhaftigkeit immer noch Nomaden, Herumziehende, deren Lebensrhythmus nicht von ihrem Willen, sondern von den Tieren bestimmt wurde, die sie jagten und die ihre Nahrung waren. Kein Wunder, daß darum auch im Bereich der Tiere dem Vorgang des Gebärens, des Weiterlebens der Art in ihren Jungen, besondere Aufmerksamkeit geschenkt wurde. So war es naheliegend, der Frau als Gebärerin Macht über die Tiere und ihre Vermehrung zuzutrauen.

AM ANFANG WAREN DIE MÜTTER

Die frühe Welt des Menschen war eine dynamische Welt. Wenn wir auch die Frage nach der Wiege der Menschheit noch nicht beantworten können und der Bewegungsraum der geschichtslosen Jahrtausende aufgrund viel zu geringer Funde nicht genau abzugrenzen ist, so müssen wir doch für das euro-asiatische Gebiet mit Völkerwanderungen über Tausende von Kilometern rechnen, wobei wir nicht wissen, wie viele Vertreter der damaligen Menschheit daran beteiligt waren. Der lange Zeitraum, über den im Pyrenäen-Gebiet Höhlenmalereien geschaffen wurden, läßt aufgrund der Qualität des Geschaffenen eine gewisse Kontinuität der in diesem Gebiet lebenden Jäger und Sammler über Jahrtausende vermuten. Ob es dabei schon zu Vorformen der Seßhaftigkeit oder doch – was die Höhlenmalereien vermuten lassen – zur vielleicht religiös begründeten zyklischen Wiederkehr an bestimmte Orte gekommen ist, vermögen wir nicht mit Sicherheit zu sagen.

Die auf uns überkommenen künstlerischen Leistungen des frühen Steinzeitmenschen machen jedoch deutlich, daß er sein Leben schon zu organisieren verstand und daß die lange Zeit gehegten Vorstellungen vom umherschweifenden Primitiven verfehlt sind.

Obwohl darüber in der heutigen Urgeschichtsforschung weitgehend Einvernehmen besteht, sind die damals herrschenden Gesellschaftsformen noch immer Gegenstand heftiger Auseinandersetzungen. Dabei sind vor allem Religion und Kult, Stellung der Frau und Bedeutung der Kunst umstritten. Oft stehen sich dabei Interpretationsversuche dem Anschein nach unvereinbar gegenüber, bei denen tieferes Nachdenken zu der Überlegung führen kann, ob nicht beide Standpunkte vertretbar sind. Da hilft uns die oben aufgrund vieler Funde vorgeschlagene Annahme eines möglichen Sowohl-Als-auch bei der Deutung bestimmter Situationen und Zusammenhänge der frühesten Geschichte vielleicht weiter – weiter jedenfalls als die Lektüre der inzwischen Legion gewordenen spekulativen oder auch kritischen Bücher zur Urgeschichte und besonders zum Mutterrecht, bei dem, wie wir zeigten, allein schon der Begriff fragwürdig und für die Anfänge sicher nicht vertretbar ist.

Es kann gar kein Zweifel bestehen, daß die entscheidenden Impulse für die kulturelle Entwicklung des Menschen in der Frühzeit von der Frau ausgegangen sind und daß der Grund dafür in der Rolle der Frau als Mutter zu suchen ist.

Der Mann war in der frühen Gesellschaft vom Zufall, vom Glück abhängig, wobei natürlich Geschicklichkeit und Stärke wesentliche Faktoren seiner Stellung in der Gruppe waren. Die Frau dagegen steuerte den Lebensablauf, seine Kontinuität wie seine Probleme. Sie gebar die Kinder, nährte sie und bereitete sie auf den harten Alltag vor. Aber auch die Sicherung eines großen Teils der Ernährung aller lag in ihren Händen. Denn sie war die Sammlerin von Pflanzen und Früchten sowie von Kleintieren. Der Fischfang war genauso ihre Aufgabe wie die Beobachtung der Umwelt des gewählten Rast- oder Überwinterungsplatzes. Sie kannte sich aus unter Fruchtarten, Wildgetreide, Pilzen – wußte von Bekömmlichkeit wie von den Gefahren ungenießbarer oder giftiger Naturprodukte. Kein Zweifel, daß ihr daraus Ansehen erwuchs, vielleicht sogar ein Glaube an ihre besonderen Kräfte aufkeimte, die man später als magische Fähigkeiten ansah. Die Frau kannte Heilmittel für Kranke und Verletzte, wie sie besonders die auf der Jagd gefährdeten, zuweilen von Tieren angefallenen und wohl oft auch im Kampf verwundeten Männer nötig hatten.

All das waren Voraussetzungen für die besondere Stellung der Frau und ihre dominierende Rolle in der frühen Steinzeitgesellschaft.

Trotzdem gab es sicher auch Männer, die aufgrund ihrer

Kraft, ihrer geistigen Überlegenheit, ihrer Jagderfahrungen Führungsaufgaben übernahmen. Ihre Rolle ist jedoch anders zu definieren als die der gebärenden und bewahrenden Frau. Sie ist nicht auf Kontinuität, nicht auf Überleben, selbst in gefährlichsten, aussichtslosesten Situationen ausgerichtet, sondern auf Selbstbehauptung in gefahrvollen Augenblicken, auf Jagdbeute und Feindesvernichtung – ob Mensch oder Tier. Jagdglück aber kann sich wenden. Kraft vergeht im Alter. Doch die Frau, die nicht mehr empfängt und gebiert, hat immer noch eine bewahrende Funktion. Sie kann sich um Säuglinge, Kinder und Kranke kümmern, weiß von Kräutern und Giften – tödlichen wie heilsamen –, die sie einzusetzen vermag, zum Besten ihrer Umgebung, aber auch als Waffe, wo sie es für nötig hält.

So mögen Vorstellungen von der göttlichen, aber auch von der dämonischen Kraft des Weiblichen entstanden sein, die über das ursprüngliche, wohl als reines Werdewunder begriffene Hervorbringen neuen Lebens weit hinausgingen.

Eine besondere Rolle spielte dabei das Verhältnis der Frau zum Tier. Auch dieses war geprägt durch die Bedeutung der Frau als Mutter. Während der Mann als Jäger Feind und Vernichter des Einzelwildes oder – etwa im Falle des Ren – auch ganzer Wildherden war, galt die Frau schon sehr früh in einer Art religiöser Überhöhung ihrer Rolle als Bewahrerin des Lebendigen auch als Garantin für den Bestand der Tierheit. So kam ihr später als Urmutter, die allmählich Züge einer ersten Großgottheit annahm, auch die Funktion einer Mutter der Tiere zu.

Die Frage, welche Bedeutung in diesem Zusammenhang die Menschen – vor allem Frauen – und Tiere darstellende Kleinplastik hat, ist nicht leicht zu beantworten. Die Tatsache aber, daß man fast in ihrem ganzen Verbreitungsgebiet diese Figuren im Wohnbereich gefunden hat, deutet auf einen ständigen, womöglich täglichen Umgang mit ihnen hin.

Die Größe und Form der meisten dieser Kleinskulpturen – ihre meist griffige Fülle und das häufige Fehlen von Füßen, das sie zum Aufstellen ungeeignet macht – legen den Gedanken nahe, daß sie als Hilfsmittel verwendet und – im genauen Wortsinn – gehandhabt wurden: Idole, die der Erhaltung der Fruchtbarkeit der jeweiligen Art dienen sollten.

Damit würde sich auch erklären, weshalb es unter diesen frühen Skulpturen kaum männliche gibt – dagegen aber viele, die sich als Frau und Phallussymbol und somit als Fruchtbarkeit beschwörender Geschlechtsakt deuten lassen.

Als die Kunst der alten Steinzeit versiegte und eine lange Epoche der wohl vor allem durch Klimawechsel bedingten Kulturarmut des frühen Menschen einsetzte, blieb eines erhalten, ja breitete sich weiter aus: die Kleinskulptur. Damit ist ihre weit über die Zeit ihrer Entstehung und ersten Verbreitung hinausgehende, dauernde Bedeutung dokumentiert. Daß es sich dabei um eine sich ständig verstärkende und vertiefende religiöse Bedeutung handelt, geht nicht nur aus den späteren Formen, sondern auch aus den Fundplätzen – Heiligtümern und Kultplätzen – hervor. Es wird deutlich, daß aus Fruchtbarkeitssymbolen in der Hand der Mütter oder jener, die Mutter werden wollten, zum Teil Göttinnen oder doch Bilder von Göttinnen geworden waren.

Das geschah in der Zeit des Übergangs vom Jäger- und Sammlertum zum Ackerbau und zur Viehzucht. Wann und wo das erfolgte, wissen wir infolge des sich ständig verändernden Kenntnisstandes noch nicht genau zu sagen. Neue Ausgrabungsstätten mit überraschenden Funden haben das Bild seit dem Ende des Zweiten Weltkrieges so nachhaltig verändert, daß wir heute zwar schon mit größerer Sicherheit Zusammenhänge erkennen und deuten können. Absolute Gewißheit über den historischen Ablauf dagegen haben wir noch nicht. Dafür ist das Netz der Fundstätten viel zu weitmaschig. Das meiste ist zufällig zutage gekommen.

Überall dort, wo fortbestehende Dörfer und Städte die alten Siedlungsreste bedecken, ist mit einem Weiterkommen der archäologischen Forschung kaum zu rechnen. Werden in Wohngebieten bei Neubauten historische Reste sichtbar, versucht man sie zu verschweigen und beiseite zu räumen, um nicht Baugrund und Baulizenz zu verlieren. Das ist die Situation, von der wir

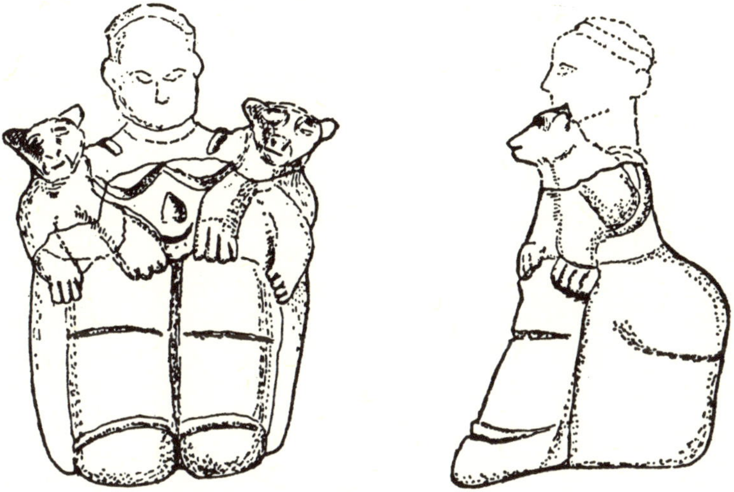

Çatal Hüyük: Tonstatuette einer Göttin, die zwei Leopardenjunge hält.
Aus der Kultstätte A III 1.

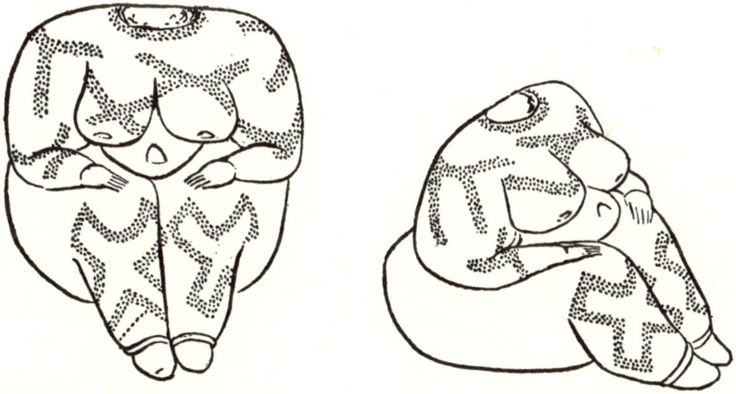

Çatal Hüyük: Bemalte Tonfigur einer Göttin.
Aus dem Heiligtum VI A 61.

ausgehen müssen, wenn wir die kulturelle Entwicklung von der jüngeren Steinzeit bis zu den ersten Hochkulturen und ihren Ausstrahlungen verfolgen wollen.

Vor wenigen Jahrzehnten wäre man bei einem solchen Versuch noch von Nordmesopotamien ausgegangen, obwohl bereits damals spektakuläre Ausgrabungen in Palästina einen anderen Weg zu weisen schienen. Inzwischen sind in Anatolien historische Strukturen zutage getreten, die nicht nur den Übergang vom Jägertum zum Ackerbau, sondern auch die Anfänge städtischer Gemeinwesen erkennbar machen.

DIE NEOLITHISCHE REVOLUTION

Wenn wir auch die ältesten Zeugnisse menschlichen Kunstgestaltens – vor allem die berühmten Höhlenmalereien der Altsteinzeit – auf europäischem Boden gefunden haben, so sind sie doch angesichts des weiten Bewegungsraums der frühen Jäger und Sammler nicht der Anfang dessen, was wir europäische Kultur nennen. Seine Spuren müssen wir in Vorderasien suchen, wenn auch nicht dort, wo sie aufgrund spektakulärer Funde generationenlang gesehen wurden: im Zweistromland. Dieses ist, geht man vom heutigen Forschungsstand aus, selbst erst verhältnismäßig spät, dann aber mit besonderer Vehemenz in den frühen Kulturkreis eingetreten. Seine Entstehung sehen wir im weiteren Umkreis von Mesopotamien – im vorderasiatischen Raum zwischen Palästina und dem Zagros-Gebirge, zwischen Kleinasien und Westpersien. Dabei hat Anatolien mehr und mehr die führende Stellung eingenommen.

Es ist ein Gebiet, in dem der Mensch in der Altsteinzeit längst nicht so spektakulär auftrat wie in den Pyrenäen. Man hat zwar Werkzeuge ähnlichen Typs, auch Figürliches und Höhlenzeichnungen entdeckt. Doch Frühleistungen wie im französischen und spanischen Raum finden sich hier nicht und sind nach genauen Höhlenforschungen in Anatolien wohl auch kaum zu erwarten.

Für die altsteinzeitliche Kulturdrift, die sich wahrscheinlich von Sibirien nach Westen vollzog und im Pyrenäen-Gebiet zu ihrem einmaligen Höhepunkt gelangte, lag Vorderasien im Abseits. Erst nach dem Niedergang jener ältesten Kultur, der durch das Ende der letzten Eiszeit und den damit verbundenen Klimawechsel ausgelöst wurde, vollzog sich, mit einer schöpferischen

Pause von Jahrtausenden, die Verlagerung kultureller Potenz nach Südosten.

In Vorderasien machte der Mensch nach dem Verlust seiner eiszeitlichen, weiter nördlich gelegenen Jagdreviere einen neuen Anfang. Das Bild der Erde hatte sich – vor allem, was den euroasiatischen Raum betrifft – ganz wesentlich verändert. Viele Tiere, unter ihnen das Mammut als begehrtes Großwild, waren ausgestorben, der Wildreichtum insgesamt zurückgegangen. Mitteleuropa begann sich mit Urwald zu bedecken. Es war unübersichtlich und schwer begehbar geworden. Lebensraum boten nur noch die südlichen und östlichen Randzonen, vor allem aber das weite Territorium des Vorderen Orients mit seinen reichen Möglichkeiten einer Entfaltung menschlicher Aktivitäten. Es war eine Entwicklung, die, wie wir sehen, vor allem klimatische und ökologische Ursachen hatte.

Der Raum, um den es hier geht und der für den menschlichen Fortschritt im Sinne abendländischer Zivilisation bedeutend wurde, aber auch für die Entfaltung früher asiatischer Kulturen entscheidend war, erstreckt sich von Nord nach Süd zwischen dem Kaukasus und Palästina, von West nach Ost zwischen Anatolien und Persien. Dabei liegen nach heutigem Grabungs- und Erkenntnisstand die ältesten Plätze beginnender Dauerseßhaftigkeit und größerer Siedlungseinheiten am Toten Meer, in Nordmesopotamien und in Zentralanatolien. Namen wie Jericho und Çatal Hüyük markieren dabei für die Zeit zwischen dem achten und dem fünften vorchristlichen Jahrtausend einen Entwicklungsstand, der die alte Chronologie völlig durcheinandergebracht und dem sogenannten Neolithikum – der Jungsteinzeit – eine neue Dimension gegeben hat.

Wir stehen vor Zeugnissen der Frühgeschichte – vor allem in Çatal Hüyük –, von denen man vor wenigen Jahrzehnten selbst in Fachkreisen kaum eine Vorstellung hatte.

Childes *Neolithische Revolution* ist auf eine andere Weise Wirklichkeit geworden, als ihr Begriffsfinder ahnen konnte. Allerdings zeigt sich nun auch, daß es sich um keine plötzliche, tiefgreifende Veränderung von Lebensformen gehandelt hat, sondern daß wir es auch hier, wie bei allen früheren Entwicklungen, mit einem Prozeß zu tun haben, der Jahrtausende gedauert hat – eine Revolution also, die, so umwälzend ihre Erscheinungen aus heutiger Sicht auch sein mögen, in Wirklichkeit Evolution war.

Wie haben wir uns diesen Vorgang, der vom Beginn der Seßhaftigkeit bis zur Entstehung erster stadtähnlicher Siedlungen führte, vorzustellen? Auslösender Faktor mag neben Klimaveränderungen vor allem die Bevölkerungszunahme bei gleichzeitigem Rückgang der Wildbestände gewesen sein. Die Männer benötigten immer mehr Zeit zur Erbeutung der nötigsten Nahrung. Trotzdem war häufiger Mangel nicht zu umgehen, da Wild nicht mehr in unbegrenzter Menge zur Verfügung stand.

So oblag es den weniger beschäftigten Frauen, Möglichkeiten neuer Nahrungsbeschaffung zu erschließen, ja zu erfinden. Den Anfang mag dabei die planmäßige Ernte von Wildgetreide gemacht haben, wobei die gebärerfahrene Mutter die Ähnlichkeit zwischen Geburt und Pflanzenentstehung sicher schon früh erkannt hat. So wird es zur Beobachtung aufkeimender Saat und schließlich zum Säen und Ernten, später auch zur Bewässerung der Saat und des aufkeimenden Getreides gekommen sein. Diese Vorgänge verlangten eine längere Anwesenheit am gleichen Ort, wenn auch die bald erkennbare Erschöpfung des Bodens noch immer jährliche oder mehrjährige Ortswechsel erforderlich machte. Andererseits setzte die beginnende Vorratshaltung eine längere Seßhaftigkeit voraus.

Ein zweites Phänomen, das zur Seßhaftigkeit führte oder doch Seßhaftigkeit ermöglichte, mag sich aus Jagderfahrungen und ihren Begleiterscheinungen ergeben haben. Beim Abschuß von Muttertieren stieß man auf Jungvieh, das sich noch nicht zum Schlachten eignete. Es wurde im Lager aufgezogen, vielleicht sogar von stillenden Müttern gesäugt, so wie ich es selbst unter den Papuafrauen Neuguineas – bei Ferkeln – erlebt habe.

Diese weibliche Fähigkeit, Jungtiere, die unweigerlich dem Tod preisgegeben schienen, zu erhalten und aufzuziehen, wird die Bedeutung der Frau als Lebenspenderin im Kreis der Männer noch erhöht haben. Immer deutlicher erkannte man in den Funktionen der Frau eine lebenspendende, lebenerhaltende, das aber heißt göttliche Fähigkeit.

Wildschafe und Wildziegen waren die ersten Tiere, die wohl auf solche Weise domestiziert wurden. Sie gaben nicht nur Fleisch, sondern die Ziegen auch täglich Milch. Und schon bald erkannte man die Bedeutung des Fells. Bis zur Schur und weiteren Verarbeitung der Wolle mögen Jahrhunderte vergangen sein. Aber vielleicht wußte man um solche Möglichkeiten auch schon vom Wildtier her. Aufschlußreich ist jedenfalls im ganzen Vorderen Orient, daß über Jahrtausende der Radiokarbonchronologie Wildtierreste an den ausgegrabenen Siedlungsplätzen gegenüber Resten von möglichen Haustieren bei weitem überwiegen. Das deutet darauf hin, daß die Jagd über eine lange Zeit wichtigster Fleischversorger geblieben ist. Wahrscheinlich hat sie selbst zu Zeiten der ausgedehnten Tierhaltung bis hinein in die historische Zeit eine weitaus größere Rolle gespielt, als ihr von der Wissenschaft im allgemeinen beigemessen wird. Viele historische Zeugnisse, vor allem auch Jagddarstellungen, machen das deutlich.

Fragt man nach den landschaftlichen Voraussetzungen der oben skizzierten Entwicklung vom Jäger und Sammler zum Viehzüchter und Ackerbauern, so waren in der ersten Stunde wahrscheinlich Wasser und freie Flächen für den Getreideanbau am wichtigsten. Rodung ist sicher genauso wie künstliche Bewässerung ein späterer Schritt.

Doch scheint sich schon früh eine Reihe technischer Fertigkeiten entwickelt zu haben, von denen aufschlußreiche Funde zeugen. Da sind vor allem die in Palästina entdeckten Steinklingen, die an der Schneide eine glänzende Patina von pflanzlicher Kieselsäure aufweisen. Diese Patina beweist, daß mit den Klingen Gräser – vermutlich auch Getreidehalme – geschnitten worden sind.

In Jericho hat man aus vorkeramischer Zeit Steingefäße aus Kalkstein und Basalt sowie dazugehörige Stößel gefunden, die wahrscheinlich als Mörser zur Mehlgewinnung, aber auch zu anderen technischen Zwecken verwendet worden sind. An einigen Stößeln konnten Reste roter Farbe festgestellt werden, die man sowohl zur Körperbemalung als auch für den Totenkult verwendet hat. In Jericho fand man mit Gips übermodellierte und bemalte Schädel, wie man ihnen heute noch auf melanesischen Südseeinseln begegnet, die von der Verwendung der roten Farbe bei Beisetzungen zeugen. Wir haben es hier mit einem Bestattungsbrauch zu tun, der bereits beim Neandertaler, viele Jahrtausende früher, nachweisbar ist – traditionelles Brauchtum also schon vor mehr als zehntausend Jahren.

Kehren wir zurück zur Kulturvoraussetzung Wasser. Wir finden es reichlich bei den beiden frühesten, nachweisbaren Steinzeitsiedlungen Palästinas: am Hule-See und im alten Jericho, wo eine Quelle die Voraussetzung für die Entstehung einer größeren Siedlung in der ungewöhnlichen Lage von dreihundert Metern unter dem Meeresspiegel bot. Diese Quelle, die noch in unserem Jahrhundert ein Flüchtlingslager von bis zu achtzigtausend Palästinensern ausreichend mit Wasser versorgte, war schon in der Steinzeit ein begehrtes Siedlungszentrum, das nicht ungefährdet war.

Ein noch heute hoch aufragender Turm der ältesten Anlage von Jericho ist wahrscheinlich das früheste Verteidigungsbollwerk des Menschen, das wir kennen. Vielleicht haben wir hier das erste Beispiel jener die Jahrtausende beherrschenden Rivalität zwischen Seßhaften und Nomaden, die so viele Kriege ausgelöst und so viel Unheil über die Völker gebracht hat. Es war, wie es scheint, der älteste menschliche Konflikt, der Anfang von Menschenfeindschaft, von Kampf und Krieg überhaupt. Wir finden ihn symbolisch dargestellt in der biblischen Legende von Kain und Abel – als Brudermord.

ÇATAL HÜYÜK – ÄLTESTE STADT DER ERDE

Mag bei Jericho die Frage, ob es sich um eine Stadt oder um eine Siedlung mit Verteidigungsanlage gehandelt hat, offenbleiben, so kann beim anatolischen Çatal Hüyük kein Zweifel bestehen, daß hier der Übergang vom bäuerlichen Gemeinwesen zur Stadtkultur erkennbar wird.

Lange Zeit war man der Meinung, die ersten Städte dieser Erde seien in Mesopotamien entstanden. Dort hat man seit Anfang unseres Jahrhunderts eine Reihe wichtiger Ausgrabungen gemacht, die zeigten, daß sich im Vorderen Orient neben Ägypten seit dem Beginn des dritten vorchristlichen Jahrtausends eine zweite bedeutende Hochkultur, die der Sumerer, entfaltet hatte. Sie galt bis in die sechziger Jahre als die älteste Städtekultur unserer Erde.

Nördlich von den seit 3000 v. Chr. entstandenen mesopotamischen Städten, von denen Eridu, Lagasch, Ur und Uruk die wichtigsten waren, hatten sich seit dem achten Jahrtausend frühe Siedlungsformen mit Ackerbau und Viehzucht entwickelt. Ähnliche Erscheinungen in Palästina, Westjordanien, Südwestsyrien und dem Libanon hat man unter dem Begriff Natuf-Gruppe zusammengefaßt. Sie galten als älteste Ausgangspunkte des langsamen Übergangs vom schweifenden Jäger- und Sammlertum zur seßhaften Lebensweise.

Man registrierte die Verfeinerung und Differenzierung der Werkzeuge und die Entstehung von Keramik. Ein klarer Entwicklungsprozeß schien nachweisbar. Doch blieb der zeitliche Horizont dieser Entwicklung mangels einwandfreier Bestimmungsmittel ungeklärt. Selbst die Erfindung des Radiokarbontests und anderer naturwissenschaftlicher Untersuchungsmethoden machte noch keine verläßliche Chronologie möglich. Sie sind alle ungenau und deshalb in ihrer Zuverlässigkeit umstritten. Trotzdem besteht kein Zweifel, daß die Archäologen in den letzten Jahrzehnten immer frühere Schichten der Menschheitsgeschichte freigelegt haben.

Nach dem Zweiten Weltkrieg kam es mit der Intensivierung der Archäologie auch in Ländern, die bis dahin über keine große Forschungstradition verfügten, zu Ausgrabungen, die neues Licht auf bisher ungeklärte Erscheinungen und kaum beachtete Zusammenhänge warfen. Auch im Vorderen Orient erweiterte sich das Forschungsfeld ganz wesentlich.

Syrien rückte stärker ins Blickfeld frühgeschichtlicher Betrachtung, und auch die Türkei, wo Hugo Winckler seit 1907 das Geheimnis der Hethiter gelüftet hatte, wurde erneut zum Land intensiver Grabungen, die nun zum Teil von dortigen Archäologen durchgeführt wurden.

In einem zweibändigen Werk über die Frühgeschichte Anatoliens legt U. Bahadir Alkim, der heute wohl bedeutendste Archäologe der Türkei, Zeugnis ab von dieser eindrucksvollen Entdeckungsgeschichte und ihren spektakulären Ergebnissen. Sie zeigen gegenüber dem wissenschaftlichen Stand von 1940 einen wesentlich erweiterten Horizont früher und frühester Entwicklungen in Vorderasien. Dabei wurde vor allem deutlich, daß die älteste Kultur des Vorderen Orients kein auf den Raum von Euphrat und Tigris begrenztes Phänomen war und daß die Ursprünge von Seßhaftigkeit und städtischer Kultur nicht in diesem Gebiet, sondern weiter westlich zu suchen und außerdem viel früher anzusetzen sind.

Ein Schlüsselerlebnis, das zu dieser Erkenntnis führte und später auch den Beweis für ihre Richtigkeit erbrachte, hatte der in London lehrende James Mellaart, der 1958 in der Nähe der anatolischen Stadt Konya ein später nicht mehr überbautes frühgeschichtliches Areal entdeckte, das er 1961 auszugraben begann.

Mellaart war schon an mehreren frühgeschichtlichen Plätzen Anatoliens als Ausgräber erfolgreich gewesen, als er zum erstenmal vor den Hügeln von Çatal Hüyük stand. Doch auch er ahnte damals noch nicht, daß ihm eine der ganz großen, Weichen der Geschichtserkenntnis stellenden Entdeckungen bevorstand. In seinem Buch *Çatal Hüyük. Stadt aus der Steinzeit* beschreibt Mellaart, der schon 1952 einmal auf die Hügel von Çatal Hüyük aus der Ferne aufmerksam geworden war, das Erlebnis der ersten Stunde:

»An einem kalten Novembertage des Jahres 1958, kurz vor Einbruch der Dunkelheit, erreichte der Verfasser, von Alan Hall und David French begleitet, den Doppelberg von Çatal Hüyük. Ein großer Teil des östlichen (neolithischen) Hügels war von Gras und Ruinenunkraut (*peganum harmala*, Steppenraute) bedeckt, doch wo die vorherrschenden Südwestwinde seine Oberfläche kahlgefegt hatten, gab es unverkennbare Spuren eines von einer Feuersbrunst rotgebrannten, sich von grauen Aschenflecken abhebenden Luftziegelgemäuers, von zerbrochenen Knochen, Keramikscherben sowie Geräte und Waffen aus Obsidian. Zu unserer Überraschung fanden sich diese nicht nur an der Basis des Hügels, sondern setzten sich bis zu dessen Höhe – etwas mehr als 17 m über dem Geländeniveau – fort.«

Da Mellaart zu jener Zeit noch mit der Ausgrabung des dreihundertfünfundzwanzig Kilometer westlich von Çatal Hüyük gelegenen, ebenfalls steinzeitlichen Hacılar beschäftigt war, konnte er erst 1961 mit der neuen Grabung beginnen, obwohl ihm die Bedeutung der beiden Hügel, damals im November 1958, sofort klargeworden war. Er begriff auch, daß die durch Flüsse aus dem Taurus-Gebirge bewässerte, etwa neunhundert Meter hoch gelegene Ebene von Konya weitere Geheimnisse aus der frühesten Geschichte Anatoliens barg. Leider ist bisher noch keine systematische Untersuchung dieses weiten Gebietes vorgenommen worden. Und die äußerst erfolgreichen Ausgrabungen in Çatal Hüyük wurden nach vier Jahren unterbrochen und bisher nicht wiederaufgenommen, so daß nur ein Bruchteil der alten Stadt freigelegt werden konnte. Dabei wurden zwölf Schichten ergraben, ohne daß man unbebauten Boden erreicht hat. Angesichts dieses Befundes dürfen wir wohl davon ausgehen, daß der ältere der beiden Hügel von Çatal Hüyük fast tausend Jahre besiedelt war. Einige der aus ungebrannten Lehmziegeln errichteten Häuser dürften eine Lebensdauer bis zu hundertzwanzig Jahren gehabt haben. Die meisten gingen jedoch vorher durch Brand unter.

Mellaart setzt die Geschichte Çatal Hüyüks aufgrund von Radiokarbondaten für die von ihm ergrabenen Schichten auf 6500 bis 5720 v. Chr. an, wobei er Differenzen bis zu zweihundert Jahren für möglich hält. Kurt Bittel, einer der Senioren der anatolischen Archäologie, schlägt dagegen einen Abzug von mehr als tausend Jahren vor und vermutet die Gründung dieser bisher ältesten entdeckten Stadt der Menschheit in der zweiten Hälfte des sechsten vorchristlichen Jahrtausends.

Für die relative Chronologie der Frühgeschichte – eine absolute werden wir wahrscheinlich nie erreichen – spielt dieses Jahrtausend, wie mir scheint, keine entscheidende Rolle. Es würde allenfalls etwas über die von uns schon betonte längere Entwicklungsdauer von den Anfängen der Seßhaftigkeit bis zur Entstehung einer städtischen Kultur, wie sie die Ausgrabungen von Çatal Hüyük spiegeln, aussagen.

Aber vielleicht sollte man dem Begriff Zeit in seiner genauen Meßbarkeit für die Frühgeschichte keine übertrieben hohe Bedeutung beimessen, da wir uns vom tatsächlichen Ablauf Jahrtausende währender Entwicklungsphasen ohnehin kein Bild machen können.

Wichtiger erscheint mir für eine Vorstellung von frühgeschichtlichen Ereignissen der Raum. Er hat sich zumindest in seinen Dimensionen und Distanzen nicht verändert und ist uns deshalb als Lebensraum des Steinzeitmenschen vertraut und erfaßbar.

Betrachten wir die Karte der steinzeitlichen Fundstätten Vorderasiens, so fällt eine gewisse Konzentration früher Siedlungen zwischen dem südlichen Anatolien und Nordwestsyrien auf, die allerdings in den meisten Fällen mehr als hundert Kilometer voneinander entfernt liegen. Das weist auf die Problematik der Versorgung mit Nahrungsmitteln hin. Andererseits dürften –

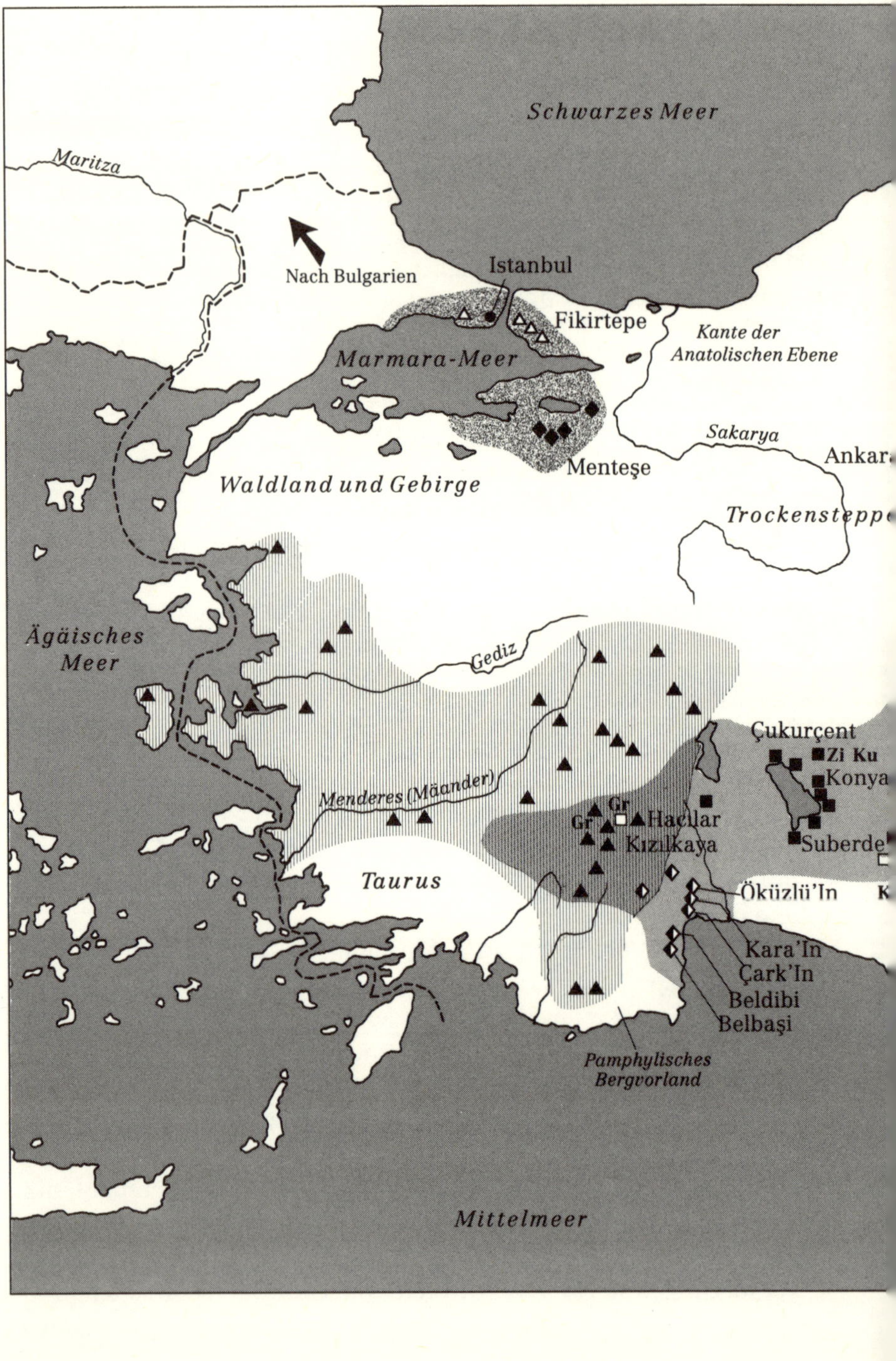

Schwarzes Meer
Maritza
Nach Bulgarien
Istanbul
Fikirtepe
Kante der
Anatolischen Ebene
Marmara-Meer
Sakarya
Ankar
Menteşe
Waldland und Gebirge
Trockenstepp
Ägäisches
Meer
Gediz
Çukurçent
Zi Ku
Konya
Menderes (Mäander)
Gr
Gr
Hacılar
Kızılkaya
Suberde
Taurus
Öküzlü'In
Kara'In
Çark'In
Beldibi
Belbaşi
Pamphylisches
Bergvorland
Mittelmeer

Frühneolithische Fundstätten sowie Rohmaterialquellen in Südanatolien und Nordsyrien

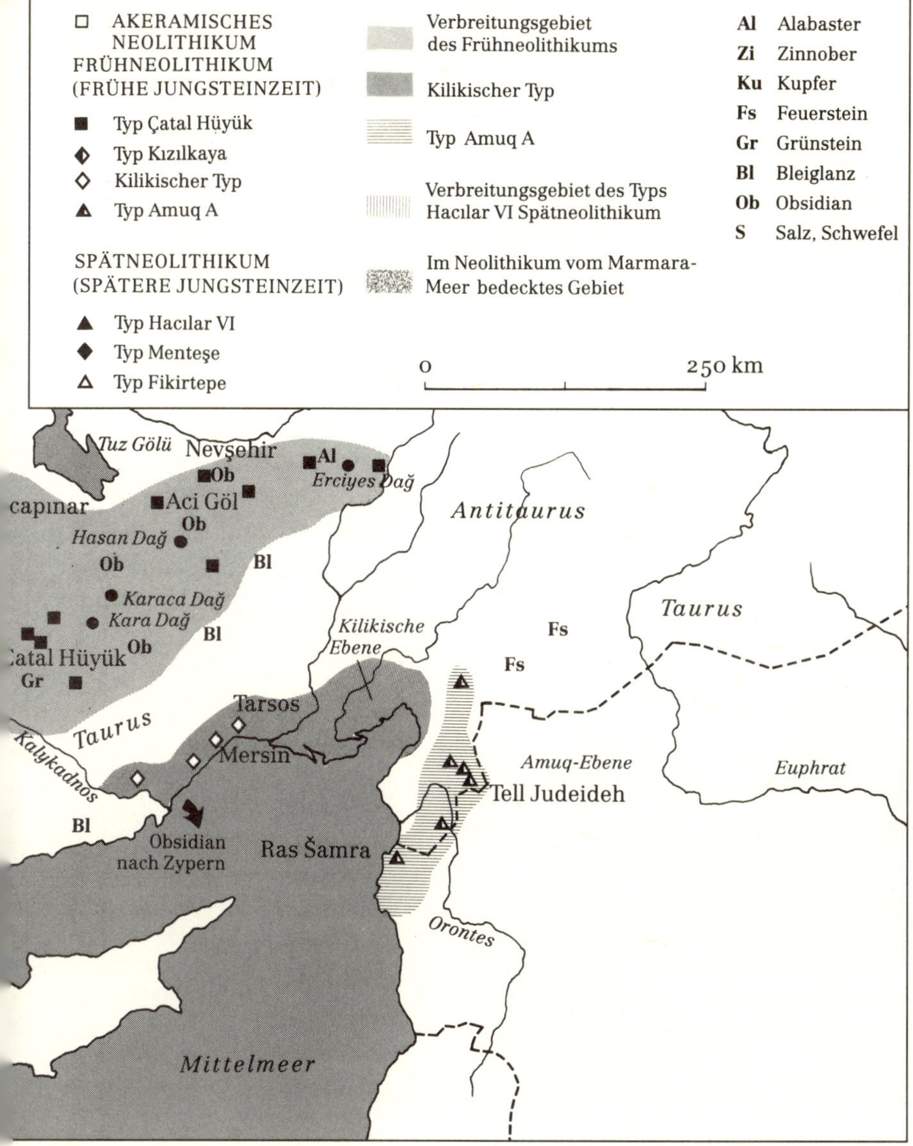

betrachtet man das Fundmaterial – schon sehr frühe Verbindungen zwischen einzelnen Siedlungen bestanden haben.

Ein Warenaustausch – in Anatolien wohl vor allem mit Obsidian, einem schwarzen Glas vulkanischer Herkunft – deutet auf Anfänge einer Art von Tauschhandel hin, dem vielleicht Çatal Hüyük seine Größe und früh herausragende Bedeutung verdankt. Wir hätten es dann hier auf der Hochebene von Konya nicht nur mit der ersten städtischen Kultur, sondern auch mit dem Beginn wirtschaftlicher Aktivitäten zu tun. Denn die anatolischen Obsidianvorkommen waren von Çatal Hüyük aus leicht zu erreichen und abzubauen, so daß wir vielleicht nicht fehlgehen in der Annahme, diese älteste Stadt sei Kultur- und wohl auch Kultzentrum einer durch Handel reich gewordenen Gesellschaft gewesen. Denn was sich in den Mauern von Çatal Hüyük entwickelte und bei den Grabungen fand, geht weit über alles hinaus, was wir an Produktion und Ausstattung sonst aus Siedlungen der Steinzeit kennen.

In Häusern, die nicht durch Türen, sondern nur über Dacheinstiege betreten werden konnten und wie Bienenwaben aneinandergebaut waren, entfalteten die Bewohner von Çatal Hüyük eine erstaunliche Wohn- und Sanktuarienkultur, die man sich nur aus einem hochentwickelten Religionsbewußtsein erklären kann, das offenbar in ausgeprägten Kultformen seinen Ausdruck fand.

Erste Spuren von Metallbearbeitung sowie feine Steinwerkzeuge, Obsidianarbeiten und Skulpturen lassen erkennen, daß es sich hier um einen Ort besonderen Gepräges handelt, wenn auch gewiß nicht auszuschließen ist, daß noch weitere Plätze so früher Kulturentfaltung zutage kommen.

Von besonderer Bedeutung ist in Çatal Hüyük die Ausgestaltung einer Reihe von ausgegrabenen Ruinen, die auf Verwendung für zweifellos hoch entwickelte Kulthandlungen schließen lassen. Neben der Muttergöttin, der wir in großartigen Skulpturen begegnen, spielen Tiere – vor allem der Stier, wohl als männliches Fruchtbarkeitssymbol, aber auch als Kriegs- und Wettergott – eine zentrale Rolle.

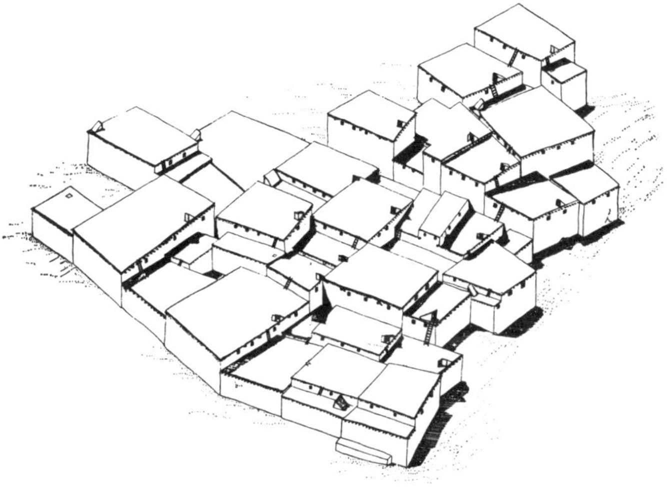

Çatal Hüyük: Schematische Rekonstruktion eines Ausschnitts von Schicht VI mit Häusern und Heiligtümern, die sich in Terrassen übereinander erheben.

Çatal Hüyük: Rekonstruktion der West- und Südwand des Heiligtums VII 1 mit Gipsrelief einer Doppelfigur der Göttin sowie Stierköpfen.

Alle Räume, auch die von deutlich sakraler Bestimmung, waren zumindest zeitweise bewohnt. Für den Zugang übers Dach verwendete man einen als Leiter behauenen Baumstamm. Die Häuser waren innen und außen getüncht. An den Wänden befanden sich erhöhte Plattformen, unter denen die Toten beigesetzt wurden. Darüber spielte sich das tägliche Leben ab. Auf der Plattform saß, arbeitete und schlief man. Dabei gehörte die Hauptplattform der Frau, deren hervorgehobene Stellung dadurch zum Ausdruck kommt.

Neben der Deckenöffnung, die als Einstieg und Rauchabzug, aber auch als Lichtquelle diente, gab es in Nischen steinerne Öllampen, die den Raum bei Dunkelheit geheimnisvoll beleuchtet haben.

Viele Räume zeigen einen reichen, teils ornamentalen, teils naturalistischen Wandschmuck in Form von Malerei oder bemalten Reliefs. Ob es sich bei diesen Räumen, wie Mellaart meint, ausschließlich um Kultstätten gehandelt hat oder ob das wohl religiös begründete Dekorationsbedürfnis allgemein war, wird kaum zu enträtseln sein. Auffällig ist die Lust am malerischen und plastischen Gestalten, mit der Betonung des Mütterlich-Weiblichen und der machtvollen Symbolik männlicher Potenz, die sich vor allem in aneinandergereihten und aus den Wänden hervorragenden Stierschädeln ausdrückt.

Da im Durchschnitt auf zwei Häuser ein solch prachtvoll ausgestattetes Heiligtum kommt, muß entweder das religiöse Bewußtsein der Steinzeitmenschen von Çatal Hüyük ganz besonders stark ausgeprägt gewesen sein, oder es handelt sich bei dem von Mellaart ausgegrabenen Teil der Stadt um ein Sanktuarium für die gesamte Siedlung, vielleicht sogar für ein weiteres Siedlungsgebiet.

Mellaarts Annahme, daß wir es mit Wohnungen einer Priester-Hierarchie verschiedener Einweihungsstufen zu tun haben, ist zwar bestechend, geht aber doch wohl zu sehr von uns geläufigen, späteren kultischen Erscheinungsformen aus, die wir auf die Zeit von Çatal Hüyük nicht ohne weiteres übertragen können. Einen Nachweis für spezielles Priestertum haben wir frühestens zweitausend Jahre später. Zweifel dagegen gibt es wohl kaum an der Bedeutung hier zelebrierter Kulte. Dafür spricht die Bildwelt von Çatal Hüyük eine zu deutliche Sprache – wer auch immer diese frühe Kunst geschaffen und zu kultischen Zwecken benutzt haben mag.

Einen gewissen Hinweis geben die gefundenen Statuetten und Reliefs. Von einundvierzig ausgegrabenen Skulpturen menschlicher Gestalt sind dreiunddreißig weiblich und acht männlich. Mellaart bezeichnet sie ausnahmslos als Götterfiguren. Und doch wäre es gut denkbar, daß die schwangeren, zum Teil in der Stunde der Geburt dargestellten Frauen als Fruchtbarkeit beschwörende und den Geburtsakt zelebrierende Mütter Bürgerinnen der Stadt waren, die eine zentrale Rolle im Kult spielten und darum bildhaft verewigt wurden. Die Möglichkeit einer solchen Deutung scheint sich mir sowohl aus den thronenden Schwangeren wie vor allem aus einem Schiefer-Relief zu ergeben, das ein Paar in geschlechtlicher Umarmung und daneben eine Frau mit einem neugeborenen Kind darstellt. Mellaart denkt hier an die Anfänge des *hieros gamos* – der Heiligen Hochzeit –, die wir aus den frühen Religionen des Vorderen Orients kennen. Er hat auch in Hacılar eine großartige vollplastische Gestaltung des Geschlechtsakts gefunden, die wohl ins fünfte Jahrtausend gehört.

Eine einwandfreie Interpretation dieser in ihrer Haltung eindeutigen Figurengruppen wäre nur möglich, wenn uns die gesellschaftlichen Strukturen und religiösen Vorstellungen der Menschen von Çatal Hüyük vertraut wären. Da das nicht der Fall ist, können wir zwar aufgrund der Ausgrabungsbefunde kultische Zusammenhänge mit Sicherheit annehmen, doch dürfen wir uns nicht in Spekulationen verlieren, die ein zu großes Abstraktionsvermögen des Steinzeitmenschen voraussetzen.

Das Wunder von Çatal Hüyük – als ein solches dürfen wir es wohl ebenso bezeichnen wie die altsteinzeitlichen Höhlenmalereien in Spanien und Frankreich – hat sicher ganz handfeste, im Leben und in der Erfahrung von damals gründende Wurzeln, die aus der Dreiheit von Fruchtbarkeit, Saat-Empfängnis und Keimen-Geburt bestehen. Diese drei Elemente waren nämlich das, was der Steinzeitmensch als Voraussetzung und Fundament seines vielfältig gefährdeten Lebens empfand.

Wer heute von Konya aus die Hügel von Çatal Hüyük erreicht, wird enttäuscht sein. Gras und Gestrüpp überwuchern die kaum noch erkennbaren Ausgrabungen der sechziger Jahre. Nur dem kundigen Auge erschließen sich einige Strukturen am Hang des Hügels. Man ahnt nichts von der ein ganzes Jahrtausend umspannenden Stufenfolge der Stadt, die hier verborgen liegt.

Die zahlreichen Funde sind im Museum von Ankara ausgestellt. Dort hat man auch einen der repräsentativsten Kulträume hervorragend rekonstruiert. Er vermittelt den besten Eindruck von Çatal Hüyük. Hier wollen wir deshalb auch ansetzen mit einer Betrachtung der vielfältigen Funde, zumal wir daraus gewisse Schlüsse auf die kulturelle Ost-West-Drift ziehen können.

An mobilen, also auch für den Transport als Kult- oder Handelsgut geeigneten Fundgegenständen sind neben den bereits erwähnten, in Stein und Terrakotta vorkommenden, menschliche Züge tragenden Figuren, Tierplastiken, Holzgefäße, unbemalte, aber auch bemalte Keramik, fein ausgeführte Steingeräte, Obsidianspiegel, ein Zeremonialdolch aus Feuerstein und Schmuck – zum Teil schon aus Metall – sowie Gewebereste zutage gekommen. Bei diesen Geweberesten handelt es sich um die ältesten uns bekannten Textilien der Menschheit. Man fand sie als Umhüllungen menschlichen Gebeins. Daraus ergibt sich, daß die Textilien in frühester Zeit ganz oder doch hauptsächlich für den Totenkult verwendet wurden, wie wir das auch von der ältesten chinesischen Seide her kennen.

Rätselhafter als dieses mobile Gut, das auf einen hohen Kulturstand des Steinzeitmenschen schließen läßt, ist das feste Inventar der von Mellaart als Kapellen bezeichneten Räume. Ihre Symbolträchtigkeit ist wohl zu erkennen, aber kaum zu verstehen, wenn sie auch sicher mit Fruchtbarkeit beschwörenden Kultformen zusammenhängt.

Die größten Rätsel geben dabei die Beziehungen zwischen Menschen- und Tierwelt auf. Neben Tierdarstellungen, so zwei sehr realistisch ausgeführte, aufeinander zugehende Leoparden – die Muttergöttin sitzt oft auf einem Leopardenthron –, finden wir Stierköpfe in Verbindung mit weiblichen Brüsten, die zum Teil wiederum Tiersymbole tragen. So treten aus den offenen Warzen eines allein dargestellten Brustpaars die Zähne eines Fuchses, in einem anderen Fall der Kopf eines Wiesels hervor. Im gleichen Raum wird ein großer Widderschädel mit echtem Gehörn von einem mächtigen tönernen Horn überragt, aus dem eine weibliche Brust hervorkommt. Sie umfaßt den Unterkiefer eines Keilers mit scharfen Hauern. In einem anderen Raum ragt aus einer rotgetünchten Nische ein großer Stierkopf mit echten Hörnern hervor, der gleichfalls von weiblichen Brüsten überragt ist. In einem stark zerstörten Raum spreizen zwei nebeneinandersitzende, ihre Hände erhebende weibliche Figuren die Beine über einem riesigen Stierschädel. Hier mag eine Verbindung zu den Skulpturen von Gebärenden bestehen, die Stier- oder Widderköpfe aus ihrem Leib hervorbringen.

Von hundertneununddreißig bisher in Çatal Hüyük ausgegrabenen Räumen sind vierzig auf die hier beschriebene Weise dekoriert oder mit ebenfalls schwer deutbaren Szenen ausgemalt, die Menschen und Tiere, oft in rätselhafter Verbindung, darstellen – so zum Beispiel riesige Hirsche und winzige Jäger oder Geier über Menschenteilen. Vielleicht deuten die Geierszenen darauf hin, daß man die Toten in Çatal Hüyük den Geiern zum Fraß vorwarf, so wie das heute noch in Tibet geschieht, und nur die Gebeine beisetzte. Handabdrücke an den bemalten Wänden erinnern an ähnliche Bräuche in Höhlen der älteren Steinzeit, an deren großartigen Formenkanon auch viele der Tierdarstellungen von Çatal Hüyük gemahnen, ohne daß man hier an direkte Zusammenhänge denken darf, zumal sich in den anatolischen Höhlen der Altsteinzeit keine entsprechenden Malereien gefunden haben.

Von großer Schönheit sind die ornamentalen Wandgestaltungen von Çatal Hüyük, die oft in reliefierten Räumen vorkommen und wahrscheinlich früheste Textilmuster wiedergeben. Dabei bleibt es ungewiß, ob diese Malereien zu ersten Textilmustern

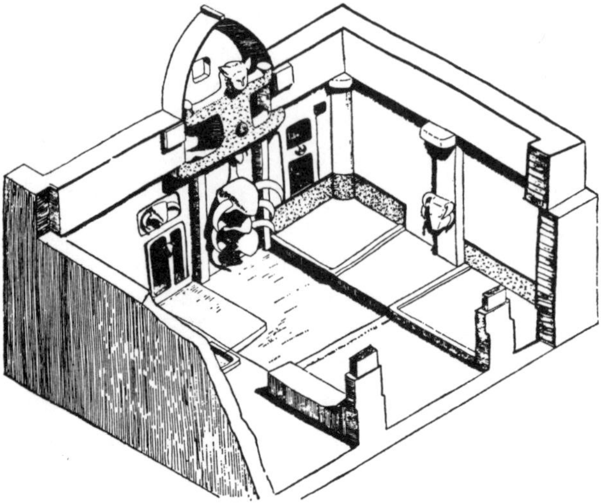

Çatal Hüyük: Nord- und Westwand der Kultstätte VI B 10, restauriert.

Çatal Hüyük: Ostteil des Heiligtums VI A 50 mit Kelimmalereien, einer Figur der Göttin und Bukranien.

anregten, zumal die ältesten Textilfunde keine Muster zeigen, oder ob sie auf erste gemusterte Textilien zurückgehen. Tatsache ist, daß spätere Teppiche und Kelims des anatolischen Raums sowie auch frühe Textilien der Ägäis an die Ornamentik von Çatal Hüyük erinnern, was einen weiteren Hinweis auf die ost-westliche Kulturdrift bietet.

Werfen wir noch einen Blick auf die architektonische Struktur Çatal Hüyüks, wie sie vor Ort leider nicht mehr zu erkennen ist. Damit meinen wir ihr wabenartiges Aneinandergefügtsein ohne Tür und Tor. Dieser Siedlungsbautyp, der sich über die Kykladen bis nach Griechenland und weiter nach Südosteuropa verbreitet hat, ist eine Form sicheren Bauens, das Feinden ein Eindringen schwermachte.

Bis in die Gegenwart bestehende Beispiele habe ich auf der Kykladen-Insel Tinos gefunden, wo ein Dorf wie Dyo Choria in der Nähe der Hauptstadt Tinos den Typ von Çatal Hüyük noch heute in seiner Struktur deutlich erkennen läßt.

DER WEG NACH WESTEN

Ein nochmaliger Blick auf die Karte Anatoliens zeigt, daß sich die jungsteinzeitliche Kultur von Çatal Hüyük, das wir als ein wichtiges frühes Zentrum erlebt haben, vor allem nach Westen und Süden – zur Mittelmeerküste hin – ausgedehnt hat.

Kurt Bittel nimmt bereits für diese Zeit Handelsbeziehungen zum Mittelmeer, ja vielleicht sogar schon bis Zypern an. Plätze wie Mersin und Tarsos an der anatolischen Südküste, die mit nachweisbaren Schichten bis in die Spätzeit des älteren Çatal Hüyük zurückreichen, könnten Stationen einer solchen frühen Handelsstraße gewesen sein.

Ein wichtiger Siedlungsort auf dem Wege nach Westen war das von Mellaart ausgegrabene Hacılar. So wie Çatal Hüyük hat es über viele Jahrhunderte seit der vorkeramischen Zeit bestanden und wohl auch seinerseits schon früh nach Westen ausgestrahlt. Da wir bei den meisten steinzeitlichen Siedlungen den Ursprung jedoch nicht kennen und somit auch nicht annähernd datieren können, ist es schwer, weiterreichende Folgerungen aus ihrer Existenz und ihren möglichen Verbindungen untereinander zu ziehen.

Eindrucksvolle Fundstellen aus der Frühzeit fehlen westlich von Hacılar. Und an der Europa zugewandten Westküste Anatoliens kennen wir bisher eine einzige, vorläufig auch nur bis etwa 3000 v. Chr. zurückzuverfolgende Stadt: Troja, die uns noch eingehend beschäftigen wird.

Die frühesten Verbindungen zur Ägäis scheinen über die anatolische Südküste gelaufen zu sein, wo die bereits erwähnten Siedlungen Mersin und Tarsos entdeckt wurden. Doch die neolithischen Schichten dieser Ausgrabungen haben zu wenig erbracht, um heute schon etwas über die Funktion dieser Plätze aussagen zu können. An beiden Orten konnte man nicht bis zum unbebauten Boden vordringen, weil er unter dem Wasserspiegel liegt. Hier bedürfte es neuer, aufwendiger archäologischer Verfahren, um Gewißheit über früheste Zusammenhänge zu erhalten. Ergiebige Funde haben wir vom dritten vorchristlichen Jahrtausend an. So können wir besonders Tarsos als eine bedeutende Stadt der frühen Bronzezeit ausmachen.

Bedenkt man, daß mehr als zweitausend Jahre zwischen einwandfrei nachweisbaren Städten an der Mittelmeerküste und der Blütezeit Çatal Hüyüks liegen, so wird uns klar, welche Lükken für die Darstellung und Interpretation der anatolischen Frühkulturen noch bestehen. Da erscheint es kühn, von Einflüssen auf den ägäischen Raum zu sprechen. Und doch hat der Ausgräber der alten kretischen Palastanlage von Knossos, Sir Arthur Evans, bereits 1921 von den anatolischen Wurzeln der neolithischen Kultur Kretas gesprochen. Und das, obwohl zu seiner Zeit kaum Forschungsergebnisse über die Frühkulturen Vorderasiens vorlagen. Man wußte nichts von Çatal Hüyük und Hacılar, dagegen sehr viel von Ägypten, mit dem ja damals die kretische Kultur fast ausschließlich in Zusammenhang gebracht wurde.

Trotz der inzwischen erfolgten sensationellen Entdeckungen ist es schwer, sich die Entwicklungen und Beziehungen über Jahrtausende vorzustellen, die zur Einwirkung der frühen anatolischen Bilder- und Symbolwelt, wie wir sie aus Çatal Hüyük kennen, auf den kretischen Kulturkreis geführt haben.

Hier können wir zunächst nur – wie Fritz Schachermeyr es in seinem Buch *Ägäis und Orient* getan hat – von Symbolen sowie von Bild- und Gefäßformen ausgehen, die in Anatolien entstanden sind und sich über Kreta, Griechenland und den Balkan bis nach Mitteleuropa verbreiteten. Sie bieten einen indirekten Beweis für jene ersten Kulturkontakte, die im Neolithikum zwischen Anatolien und der Ägäis zustande kamen und wesentlich zur Entstehung der ältesten Kulturen Europas beigetragen haben.

Freilich müssen wir uns auch hier hüten, die unmittelbaren frühen Beziehungen zwischen Anatolien und dem Westen zu überschätzen, da wir die Zusammenhänge noch nicht kennen. Und man würde es sich wohl zu einfach machen, wollte man in Çatal Hüyük das von Sir Arthur Evans erahnte Vorbild kretischer Paläste sehen. Selbst die Ähnlichkeit des Dekors und gewisser Wandmalereien kann nicht darüber hinwegtäuschen, daß es ein weiter Weg mit vielen uns heute noch nicht bekannten Stationen war, der von Çatal Hüyük nach Kreta und zu den Plätzen minoischer Kultur in der Ägäis führte. Und doch gibt es überraschend aufleuchtende Verbindungen über weite Strecken, mit ersten Fixpunkten in einem noch kaum ausgefüllten Koordinatensystem kultureller Zusammenhänge, die – was das schwierigste Problem ist – auch zeitlich einigermaßen zusammenpassen.

Als eines der faszinierendsten Beispiele der Stilwanderung von Ost nach West möchte ich die Verwandtschaft zwischen der in Hacılar gefundenen Terrakottagruppe eines sich umarmenden Paares, die wohl um 5000 v. Chr. entstanden ist, und einer Frauenstatuette aus Lerna im griechischen Argolis, die ins vierte Jahrtausend gehört, anführen. Hier zeigt sich die Dauer des Weges, wobei ein aus dem Umkreis von Hacılar nach Griechenland gelangtes Stück gleichen Stils Vorbild gewesen sein mag, wenn es sich bei der Frauenfigur aus Lerna nicht überhaupt um eine Importskulptur aus Anatolien handelt. Auf alle Fälle haben Kleinplastiken dieser Art – das Stück ist achtzehn Zentimeter hoch – stilbildend in der Ägäis gewirkt. Interessant ist dabei, daß sie bei eindeutiger Herkunft aus dem Osten zugleich auch schon Formansätze zeigen, die in der weiteren Entwicklung zu den Abstraktionen, etwa der Kykladen-Plastik, führten. Doch selbst dort sind die frühen anatolischen Einflüsse nicht zu verkennen. So etwa bei den unter der Brust zusammengeführten Armen oder bei der Betonung der Scham.

Doch nicht nur in Fällen einer weitgehend naturalistischen Figurengestaltung, bei der man von der Ähnlichkeit im Vorbildhaften ausgehen kann, ist der Einfluß erkennbar. Auch bei Frauenidolen mit phallusähnlicher Kopfgestaltung gibt es erstaunliche Parallelen, die man sicher nicht als zufällig bezeichnen kann. Ich denke da zum Beispiel an eine kleine Terrakotte aus Hacılar, die um 6000 zu datieren ist und zum Typ der Fruchtbarkeitssymbole gehört – ein Stück mit langgezogenem, einem erigierten Phallus ähnlichem Kopf. Und ich halte dagegen eine 7,2 Zentimeter hohe Marmorfigur von der Peloponnes, aus der Nähe Spartas, die sich im griechischen Nationalmuseum in Athen befindet und auf die Zeit zwischen 5900 und 5200 v. Chr. datiert wird.

Auch hier haben wir nur zwei Beispiele größerer Gruppen gleichartiger Skulpturen herausgegriffen, die fast gleichzeitig oder mit dem zeitlichen Abstand einer Stilwanderung in Anatolien und in Griechenland vorkommen. Dieses Thema, das ich hier nur anreißen kann, wäre eine eigene Studie wert. Fast deutlicher noch als bei den Skulpturen tritt der Einfluß des Ostens in Form und Dekor der frühen Keramik zutage, der wir uns nun zuwenden wollen.

DIE SPRACHE DER FRÜHEN KERAMIK

Die Frage, welche Bedeutung der Entstehung und Entwicklung keramischer Formen im Neolithikum zukommt, ist in den letzten Jahren kontrovers diskutiert worden. Während einige Wissenschaftler in der Erfindung der Gefäßformung aus knetbarem Material die bedeutendste Kulturleistung der frühen Menschheit sehen, ist für andere der Beginn von Ackerbau und Viehzucht das entscheidende Ereignis. Abgesehen davon, daß sich diese Entwicklungen, weiträumig gesehen, kaum voneinander trennen lassen und wohl auch zeitlich nicht weit auseinanderliegen, beweist ein Platz wie Çatal Hüyük, daß Keramik am Anfang nicht unbedingt zur Ausbildung höherer Kulturformen gehören muß. In der Tat spielt sie in Çatal Hüyük, wo wir großartige Gefäße aus Stein und Holz finden, zunächst nur eine geringe Rolle.

Es scheint, als habe schon in dieser Frühzeit neben progressiver Entwicklung auch eine Art von erstem Konservatismus – ein Festhalten am Althergebrachten – bestanden. Aus dieser Sicht wäre, soweit wir das heute erkennen können, Hacılar die fortschrittlichere Gemeinschaft gewesen. Denn von dort kommt eine Keramik, die wir nicht nur in ihrer Schönheit und ihrem Formenreichtum bewundern, sondern auch als stilbildend für die ganze Epoche und einen weiten Raum, bis hin zur nordostgriechischen frühen Sesklo-Kultur, betrachten müssen.

Eine offene Frage in diesem Zusammenhang ist die nach den Anfängen der Weberei. So zeigen die Wandbemalungen in Çatal Hüyük Formen, die frühesten Textilmustern entstammen oder sie angeregt haben. Da es die gleichen Strukturen und Ornamente sind, denen wir auch auf der frühesten bemalten Keramik begegnen, besteht hier ein bisher allerdings noch ungeklärter Zusammenhang.

Schachermeyr sieht den Grund für die unbestreitbare Ähnlichkeit, ja Gleichheit keramischen Dekors in Hacılar und Sesklo im Textilexport von Osten nach Westen. Textilmuster, von denen uns natürlich nichts erhalten ist, haben, so meint Schachermeyr, in Sesklo zur Nachahmung der ursprünglich anatolischen Ornamente geführt. Allerdings erklärt sich damit noch nicht die Ähnlichkeit der Gefäßformen, ja selbst der Materialien und ihrer Verarbeitung. So muß man wohl davon ausgehen, daß einige der frühen Gefäße im Original den Weg von Anatolien nach Griechenland gefunden haben, wenn wir auch noch keinen regelrechten Handel voraussetzen dürfen.

Sicher aber ist, daß die frühe Keramik der Ägäis ohne anatolische, syrische und mesopotamische Vorbilder nicht denkbar wäre. Das betrifft nicht nur Herstellung, Form und Dekor, sondern auch ihre ursprüngliche Bedeutung, ihren bisher noch kaum beachteten geistigen und religiösen Gehalt. Mögen die Gefäße zum Teil auch rein praktischen Zwecken gedient haben, so gilt das gewiß nicht für alle, und ganz sicher nicht für die ersten.

Genau wie bei den Frauenidolen müssen wir auch hier einen religiösen, einen sakralen Ursprung annehmen. Wir haben es bei den frühen Gefäßen in Form, Färbung und Bemalung wahrscheinlich mit der ältesten schriftähnlichen Fixierung menschlicher Gedanken und Glaubensvorstellungen zu tun.

Natürlich ist für den heutigen Menschen der Gedanke naheliegend, daß der Beginn der Gefäßformung praktische Gründe gehabt haben muß. Und betrachtet man älteste Gefäßscherben, die noch keinerlei Dekor tragen, scheint dieser Gedanke berechtigt. Gehen wir jedoch von dem ganz anderen Lebensverständnis des Steinzeitmenschen aus, so wie wir es zu deuten versuchten, müssen wir auch hier zu anderen Folgerungen kommen.

Sie ergeben sich aus der Rolle der Frau in der frühen Gesellschaft. Es war eine Rolle, die eben nicht im Pragmatischen gründete wie die Rolle des Mannes und Jägers, sondern im ganzheitlich erfaßten Lebensprozeß mit seiner schöpferischen Tendenz. Oder anders ausgedrückt: Männliches Bewußtsein war damals schon zielgerichtet, weibliches dagegen kosmisch, universal. Vielleicht liegt in diesem deutlichen Gegensatz die sogenannte, anders nicht zu erklärende Urfeindschaft der Geschlechter begründet, die zur Unterdrückung der Frau im Patriarchat und zum weiblichen Aufbegehren dagegen in der Frauenbewegung des neunzehnten Jahrhunderts und im heutigen Feminismus führte.

Die Frau begriff das Leben von Anfang an nicht als eindimensional, sondern als umfassend, als global. Daraus ergaben sich ihre schöpferischen Aktivitäten sowohl in den praktischen Belangen, wie Ackerbau und Viehzucht, als auch in den religiös-künstlerischen sinnerfüllter Gestaltung. Beides darf nicht unter dem Aspekt der reinen Nützlichkeit gesehen werden. Vielmehr scheint es, als seien die vom Lebensganzen gelöste Vorstellung von Nützlichkeit und das Streben nach ihrer Verwirklichung – wir würden es heute als den Prozeß des technischen Fortschritts bezeichnen – ein späteres Lebensphänomen. Es entspricht jener zielgerichteten Lebensart des Mannes, die nicht nur zum Jagderfolg, sondern auch zur ersten Feindschaft unter Menschen – zu Kämpfen zwischen Stammesgruppen – geführt hat.

Das Wesen der Frau dagegen gründete im begriffenen und angenommenen Allzusammenhang der Dinge. Es war schöpferisch, ohne zerstörerisch zu sein. Und dort, wo Zerstörung unumgänglich zum Überleben gehörte, wie bei der männlichen Jagd, aber auch beim Sammeln und Töten von Kleinlebewesen, beim Fischen und später beim Schlachten von Haustieren, ja selbst beim Sammeln und Ernten von Pflanzen und Getreide – dies alles waren weibliche Tätigkeiten –, übernahm die Frau die Rolle der Sühnenden, das heißt der Opfernden und der Hegenden, der Bewahrenden.

Beispiele für solches Verhalten, wie es damals typisch war für die Frau, finden wir noch heute bei vielen Völkern Asiens – man denke an die Insel Bali –, wo den Göttern von gejagten oder geschlachteten Tieren, aber auch von der Ernte Opfer gebracht werden, um das Wiedererstehen und Weiterleben des aus der Natur Genommenen nicht in Frage zu stellen.

Hier mögen auch die ältesten Funktionen von Gefäßen zu suchen sein. Selbst dort, wo sie dem Schöpfen von Wasser oder der Aufbewahrung von Getränken dienten, dürften sie bei der ersten Verwendung geweiht und damit für ihre Funktion sakral bestimmt worden sein. Neben Gefäßen für den täglichen Gebrauch gab es, wie wir durch Grabungsfunde nachweisen können, viele, die als Opferbehälter für Blut, aber auch für feste Opfergaben wie Getreide, Blüten, Fleisch, Eingeweide verwendet wurden.

Ferner finden wir kunstvolle Gefäße als Grabbeigaben, als Urnen und in späterer, aber immer noch von der Frau geprägter Zeit im großen Format als sargartige Krüge, in denen Verstorbene in der Hockstellung des Embryos – als seien sie zur Wiedergeburt bestimmt – beigesetzt wurden. Dabei wird deutlich, daß man im Gefäß die Nachbildung des elementar Weiblichen – des Körpers, der empfängt und gebiert – zu sehen hat.

Den Beweis dafür liefern Funde, die Gefäße von weiblicher Form zeigen. Oft sind nicht nur Gesichter, sondern auch Brüste zu erkennen, wobei die weibliche Brust wohl als Urform und Vorbild des Gefäßes überhaupt begriffen werden muß. Denn sie ist für den Urmenschen neben der Quelle das erste flüssigkeit- und damit lebenspendende Element gewesen.

Besonders klar wird diese Bedeutung des Gefäßes am Beispiel jenes berühmten heiligen Kruges aus Kreta, der um 1500 v. Chr. in der Form einer schlanken Frau entstanden und dessen ganzer Gefäßkörper mit Nachbildungen von weiblichen Brustwarzen bedeckt ist. Viele der frühesten Tongefäße bilden offensichtlich die weibliche Brust oder den schwangeren Leib nach – also jene beiden Körperteile, die, wie das Gefäß, etwas Leben Schenkendes und Leben Erhaltendes von sich geben. So wird der typisch weibliche, ganzheitliche Zusammenhang deutlich, der uns noch einmal die schöpferische Rolle der Frau in der frühen Gesellschaft vor Augen führt.

Es kann kein Zweifel bestehen, daß die Erfindung der Keramik genauso wie die Herstellung von Textilien auf weibliche Initiative zurückgeht. Das bedeutet natürlich keineswegs, daß die Männer nicht an der Produktion beteiligt waren, so wie weibliche Figuren und Ritzzeichnungen auch von Männern hergestellt worden sein könnten.

Wenden wir uns nun der bemalten Keramik Anatoliens und der Wanderung ihrer Ornamente und Symbole nach Westen zu. Dabei beschäftigt uns vor allem die Frage nach der Bedeutung dieser Ornamente und Symbole, in denen wir die ältesten Ausdrucksformen menschlichen Empfindens, Erfahrens und Erfassens erkennen. Was uns dabei besonders überrascht, ist die Tatsache, daß die älteste Keramik ausschließlich abstraktes Dekor trägt, das nur schwer zu entschlüsseln ist. Es scheint, als habe man sich einer Geheimschrift zur Sinnbestimmung der Gefäße bedient.

Die gemalten Strukturen suggerieren uns ein Wissen des Steinzeitmenschen um Mikrokosmos und Makrokosmos. In goldfarbenem Ocker oder scharf konturierendem Schwarz erscheinen kantige und runde Muster von erstaunlicher Vielfalt, die dennoch fast alle zwei Grundmotiven folgen: dem Labyrinth und der Spirale, einer Rundform, die das Labyrinth ins Unendliche, das aber heißt ins Kosmische weitet. Dabei entsteht eine bildhafte Verbindung zwischen dem sich in der Schwangerschaft allmählich weitenden Rund des Mutterleibs, dem Rund von Sonne und Mond und dem zu beobachtenden Wellenspiel um einen ins Wasser geworfenen Stein. Wellen sind hier früh gesehene und in ihrer Bedeutung erkannte Urformen der Bewegung, des Werdens aus dem Grund befruchteten Seins. Diese Symbolsprache führt von den ältesten Keramikformen aus Hacılar hin zu jenem bauchigen Gefäß, das mit einem abstrakten Lebewesen – einem Urbild des Menschen – bemalt ist, das gleichsam aus seiner Mitte expandiert.

Beim Betrachten dieser eindrucksvollen, weit über alle Realität hinausgehenden Malerei denkt man unwillkürlich an die Verse eines Dichters unseres Jahrhunderts: Rainer Maria Rilke.

Er schrieb: »Ich lebe mein Leben in wachsenden Ringen, die sich über die Dinge ziehn ...«

Sollte der Mensch der Frühzeit schon von ähnlichen Bildern beherrscht worden sein? Vielleicht stand er uns gedanklich näher, als wir uns vorstellen können. Jedenfalls halte ich die Sprache der frühen Keramik eines umfassenden Übersetzungsversuchs wert. Und das um so mehr, als die Geheimschrift der ältesten Tongefäße zwischen Syrien, Anatolien und den frühesten Mittelmeerkulturen der gleichen Bewußtseinsstufe jener frühen Menschheit zu entstammen scheint. So wie später die Musik Sprache der Welt wurde, mögen es damals die Formen der Keramik und ihre Bemalung gewesen sein, die Stämme und Völker in einem religiösen Sinne verbunden haben.

Fritz Schachermeyr hat in seinem Buch *Die ägäische Frühzeit* Farbtafeln von Scherben aus Hacılar und der thessalischen Sesklo-Kultur nebeneinandergestellt. Dabei wird die Übereinstimmung der frühen unbemalten Ware beider Regionen ebenso deutlich wie die der Muster und Strukturen von Gefäßteilen späterer Zeit. Man darf also davon ausgehen, daß bereits die älteste uns bekannte Keramik aus Vorderasien nach Westen gewirkt, ja im ägäischen Raum die Produktion überhaupt erst angeregt hat. Es ist schwer zu entscheiden, ob das durch Menschengruppen erfolgte, die von Anatolien aufbrachen und ihr Wissen um Töpferei, Weberei und andere handwerkliche Fertigkeiten – so auch des festen Hausbaus – mitbrachten, oder ob Gefäße als Vorbilder durch erste Handelsbeziehungen in die Ägäis gelangten.

Mir scheint das erstere für die Anfänge wahrscheinlicher, zumal die früheste Besiedlung der Inselbrücke der Kykladen sicher von Anatolien aus erfolgt ist. In der späteren Phase, der wir die vielfältig bemalte Keramik verdanken, könnten bereits Handel und kultische Verbindungen den Transfer bestimmt haben, wobei die verblüffende Farb- und Formähnlichkeit der bemalten Keramik auf Geistes- und Kultverwandtschaft hindeutet. Gerade die Scherben lassen das oft Kürzelhafte der Bemalung erkennen, deren Symbolik Fluß, Wachstum, Dynamik, Bewegung suggeriert – Elemente also, die für die frühe Kulturentfaltung von großer Bedeutung waren.

In dieser großartig stilisierten Sprache der frühen bemalten Keramik dürfen wir den Ausdruck des Übergangs vom beharrenden Wesen der ersten Bauern und Viehzüchter zu einer neuen Bewegungsinitiative sehen, die mit Aufbruch in unbekannte Weiten, auch über das Meer, mit Handel und Kulturtransfer zu tun hat. Es waren die von Anatolien ausgehenden Impulse, die dem südosteuropäischen Raum die Anfänge seiner frühesten seßhaften Kulturen vermittelten. Dabei bildete das Mittelmeer keine Grenze, sondern eine Brücke. Das heißt, die Seefahrt ist wesentlich älter, als man das noch vor wenigen Jahrzehnten annahm.

DAS RÄTSEL SALIAGOS

Im Zentrum der ägäischen Inselgruppe der Kykladen liegen dicht benachbart zwei Inseln, die man sich in ihrem Erscheinungsbild gegensätzlicher kaum vorstellen kann. Die eine – Paros –, von landschaftlicher Schönheit, ist berühmt für ihre Marmorbrüche, die über Jahrhunderte das Material für die herrlichsten Statuen der griechischen Antike geliefert haben. Auch die Kykladen-Kunst mit ihren abstrahierten, oft lichtdurchlässigen Marmoridolen ist ohne das begehrte Material aus Paros nicht vorstellbar.

Die Nachbarinsel – Antiparos – dagegen wirkt düster und unwirtlich. Einzige Attraktion ist eine riesige Tropfsteinhöhle am Hang des dreihundert Meter hohen Agios Ilias, in die man über viele Stufen tief hinabsteigen kann.

Im Gegensatz zu den meisten Höhlen des Mittelmeergebiets und Vorderasiens hat man hier keinerlei vorgeschichtliche Spuren entdecken können. Keramikscherben aus der Antike deuten allerdings darauf hin, daß die Höhle schon in vorchristlicher Zeit bekannt war.

Im vorigen Jahrhundert soll noch eine Inschrift vorhanden gewesen sein, nach der sich eine Gruppe hochgestellter Griechen in der Höhle verborgen hielt, um der Verfolgung Alexanders des Großen zu entgehen, der sie beschuldigte, einen Mordanschlag auf ihn geplant zu haben. Doch selbst das scheint nicht beweisbar. Aktenkundig ist erst der Besuch des französischen Botschafters in Konstantinopel, der Weihnachten 1673 in der Höhle eine Messe zelebrieren ließ.

Man hätte in dieser riesigen Höhle Früheres erwartet, zumal die ältesten Zeugnisse menschlicher Kultur auf den Kykladen wenige Kilometer entfernt auf der winzigen Insel Saliagos gefunden wurden.

Wenn man heute mit einem kleinen Fischerboot vom Hafen Antiparos' nach Saliagos hinüberfährt – die Fahrt dauert keine zehn Minuten –, kann man sich kaum vorstellen, daß man auf den Spuren der ältesten Kykladen-Kultur ist. Flach erhebt sich die kaum hundert Meter lange und bis zu siebzig Meter breite, nur von Gras und Gestrüpp bedeckte quellenlose Insel aus dem stürmischen Meer. Zum Ufer hin erstrecken sich von einer flachen Anhöhe aus Reste überwucherter Grundmauern, die von einer kleinen Ansiedlung zeugen, deren Ursprung ins vierte, vielleicht sogar ins fünfte vorchristliche Jahrtausend reicht. Es sind die einzigen bisher auf den Kykladen gefundenen Siedlungsreste aus so früher Zeit. Sie wurden in den Sommern 1964 und 1965 vom Britischen Archäologischen Institut in Athen ausgegraben. Den Anstoß für die Grabungen gaben Keramikscherben und Obsidianfunde, deren Material von der Insel Melos stammt. Die Freilegung und Erforschung der Hausfundamente erwies sich als außerordentlich schwierig, da sie zum Teil vom Wasser des seit damals um mehrere Meter gestiegenen Meeresspiegels überspült sind.

Dieses Steigen der See ist zugleich die Lösung für das aus heutiger Sicht nur als Rätsel zu begreifende Leben auf Saliagos. Wenn wir die Zahl der Bewohner in der Zeit vor sechstausend Jahren auch noch nicht einmal zu schätzen vermögen, so zeigt der Augenschein von heute, daß unter den gegebenen Bedingungen selbst eine kleine Menschengruppe nicht hätte überleben können. Aber auch Kontaktstellen auf den beiden großen Inseln konnten bisher nicht ausgemacht werden.

Tatsache ist also, daß Saliagos zur Zeit seiner Besiedlung – und die währte mindestens ein halbes Jahrtausend – mit den beiden größeren Inseln verbunden war. Als eine sich nach Norden erstreckende Landzunge war sie mit zwei Buchten offenbar ein idealer Anlegeplatz für die frühe Schiffahrt. Das Leben der Bewohner dagegen scheint sich mit Ackerbau und Viehzucht auf dem zurückliegenden Gelände der größeren Inseln abgespielt zu haben, die über schmale Landbrücken leicht zu erreichen waren. So erklären sich auch die weit über das Bedürfnis einer verhältnismäßig geringen Bevölkerung hinausgehenden Funde an Keramikresten und Obsidian. Sie zeugen für Saliagos als einem der frühen Umschlagplätze zwischen Anatolien und der Ägäis.

Saliagos als Einzelplatz auf den Kykladen macht uns deutlich, wieviel Unaufgefundenes aus früher Zeit sich noch in der Erde verbergen muß. Denn der Spaten des Archäologen hat auf dem griechischen Festland inzwischen so vieles zutage gefördert, das die Zusammenhänge zwischen dem Vorderen Orient und dem südosteuropäischen Festland verdeutlicht. Von daher bedarf es nun vor allem der Spurensuche auf den Inseln der Ägäis.

Die auf Saliagos ausgegrabenen Hausfundamente mit Räumen von 2,60 mal 3 Metern erinnern an die in Anatolien seit dem siebten Jahrtausend nachweisbaren Strukturen. Es ist eine bienenwabenartige Bauweise der Häuser, die wahrscheinlich auch hier türlos waren und nur über die Dächer betreten werden konnten, obwohl die Fundreste das nicht sicherstellen. Außerdem scheint es, daß die Siedlung von Saliagos von einer Mauer umgeben war, an die sich die Häuser unmittelbar anschlossen. Das ist verblüffend, da keine Verteidigungsnotwendigkeit erkennbar ist. Bliebe also nur die Erklärung, daß die Begründer der Siedlung ihre architektonischen Vorstellungen aus Kleinasien bezogen oder mitgebracht haben.

Ähnliches gilt für die auf Saliagos gefundene Keramik, die wahrscheinlich durch spätere Einwirkungen fast nur in Scherben auf uns gekommen ist. Dreieinhalb Tonnen erbrachten die Grabungen. Daraus konnten etwa sechzig Gefäße komplett rekonstruiert werden. Unversehrt geborgen wurden nur wenige kleine, künstlerisch unbedeutende Stücke. Es kann kein Zweifel bestehen, daß ein großer Teil der grob gearbeiteten und unbemalten, oft auch unpolierten Ware Gebrauchsgefäße war. Doch haben sich auch beträchtliche Reste von Kultkeramik gefunden. Darunter spielen die sogenannten Fruchtständer – große Gefäße mit hohem Fuß, die bis in die ostungarischen Frühkulturen vorkommen – eine besondere Rolle. Die Ausgrabungsstatistik ergab aufgrund der gefundenen Scherben einen Anteil von vierzig Prozent dieser »Fruchtständer« an der Gesamtmenge der Keramik.

Werner Ekschmidt sagt dazu in seinem Werk *Kunst und Kultur der Kykladen*: »Man darf wohl unerschrocken und ohne Zögern die Aussage wagen, hier irrt die Statistik. Was wollte man mit dieser gewaltigen Menge großer, aufwendiger und – überaus unpraktischer Gefäße? Wozu dienten sie? Die Ausgräber haben sich jeder Vermutung über ihre Funktion enthalten. Es steht aber doch ganz außer Frage, daß man für den täglichen Gebrauch in seinen verschiedenen Anforderungen einfache und bewegliche Gefäße brauchte, Gefäße, die sich stapeln ließen. Es fehlte für eine solche Menge ›Fruchtständer‹ in den engen Behausungen überhaupt der Raum. So charakteristisch sie für die Saliagos-Keramik sind, in der angegebenen Menge können sie unmöglich vorgekommen sein.«

Wahrscheinlich hat Ekschmidt recht, wenn er die Statistik anzweifelt. Fragen muß man sich aber, ob seine Schlußfolgerungen richtig sind.

Die Form des Fruchtständers ist in der frühen Zeit zwischen Persien, Mesopotamien, Syrien, Anatolien und der Ägäis weit verbreitet gewesen. Es handelt sich dabei offensichtlich nicht um Gebrauchskeramik, sondern um Sakral- oder Opfergefäße. Die Frage nach ihrer praktischen Verwendung im Haushalt hat sich ihren Erzeugern und Benutzern mit Sicherheit nicht gestellt. Vielleicht ergibt sich ihre relativ große Zahl aus dem Bedürfnis der See- und Handelsleute von Saliagos, vor der Ausfahrt und nach der wohlbehaltenen Rückkehr von der Seereise im Hafen Opfer zu bringen. Dafür könnten die »Fruchtständer« die geeigneten Gefäße gewesen sein.

Neben der großen Menge an verschiedenartigster Keramik und einer Fülle von Obsidiangeräten nehmen sich die Skulpturenfunde – drei Figuren und ein Fragment – sehr bescheiden aus. Sie stellen zudem drei grundverschiedene Typen dar, so daß man hier gewiß nicht von einer heimischen Produktion sprechen

Westanatolien und Kykladen: Vom Neolithikum bis zur Bronzezeit

kann, während eine solche sowohl für die Obsidianprodukte wie auch für die Tonware angenommen werden darf, wenn man auf Saliagos auch keine Brennöfen gefunden hat.

Bei den Skulpturen handelt es sich um eine fettleibige sitzende Frau aus grobkörnigem Marmor von 5,8 Zentimetern Höhe. Sie erinnert an Fruchtbarkeitsidole, wie wir sie aus Anatolien kennen, und stellt wahrscheinlich die Große Mutter dar. Ein zweites, ebenfalls nur 6,6 Zentimeter messendes Stück aus feinem weißem Marmor erscheint wie ein Vorbild der bronzezeitlichen Violinidole, die im dritten Jahrtausend auf Paros und Antiparos weit verbreitet waren, aber in der frühen Bronzezeit auch im westlichen Anatolien vorkommen.

Ihr Ursprung liegt im dunkeln. Das ist um so bedauerlicher, als wir es hier wahrscheinlich mit den ältesten Vorläufern der berühmten Kykladen-Plastik zu tun haben, die zu den frühesten Beispielen ästhetisch vollendeter Bildhauerwerke gehören.

Eine weitere flache Figur, die einen Menschenkörper ohne Kopf und Geschlechtsmerkmale darstellt und doppelt durchbohrt ist, wurde als dritter Typ gefunden. Auch dazu gibt es Vorbilder im anatolischen Çatal Hüyük, wo sie zum Teil noch stärker abstrahiert sind.

So wenig wir über Bedeutung und Funktion, besonders der beiden letzten Stücke, im Zusammenhang der Saliagos-Kultur sagen können, so sicher ist doch, daß es sich hier um Importe aus dem anatolischen Raum handelt, wie sie im Laufe der folgenden Jahrhunderte über die anderen Inseln bis aufs griechische Festland gelangten und dort – besonders im Nordosten – stilbildend weitergewirkt haben.

DER ÄLTESTE ABENDLÄNDISCHE HORIZONT

Welch schnellem Wandel die Beurteilung vorgeschichtlicher Entwicklungen und Zusammenhänge unterliegt, zeigt ein Blick in einschlägige Darstellungen der letzten Jahrzehnte. Während Richard Pittioni in seinem Beitrag »Der urgeschichtliche Horizont der historischen Zeit« zum 1961 erschienenen ersten Band der neuen Propyläen-Weltgeschichte einen Einfluß des Vorderen Orients auf das europäische Neolithikum ausschließt und als überholte Theorie bezeichnet, stellt der dreizehn Jahre später publizierte Band *Frühe Stufen* der neuen Propyläen-Kunstgeschichte Anatolien in den Mittelpunkt der Betrachtung. Der Grund dafür sind vor allem die zwischenzeitlich erfolgten Entdeckungen von Çatal Hüyük und Hacılar, die wir heute als unumgängliche Beweisstücke für die ost-westliche Kulturdrift betrachten.

Trotzdem bleibt vieles gültig, was Pittioni für eine eigenständige Entfaltung steinzeitlicher Kulturen im europäischen Raum anführt. So dürfen wir wohl aufgrund heutiger Erkenntnisse davon ausgehen, daß es zwei einander berührende Tendenzen kultureller Entwicklung in diesem Raum gegeben hat. Die eine, ältere, die wir ab zirka 30000 v. Chr. als ersten Kulturausdruck der Menschheit überhaupt bezeichnen dürfen, hat ihren Ursprung in der weiträumigen Ost-West-Ausdehnung von Spanien bis Sibirien. Ihr Einfluß auf den Süden war verhältnismäßig gering.

Die andere, im Neolithikum – um 7000 v. Chr. – einsetzende Entwicklung reichte vom Vorderen Orient über die Inselbrücke der Kykladen nach Ostgriechenland und über den Balkan bis in die ungarische Tiefebene. Besonders auf dem Balkan und weiter nördlich kam es ungefähr ab 6000 v. Chr. zur Begegnung der sich verhältnismäßig rasch ausbreitenden neolithischen Kultur mit Resten jener Altkultur, die im Laufe der Jahrtausende wohl vor allem infolge klimatischer Schwankungen und dadurch bedingter veränderter Lebensverhältnisse ihre Bedeutung längst verloren hatte. Weite Gebiete waren versteppt oder versumpft und zeigen vom neunten bis Anfang des siebten Jahrtausends keinerlei menschliche Spuren. Dort aber, wo der Mensch überlebte, finden wir, besonders im religiösen Bereich, erstaunlich viele Ähnlichkeiten mit der aus dem Südosten eingedrungenen neolithischen Kultur, was eine gleichgerichtete geistige Grundhaltung des Frühmenschen über Jahrtausende vermuten läßt.

Das entscheidend Neue an der jüngeren, dem vorderasiatischen Raum entstammenden Kulturentfaltung ist das Entstehen stadtähnlicher und städtischer Siedlungen als Zentren der Wirtschaft und des Kults, das heißt jener Erscheinungsformen menschlicher Kultur, die wir heute Zivilisation nennen und die zur prägenden Voraussetzung für das Abendland wurden.

Die Einflußgebiete dieser Entwicklung, deren Anfänge bis ins siebte und sechste Jahrtausend zurückreichen, erstrecken sich über weite Teile Griechenlands, den Balkan und die Donauländer bis nach Ungarn. Letzte Ausläufer lassen sich in Österreich und im Bodenseebereich ausmachen, wo die sogenannte Badener Kultur – benannt nach dem Fundort Baden bei Wien – fernste Auswirkungen einer frühen Südost-Nordwest-Drift erkennen läßt. Ob die Spekulationen über eine Wanderung von Stämmen aus dem trojanischen Kulturgebiet bis nach Mitteleuropa berechtigt sind, wird man erst beim Vorliegen weiteren Fundmaterials diskutieren können.

Eines aber ist heute schon sicher: Wir können für den gesamten südosteuropäischen Raum bis weit ins südliche Mitteleuropa Völker- und Kulturschübe aus dem Vorderen Orient nachweisen, die sich mit Lokalkulturen vermischt, sie aber auch vielerorts dominiert haben. Dabei spielen Einwanderungen eine ebenso bedeutende Rolle wie Handelsbeziehungen. Schwere kriegerische Auseinandersetzungen dagegen scheint es im Neolithikum zunächst kaum gegeben zu haben. Wohl aber bestanden weiträumige Handelskontakte, die in ihrer Bedeutung und kulturverbreitenden Wirkung bisher unterschätzt worden sind. Besonders wichtig war der Obsidianhandel als früheste Verbreitungsform von Industriematerial und Industriegütern hochwertiger Qualität.

Lokale Steinkulturen, wie sie in Europa damals schon seit Jahrtausenden existierten, traten in den Hintergrund. Sowohl in der Keramik als auch in der figuralen Kunst setzten sich neben traditionellen Formen mehr und mehr »internationale« Designs durch. Das gilt für Form und Bemalung von Gefäßen genauso wie für die verschiedenen Menschen- und Tierdarstellungen. Dabei hat sich der ausladende, realistisch-mütterliche Frauentyp von Anatolien her in den europäischen Kulturzonen ebenso ausgebreitet wie das abstrahierte Frauenidol, das, gleichfalls im Vorderen Orient entstanden, nicht nur der berühmten Kykladen-Kultur ihr Gepräge gab, sondern ebenfalls weit nach Zentraleuropa hin ausstrahlte.

Bei der Betrachtung dieser Kulturäußerungen, die bis ins sechste Jahrtausend zurückgehen, fallen zwei gegensätzlich erscheinende Tendenzen auf. Es ist einmal die offensichtliche Weitergabe und Übernahme von Formen und Inhalten, die von der Architektur bis zu Gebrauchsgegenständen und Schmuck reichen und besonders den religiös-kultischen Bereich betreffen; zum anderen aber auch die Ausbildung eigener Formen, die offenbar keinen traditionellen Hintergrund hatten, sondern als lokale Neuschöpfungen gelten dürfen, dabei aber meist keine Auswirkungen auf umliegende Kulturen zeigten. Das heißt, der Haupttrend, der sowohl zeitlich wie räumlich vorherrschte, kam aus dem vorderasiatischen Raum und seiner urbanen Kultur.

Aus dem vorliegenden Fundmaterial ist kaum zu entscheiden, ob sich die Frau als Kulturträgerin, wie wir sie aus der Frühzeit des Vorderen Orients kennen, auf den Nordwestwanderungen in ihrer führenden Rolle behaupten konnte. Es scheint, als habe der sich weiträumig ausbreitende Handel, der wohl hauptsächlich in den Händen der Männer lag, die Position des

Mannes in der frühen Gesellschaft gestärkt. Das gilt auch für den später immer wichtiger werdenden Anteil kriegerischer Aktionen und ihrer Vorbereitung – das heißt für Rüstung, Kampfübung und Angriff.

Aus dieser Sicht wird deutlich, daß die dominierende, kulturschöpferische Rolle der Frau überall dort Bestand hatte, ja sich im Laufe der Jahrtausende sogar noch festigte, wo das friedliche Zusammenleben von Menschen in geschlossenen Ackerbau- und Viehzuchtgemeinschaften mit verbindender kultisch-religiöser Grundlage erhalten blieb.

Expansionsdrang, wie ihn die Männer vielleicht aufgrund ihrer durch weibliche Dominanz eingeschränkten Möglichkeiten empfanden, mag der Auslöser jener Aktivitäten gewesen sein, die Völkergruppen über größere Entfernungen miteinander in Verbindung brachten, aber auch schon bald Feindschaft zwischen ihnen entstehen ließ.

So wurden Handel und Krieg zu entgegengesetzten Komponenten der gleichen, von den Männern getragenen Aktivität einer Völkerdynamik, der das Abendland seine Entstehung als Kulturlandschaft verdankt. Doch ist auch seine wechselvolle, spannungsgeladene Geschichte, die erst in jüngster Zeit etwas von ihrer Gewalttätigkeit zu verlieren scheint, auf diese Geburtsstunde und ihre von Händlern und Kriegern bestimmten Folgen zurückzuführen.

Ob sich die Frau im Laufe dieser Expansionsgeschichte der männlich-aggressiven Haltung angepaßt hat – die Amazonenheere späterer Zeit könnten dafür ein Indiz sein –, oder ob sie die gewachsene Ordnung zu bewahren versuchte, ist angesichts der Weiträumigkeit und zeitlichen Ausdehnung dieser Entwicklung schwer zu entscheiden. Fundbelege gibt es für beide Deutungsmöglichkeiten. Vielleicht hat es in der Tat auch beide Tendenzen gegeben. Verständlich wäre das schon aufgrund der sehr verschiedenartigen Voraussetzungen der hier dargestellten Entwicklung.

Die Ähnlichkeit der Formen in Architektur, Gerät und der durch Funde nachweisbaren Bräuche zeigt uns den Weg kultureller Ausbreitung von Vorderasien nach Westen und Nordwesten, aber auch nach Osten. Die geschlossene, fast einer Festung gleichende Siedlungsstruktur, für die Jericho und Çatal Hüyük älteste Beispiele sind, besteht aus oft zwanzig- bis dreißigfach übereinander errichteten Wohnbezirken, deren zum Teil noch heute hochanstehenden künstlichen Hügel wir auf Anatolisch als Hüyüks oder, wie mittlerweile in der Archäologie üblich, als Tells bezeichnen. Ihr Verbreitungsgebiet reicht von Persien bis nach Ungarn. Nur ein verschwindend kleiner Teil dieser Tells ist bisher ausgegraben oder auch nur angegraben worden. Immerhin vermittelt uns ihre in der Landschaft auszumachende Zahl eine Vorstellung von früher Siedlungsdichte und der geographischen Verbreitung solcher seit dem Neolithikum entstandenen Wohnstätten.

Interessant ist, daß die Tells mit zunehmender Entfernung von ihrem anatolisch-syrischen Zentrum kleiner werden, bis sie zum Beispiel im Karpaten- und nördlichen Donauraum, wie Ausgrabungen zeigen, nur noch Dorfcharakter vermuten lassen. Auch ihre kulturelle Bedeutung nimmt, wie die Funde erkennen lassen, in den peripheren Gebieten dieser Kulturexpansion ab. Trotzdem hat sie die Tendenz der Überlagerung, wenn nicht gar der Zerstörung lokaler Formen.

Wir beobachten das sehr deutlich im Raum der unteren Donau, wo zwischen Jugoslawien und Rumänien, am sogenannten Eisernen Tor, seit 1965 eine europäische Frühkultur – Lepenski Vir – ausgegraben wurde, die in ihren Anfängen mit der anatolischen Frühkultur etwa zeitgleich ist, ohne von ihr oder anderen Frühkulturen beeinflußt worden zu sein. Ihre Eigenständigkeit zeigt sich vor allem in Skulpturen von bestürzender Eindringlichkeit. Sie tragen Gesichter mit weit geöffneten, runden Augen und wie zum Schrei oder zur Klage geöffnetem Mund. Es gibt auch abstrakte oder doch abstrahierende Muster auf Steinen, die an Labyrinthe oder leibliche Strukturen erinnern und von den Ausgräbern zum Teil gedeutet wurden, etwa als »Hirsch im Wald« oder auch als Opferstein. Dazu boten besonders an Opferschalen erinnernde Vertiefungen und Rinnen Anlaß.

Wurden die ersten Siedlungen von Lepenski Vir noch von Jägern und Sammlern errichtet, begannen, vielleicht nun schon unter östlichem Einfluß, Ackerbau und Domestizierung von Wildtieren an den gleichen Plätzen, an denen vorher Wildbeuter gesiedelt hatten. In diese Zeit aufkommender Landwirtschaft fällt auch die Entstehung von Keramik. Und da ist von besonderem Interesse ein runder, ockerfarbener Krug, um dessen Seiten sich zwei Hände legen, so als hielten sie einen schwangeren Leib. Die Ähnlichkeit mit anatolischen Formen ist unverkennbar, wenn man sich auch über die Zusammenhänge noch viele Gedanken wird machen müssen.

Die Donau jedenfalls war der Weg von Volksgruppen und Händlern, die aus Kleinasien nach Norden vorstießen. Sie brachten Waren und Ideen in das damals dünnbesiedelte Gebiet. Dabei trafen sie bei der einheimischen Bevölkerung auf religiöse Vorstellungen und ein kultisches Brauchtum, die von den ihren kaum zu unterscheiden waren. So scheint die Verehrung der Frau als Mutter und ihre Vergöttlichung als Wissende um Leben und Tod über den ganzen asiatisch-europäischen Raum verbreitet gewesen zu sein. Belege dafür gibt es bis hin zur frühungarischen Körös-Kultur.

Bei den Trägern der Körös-Kultur, die zwischen Donau und Theiß siedelten, handelt es sich um die erste größere Einwanderungswelle aus dem Südosten. Wenn wir auch nicht wissen, ob Anatolien ihr direktes Ausgangsgebiet war, so zeigt doch ein Hausmodell aus Ton die kulturell-religiöse Verbindung. Am Giebel des Modells befindet sich ein Tierschädel, der an die Stierschädel der Sanktuarien von Çatal Hüyük erinnert. Auch die im Bereich der Körös-Kultur ausgegrabenen weiblichen Statuetten weisen in ihrer voluminösen, den schwangeren Leib und das Gesäß betonenden Form auf anatolische Vorbilder hin. Menschenförmige Gefäße lassen Verwandtschaft mit dem von Händen gehaltenen Krug aus Jugoslawien erkennen. Stationen auf einem langen Weg kultureller Ausbreitung und Entwicklung werden hier erkennbar – erste Spuren der Entstehung einer abendländischen Kultur.

Die Entdeckung einer
europäischen Frühkultur:
Lepenski Vir
0
250 km
Donau
Theiß
Ungarn
Rumänien
Drau
Save
Donau
LEPENSKI
VIR
Belgrad
Bukarest
Donau
Eisernes Tor
SCHWARZES
MEER
Jugoslawien
Sofia
Bulgarien
ADRIATISCHES
MEER
Istanbul
Türkei
Italien
Albanien
MARMARA-
MEER
ÄGÄISCHES
MEER
Griechenland
IONISCHES
MEER
Türkei

ANATOLIEN, KRETA UND DAS FRÜHE GRIECHENLAND

Soweit wir heute die Geschichte Griechenlands und der ägäischen Inselwelt zurückverfolgen können – bis ins siebte Jahrtausend –, überall finden wir schon in den frühesten Kulturäußerungen Einflüsse aus Kleinasien. Ob sie von eingewanderten anatolischen Bevölkerungsgruppen ausgingen oder durch Händler ins Land und auf die Inseln kamen, ist nach heutigem Kenntnisstand nicht zu entscheiden. Auch hier haben neue Ausgrabungen die Sichtweise in den letzten Jahren verändert. Doch über die Art der Verbreitung der frühanatolischen Kultur in der Ägäis geben die Funde noch keinen Aufschluß. Das heißt, wir kennen die Art und das Ziel, doch nicht die Träger der Kulturentfaltung.

Die steinzeitliche Sesklo-Keramik im Osten Griechenlands läßt an der anatolischen Herkunft keine Zweifel. Die Vorgängerkulturen dagegen, von denen wir bisher nur wenig wissen, sind nicht eindeutig zu bestimmen. Friedrich Matz vertrat 1962 in seinem Buch *Kreta und frühes Griechenland* die Auffassung, daß »die Anfänge frühgriechischer Kultur nicht außerhalb des Landes zu suchen seien«. Mag sein, daß wir es hier ähnlich wie im Donau-Gebiet mit einer Überlagerung heimischer Schichten durch den anatolischen Kulturhorizont zu tun haben.

Von großer Bedeutung für unser Thema aber ist die Tatsache, daß sich in Griechenland und auf Kreta aus anatolischen Einflüssen die Voraussetzungen für die ältesten abendländischen Hochkulturen entwickelt haben. Sie sind – das gilt vor allem für Griechenland – die eigentlichen Fundamente dessen, was wir heute europäische Zivilisation nennen. Dabei geht Kreta in der zeitlichen Abfolge Griechenland voran. Das hat seinen Grund vor allem in der geographischen Lage der Insel. Sie war nämlich nicht nur vorderasiatischen, sondern auch ägyptischen Einflüssen ausgesetzt. Wobei wir heute mit Sicherheit sagen können, daß von Anatolien nicht nur die älteren, sondern auch die stärkeren Impulse ausgingen. Das hatte, wie wir sahen, Sir John Evans, der Ausgräber von Knossos, bereits 1921 mit erstaunlicher Sicherheit erkannt, obwohl damals noch keine archäologischen Beweise vorlagen.

Unter der Palastschicht von Knossos hatte er neolithische Horizonte entdeckt, die auf eine jahrtausendelange Besiedlung des Geländes der späteren Palaststadt hinweisen. Aus einer auf ungefähr 6000 v. Chr. zu datierenden präkeramischen Siedlung von zweitausendfünfhundert Quadratmetern Grundfläche hatte sich im Laufe von viertausend Jahren offenbar ununterbrochener vielschichtiger Bebauung, von der eine über elf Meter hohe Schuttschicht zeugt, die bedeutendste mediterrane Metropole jener Zeit entwickelt.

Ob die ersten Ansiedler auf Kreta aus Anatolien kamen, wissen wir nicht. Doch die Formen der hier entstandenen ältesten mediterranen Hochkultur sind ohne anatolische Vorbilder nicht denkbar. Das gilt nicht nur für Architektur, Malerei und Keramik, sondern für alle Lebensbereiche: für Kult und Feste, für Religionsausübung und Brauchtum.

Im Mittelpunkt stand auf Kreta wie in Anatolien ganz offensichtlich die Große Mutter – die Göttin für Liebe, Fruchtbarkeit und Tod. Auch hier werden wieder die Einflüsse von Hacılar und Çatal Hüyük deutlich. Doch zwischen der Blütezeit jener Städte und der Entfaltung der Hochkultur von Knossos liegen Jahrtausende, ohne daß sich bisher für die frühe Zeit überzeugende Bindeglieder nachweisen ließen. Eine Art Brückenkopf stellt das von Sir Leonard Woolley im Orontes-Bogen an der türkisch-syrischen Grenze in Meeresnähe ausgegrabene Alalach (Tell Atschana) dar, das bis ins vierte Jahrtausend zurückgeht. In seiner Nähe stieß Woolley auf eine neolithische Siedlung, die in die Zeit von Çatal Hüyük gehört und in der auch eine Statuette der Großen Mutter gefunden wurde.

Auf Kreta mag vieles, was Aufschluß über die Anfänge geben könnte, durch die zahlreichen Erdbeben untergegangen sein, die im Rhythmus von etwa fünfzig Jahren die Insel heimsuchten. Man denke nur an die drei oder vier Vorgängerbauten des Älteren Palastes von Phaïstos, ganz zu schweigen von den Trümmern, die unter der Palastanlage von Knossos liegen und nichts Entscheidendes mehr bezeugen können. So müssen wir uns an das Erhaltene wenden. Und das ist in der Tat genug, um uns über die Zusammenhänge zwischen Alt-Anatolien und dem frühen Kreta aufzuklären. Von der Großen Mutter, der wir hier wie dort in eindrucksvollen Monumenten begegnen, sprachen wir schon. Sie nimmt auch auf Kreta eindeutig führende Züge an, bestimmt Lebensform und Lebensrhythmus in den Palästen wie in den Hütten des Volkes. Überall auf der Insel, wo Menschen lebten und früh schon einem intensiven Acker- und Gartenbau nachgingen, ist sie gegenwärtig.

Aus den untersten Schichten von Knossos stammt eine stark stilisierte weibliche Figur mit Ritzzeichen, die Ähnlichkeit mit anatolischen Figuren hat. Die frühe Keramik zeigt Spiralformen, wie sie uns in einfacherer Ausführung von Hacılar her vertraut sind. Das vegetative Element, das dort die Keramikfiguren wie Gefäße als Fruchtbarkeitskulten dienendes Gerät beherrscht, finden wir auch auf Kreta. Der gleiche Geist spricht aus den Formen und ihrer Bedeutung. Doch was in Anatolien noch vom Ernst und heiligen Schauer der ersten Stunde erwachenden religiösen Bewußtseins bestimmt war, gewinnt auf Kreta schon bald ästhetisierende und mondäne Züge. Das ist für eine von Erdbeben geschüttelte, meerumbrauste, ständigen Stürmen ausgesetzte Insel etwas Überraschendes.

Mag die Große Mutter in ihren ältesten Ausprägungen vor allem noch die Erdgeister beschwörende, machtvolle Widersacherin der Erdbeben und Sturmfluten gewesen sein, so wurde sie später mehr und mehr zur Zentralgestalt eines höfischen Kultes, dessen Mittelpunkt sie lange Zeit unangefochten blieb.

In der Epoche der älteren Paläste, die sowohl in ihrer architektonischen Struktur wie im Raumdekor anatolische Einflüsse zeigen, wurde die Rolle der Großen Göttin immer komplexer. Als Erdgöttin beherrschte sie den unterirdischen Bereich; als Fruchtbarkeitsgöttin war sie Beschützerin der Felder und Bewahrerin des Kreislaufs von Saat, Wachstum und Ernte. Von daher unterstanden ihr auch im menschlichen Leben Geburt, Liebe und Tod, denen ihre Priesterinnen in vielfältigen Kulten dienten.

Die Malereien in den späteren minoischen Palästen legen davon deutliches Zeugnis ab und gestatten uns die Deutung kretischer Kultformen, die wiederum auf frühe anatolische Vorbilder hinweisen.

Bis in die späte Palastzeit des zweiten vorchristlichen Jahrtausends kannte man auf Kreta – so wie in Anatolien – keine Tempel. Die Heiligtümer waren in den Palästen und Häusern untergebracht. Für die Toten schuf man, gleichfalls im Wohnbereich, unterirdische Grabkammern, deren Gestaltung darauf hindeutet, daß man Leben und Tod als eine Einheit empfand und man den Toten die gleiche Ehre erwies wie den Lebenden. Für beide Formen des Daseins, die man im Sinne von Saat, Wachstum und Ernte als ein Kommen und Gehen begriff, war die eine Göttin zuständig, die als Große Mutter nicht nur verehrt wurde, sondern durch ihre Priesterinnen auch deutlich erkennbar in den Ablauf des täglichen Lebens eingriff.

Aus Bildern und Skulpturen kennen wir diese elegant gekleideten Frauen in langen Glockenröcken mit schicken Hüten. Schachermeyr nennt sie »höfische Damen«, die barbusig die großen Feste zelebrieren. Ihre kultischen Tänze sollten die Erscheinung der Großen Göttin als Herrscherin über Leben und Tod, über Saat und Ernte, über Pflanze und Tier, vor allem aber auch über die Erde und ihre bedrohlichen Bewegungen herbeirufen. Dabei trugen sie als ein gleichfalls dem anatolischen Raum entstammendes, für Kreta zum Symbol gewordenes Zeichen ihrer göttlichen Macht die Doppelaxt.

Neben der Großen Göttin spielte auf Kreta ein zweites Wesen eine zentrale Rolle: der Stier. Wir begegnen seiner Darstellung in Malerei und Skulptur genauso häufig wie in Çatal Hüyük.

Allerdings war er auf Kreta nicht oder doch nicht in erster Linie ein Fruchtbarkeitssymbol.

Der Stier galt auf der Insel schon früh als ein geheimnisumwittertes, gefürchtetes Wesen. Man brachte seine aufbegehrende Wildheit mit den Erdbeben in Verbindung, die auf der Insel so viele Zerstörungen anrichteten.

Um die Macht des Stieres magisch zu bannen, schuf man das gefahrvolle, Opfer oder Überwindung bedeutende Kultspiel des schon aus Çatal Hüyük bekannten Stierspringens, von dem uns dramatische Darstellungen überliefert sind. Mit einem langen Stab mußte der ausgewählte Mann, der kein Freiwilliger war, versuchen, den daherrasenden Stier zu überspringen. Gelang es ihm nicht, wurde er von dem Stier zerfleischt und galt den Zuschauern als Opfer für die von der Großen Göttin ständig erstrebte Erhaltung des Gleichgewichts der Kräfte – der lebenerhaltenden Balance zwischen Gut und Böse. Mag sein, daß die später im westmediterranen Raum so beliebten Gladiatorenkämpfe, vor allem aber die bis heute in Spanien lebendigen Stierkämpfe hier ihren kultischen Ursprung haben.

Welche Bedeutung dem Stier auf Kreta auch im Mythos zukam, zeigt die Sage vom Minotaurus, jenem stierköpfigen Ungeheuer, das die Frau des Kreterkönigs Minos – Pasiphaë – nach dem Beischlaf mit einem der heiligen Stiere des Poseidon gebar. Der Minotaurus, der als Sohn eines aus dem Meer gekommenen Stiers und damit als ein Bote des Meeresgottes die gefahrvolle Seite kretischen Lebens symbolisierte, stellte eine so große Gefahr für die Insel dar, daß man ihn in ein Labyrinth verbannte, aus dem er keinen Ausweg finden konnte. Ihm hatten tributpflichtige Stämme Mädchenopfer zu bringen, bis ihn der Grieche Theseus erlegte und damit diesem schrecklichen Brauch ein Ende bereitete.

Die so überlieferte Minotaurus-Sage stellt die späte, griechische Version eines Mythos dar, dessen Ursprung in Vorderasien liegt. Wir sind dem Stier in Çatal Hüyük als einem in den Sanktuarien allgegenwärtigen Symbol der Zeugungskraft begegnet. Sein Verhältnis zur Großen Mutter ist das des alljährlich ge-

1–2 Das Ausgrabungsgelände von Çatal Hüyük, der ältesten Stadt Anatoliens, deren Anfänge bis ins siebte vorchristliche Jahrtausend zurückreichen.

3 *Oben*: Die Große Mutter von Çatal Hüyük, eine der ältesten uns bekannten Frauenskulpturen der Erde.

4–5 *Oben Mitte* und *oben rechts*: Die geheimnisvollen Sphinx-Figuren an der Mauer der altanatolischen Stadt Alaça Hüyük.

6 *Oben*: Eines der berühmtesten Tiersymbole aus Alaça Hüyük, die zu den frühesten figürlichen Bronzen zählen (um 2200 v. Chr.).

7 *Oben links*: Kunstvoll geformtes Ritualgefäß aus Alaça Hüyük (um 2200 v. Chr.).

8 *Unten links*: In Kültepe (Anatolien) fand man eine Reihe von Frauenstatuetten mit betonten Geschlechtsmerkmalen, die wahrscheinlich Priesterinnen der Muttergöttin darstellen (um 1800 v. Chr.).

9 *Oben*: Das Löwentor der Hethiter-Hauptstadt Hattuşa (Boğazköy).

10 Einer der fein ausgearbeiteten Löwen am Löwentor von Hattuşa (Boğazköy).

11 *Ganz oben*: Toreingang zu den mächtigen Befestigungsanlagen der Hethiter-Hauptstadt Hattuşa.

12 *Oben*: Alte Tonkrüge im Tempel des Wettergottes der Hethiter in Hattuşa (Boğazköy).

13 *Oben*: Felsrelief mit der Götterprozession im Hethiter-Heiligtum von Yazılıkaya.

14 *Rechts*: Kampfwagenrelief aus Karkemisch (Anatolien).

15 *Links*: Gott und König im hethitischen Felsheiligtum von Yazılıkaya.

16 *Unten*: Eingang zum labyrinthischen Felsheiligtum der Hethiter in Yazılıkaya.

17 *Rechts*: Relief mit der Darstellung einer Opferhandlung aus Alaça Hüyük.

18 *Rechts*: Flachrelief eines Offiziers in voller Kriegsbewaffnung aus Karkemisch.

19 *Links*: Relief einer Opferhandlung aus Malatya (Anatolien).

20 *Links*: Relief mit der Darstellung eines Fruchtbarkeitskultes aus Malatya (Anatolien).

21 *Unten*: Löwen- und Stiermenschen. Hethitisches Orthostatenrelief aus Karkemisch (Anatolien).

22–23 *Oben* und *rechts*: Ruinen der griechischen Stadt Milet in Kleinasien.

24 *Links*: Das große Amphitheater von Milet.

25 *Unten*: Das griechische Amphitheater von Aphrodisias.

26 Gesamtansicht der griechischen Ruinenstätte von Aphrodisias in Kleinasien.

27 Die kleinasiatische Küste.

opferten und wiedergeborenen Prinzips der lebenbringenden Zeugung. Er ist ein Symbol des Wandels angesichts der Unwandelbarkeit der Göttin.

Das Erscheinen des Gottes Poseidon in der fünftausend Jahre nach Çatal Hüyük entstandenen Sage vom Minotaurus zeigt die Veränderung des Göttlichen in dieser Zeit. So, wie aus der Großen Göttin viele Göttinnen wurden, entstand aus dem Stiersymbol die männliche Götterwelt. Und wenn Göttervater Zeus sich, um Europa zu entführen, selbst in einen Stier verwandelt, so ist das die griechische, das heißt abendländische Rückbesinnung auf den uralten Mythos vom Männlichkeit symbolisierenden, der Großen Mutter nahestehenden Stier. Mit der Sage vom Minotaurus erreichen wir historisch gesehen einen Punkt, an dem der Ausscheidungskampf zwischen der Großen Göttin und dem Mann als irdischem Herrscher, so wie schon früher in Mesopotamien, nun auch in der Ägäis entbrannt ist.

Auf Kreta lag die Macht über Leben und Tod lange Zeit allein in den Händen der Großen Göttin. Sie wurde feierlich, zuweilen wohl etwas pomphaft von ihren Priesterinnen zelebriert. Eine von ihnen, wahrscheinlich die höchste, da man sie als Frau des Minos bezeichnet, zeigt noch einmal die Rückkehr zum Ursprung mythischer Zusammenhänge, wie sie aus den alten Mutterkulten überkommen waren. Sie ließ ein Gestell bauen und mit einem Kuhfell überziehen, das sie benutzte, um sich von dem heiligen Stier begatten zu lassen.

Im Minotaurus, ihrem stierköpfigen Sohn, begegnet uns die Idee des Sohngeliebten, der im Vorderen Orient seit alters – vor allem im sumerischen Mesopotamien – der Partner der Großen Göttin in Gestalt einer ihrer Hohenpriesterinnen gewesen war.

So spiegelt sich uralte vorderasiatische mythische Tradition in dem aus dieser Sicht sehr jungen Mythos des Minotaurus. Diese Entwicklung, die im späteren Abendland mit seiner aus beiden Geschlechtern stammenden Götterwelt nicht mehr verstanden wurde, beendete die alleinige Göttlichkeit der Frau als Große Mutter und machte aus dem Befruchtungssymbol Stier den zeugenden Menschen: den Mann, der zum Gott wurde.

Zunächst nahm er neben der Großen Göttin noch den zweiten Platz als Sohngeliebter ein. Später, und das geschah schon im alten Sumer, trat der König als der die Heilige Hochzeit vollziehende Herrscher an die erste Stelle. Die empfangende Priesterin spielte nur noch eine untergeordnete Rolle. So erklärt sich, daß Pasiphaë mit ihrer Stierhochzeit in spätester Stunde noch einmal gegen den Herrschaftsanspruch des Mannes aufbegehrte. Ihr Sohn wurde zur Gefahr, zum Unglück des Landes. Und die Tributpflichtigen aus Griechenland sahen in ihm das bedrohliche Prinzip eines fremden Kultes, den es zu vernichten galt.

GÖTTIN UND GOTT – GESCHICHTE EINER WANDLUNG

Von der Mutter Europas sprechen heißt natürlich, auch die Dinge zu betrachten, die von der orientalischen Mutter nicht auf das europäische Kind vererbt wurden – ein Kind, von dem man zunächst noch nicht sagen konnte, ob es Knabe oder Mädchen sein würde. Vielleicht müssen wir beides unterstellen, wenn auch nicht im Sinne jener fruchtbaren, das Geschlechtliche stark betonenden Gemeinsamkeit, wie wir sie im frühen Orient finden.

Diese natürliche, zentrale Bedeutung des Geschlechtlichen in den alten Kulturen des Vorderen Orients, Kretas, des vorgriechischen Hellas und des steinzeitlichen Europa ist in der späteren abendländischen Entwicklung aus zwei Gründen zerstört worden. Der erste Grund hängt mit den historischen Ereignissen zusammen, die wir auf Kreta beobachten konnten. Sie folgten aus den konsequenten Bestrebungen der von Überlegenheitsgefühl und Herrschsucht geprägten, in Jagd und Kampf führenden Männer, die Große Göttin zu entmachten oder doch in ihre Abhängigkeit zu bringen. Dafür gab es zwei Möglichkeiten, die beide genutzt wurden. Zum einen war es die Erzwingung einer männlichen Dominanz im Geschlechtlichen, die kultisch fundiert wurde in der Heiligen Hochzeit. Dabei blieb die Vormachtstellung der Göttin in Mythos und Kult zunächst noch bestehen. Doch faktisch war es bereits der Mann als Herrscher, als König, der über die Göttin in Gestalt ihrer Priesterin triumphierte. Der Beweis dafür ist die schon bald entstehende Tempelprostitution, die zu Anfang noch im Kult wurzelte, aber doch schon bald zur Erniedrigung der Frau als Liebesdienerin geführt hat. Mit dieser vom Mann gewollten und forcierten Entwicklung ging die

Zerstörung des anfänglichen, natürlichen Verhältnisses zum Geschlechtlichen einher, das ursprünglich ja, wie wir gesehen haben, etwas Kosmisches war und auch so erlebt wurde.

Der zweite Weg zur Unterdrückung der Großen Göttin und ihrer Kulte, das aber heißt auch der Frau selbst, wurde vor allem im Abendland, später in weiten Teilen der übrigen Welt beschritten. Es war der Weg der Tabuisierung des Geschlechtlichen durch die Religion, vor allem im Christentum. Als mittelbare Folge ergab sich die Entrechtung der Frau, die aus der Religion abgeleitete Konstituierung ihrer Abhängigkeit vom Manne, wie wir sie mit dem Gebot, »dem Manne untertan zu sein«, in der jüdischen und christlichen Praxis und später auch im Islam erkennen.

Seinen Ausdruck findet dieses bis heute Judentum und Christentum beherrschende männliche Überwertigkeitsgefühl in der Schöpfungsgeschichte des Alten Testaments, die dem Manne die Vormachtstellung einräumt und die Frau aus seiner Rippe entstehen, also einen Teil von ihm sein läßt. In den Geboten, die wir noch heute als sogenannte christliche Gebote im Konfirmanden- oder Kommunionunterricht lernen, wird die Frau dann folgerichtig als Eigentum des Mannes neben Knecht, Magd und Vieh deklariert. Auch dies ist ein Stück vorderasiatisches Erbe der abendländischen Welt.

Und die christliche Kirche tat ein übriges, um die ursprüngliche Natürlichkeit des Geschlechtlichen auszurotten, ihm sündige Bedeutung beizumessen, dem Mann als ernsten Christen – als Mönch – wie der Frau als Nonne das Zölibat aufzuerlegen und den Gläubigen insgesamt Enthaltsamkeit als Sittsamkeit zu predigen.

Hier ist in wenigen Sätzen zusammengefaßt, was die Zerstörung der Mutterreligionen und ihrer Kulte durch den herrschsüchtigen Mann an Unheil über das Abendland gebracht hat, zu schweigen von den Folgeerscheinungen, die wir in Krieg, Kolonialismus und ungehemmtem, unkontrolliertem Fortschrittsdenken als Frucht dieses Aufstiegs des Mannes zur Macht registrieren müssen.

Versuchen wir zu rekonstruieren, wie es zu dieser verhängnisvollen Entwicklung gekommen ist, die auch ein Stück von Vorderasien her bestimmter Geburtsgeschichte des Abendlandes ist.

Es gibt, wie wir bereits bemerkten, unter den Funden aus Hacılar und Çatal Hüyük zwei Koitusdarstellungen aus dem sechsten Jahrtausend, die das ursprünglich natürliche Verhältnis des Menschen zur Sexualität erkennen lassen. Sie als pornographische Szenen zu deuten und aus ihnen Lüsternheit des Steinzeitmenschen ablesen zu wollen, entspricht der trotz aller Enttabuisierung noch immer verkrampften Haltung vieler, durch die Schule des Christentums und der noch nicht ausgestorbenen puritanischen Prüderie gegangenen »modernen« Menschen, die sich gerade auch und immer noch unter Wissenschaftlern finden.

Die nur 11,9 mal 12,2 Zentimeter große Reliefplatte aus dunkelgrünem Stein, die Mellaart in Çatal Hüyük ausgegraben hat und die sich heute im Archäologischen Museum von Ankara befindet, zeigt in der linken Hälfte ein sich umarmendes Paar. Die Haltung der Partner in sitzender beziehungsweise kniender Stellung läßt nicht von vornherein an eine geschlechtliche Umarmung denken. Doch in der rechten Bildhälfte begegnen wir einer Mutter, die ihr Kind in den Armen hält. Damit wird die Situation eindeutig, wobei die Haltung der Mutter, stehend, mit angewinkelten Knien, ebensowenig realistisch ist wie die gleichfalls formal bestimmte Koitusdarstellung. Wir dürfen also ästhetische oder vielleicht ganz einfach kultisch bedingte Gründe für die Gestaltung unterstellen und damit zu der Deutung kommen, daß es sich hier um eine der frühesten Darstellungen der Heiligen Hochzeit handelt – des *hieros gamos* der Griechen. Das Kind in den Armen der Frau wäre dann der von der Göttin geborene Sohngeliebte, der als verkörpertes Fruchtbarkeitssymbol an der Schwelle des neuen, männlich geprägten Zeitalters steht, das im sumerischen Mesopotamien seinen Ursprung hat.

Eine zweite, in diesem Fall vollplastische Figurengruppe, von der leider nur die Unterkörper im Original erhalten sind, zeigt eine realistische Begattungsszene. Allerdings ist der Mann, von dem nur noch der Leib, das linke Bein und das rechte bis zum Oberschenkel existieren, wesentlich kleiner als die Frau, was wohl auf seine geringere Bedeutung im Mythos und auf seine irdische Rolle im Kult hinweist. Wir haben es hier mit einer figürlichen Darstellung der zentralen Handlung des Fruchtbarkeitskults zu tun, die von einer Frau als Priesterin, stellvertretend für die Große Mutter, mit einem auserwählten Mann vollzogen wird. Ob der Mann dabei bereits als Sohn der Großen Mutter gesehen wurde, wissen wir nicht. Auch vermögen wir nicht zu erkennen, was ihn persönlich zur Rolle des männlichen Geschlechtspartners bestimmt haben mag.

Seine untergeordnete Stellung wird allein schon durch die Zahl der Statuetten mit männlichen Figuren deutlich. Mellaart hat in Çatal Hüyük einundvierzig Skulpturen menschlicher Gestalt gefunden. Davon sind dreiunddreißig eindeutig weiblich und als Göttin zu identifizieren. Von den acht männlichen Figuren sind vier auf einem Stier reitend dargestellt und dürften damit eine ikonographische Variante des Stiers als Fruchtbarkeitsträger sein. Hier schon an eine männliche Gottheit zu denken, ist sicher verfehlt. Im Falle eines Kindes, das auf einem Leoparden reitet – die Skulptur wird von Mellaart ebenfalls unter die männlichen Gottheiten eingeordnet –, könnte es sich auch um eine jugendliche Form der Großen Göttin handeln, zumal der Leopard auf die Rolle der Göttin als Beschützerin und Hegerin der Tiere hinweist.

Eindeutig männliche Züge trägt eine verhältnismäßig große, 21,5 Zentimeter hohe sitzende Figur. Sie wurde zusammen mit Geierdarstellungen und einer von Mellaart als Todesgöttin interpretierten Gestalt gefunden. Ein Zusammenhang, der darauf hindeuten könnte, daß es sich bei dem jungen Mann um eine Darstellung des Sohngeliebten handelt, der vielleicht schon hier, wie später bei den Sumerern, alljährlich für die sechs Wintermonate den Weg in die Unterwelt antreten mußte. Damit wäre auch er ein von der Großen Mutter Abhängiger, der durch Tod und Wiedergeburt den Kreislauf der Natur symbolisiert. Es wirkt fast wie der Ausdruck einer Ideologie der Männlichkeit, wenn Mellaart von dieser Figur schreibt, sie scheine »charakteristisch für das Selbstbewußtsein, den Stolz und die Männlichkeit des Mannes von Çatal Hüyük, der noch jemand war, mit dem man rechnen mußte, und der nicht – wie in Hacılar – völlig den Listen der Frauen unterworfen war«.

Worin Mellaart in Hacılar die »Listen der Frauen« erkennt, verrät er uns jedoch nicht.

Bleibt schließlich eine gedrungene, sitzende männliche Figur, die eine Leopardenmütze trägt. Mellaart interpretiert sie als »Sohn und Jäger«. Das heißt – folgen wir seiner Deutung –, auch diese Skulptur gehört in den Abhängigkeitskreis der Großen Mutter und kann darum nicht als selbständige männliche Gottheit begriffen werden.

Sicher ist, wie diese und viele andere Funde zeigen, daß sowohl in Anatolien und den östlich angrenzenden Gebieten als auch in den westlichen Einflußzonen des Vorderen Orients bis zum Beginn des vierten Jahrtausends neben der Großen Göttin kein eigenständiger männlicher Gott existierte. Das belegen die Statuen, die von Anatolien bis in den Iran sowie bis nach Mitteleuropa ausgegraben worden sind.

In all diesen Gebieten unterlag das Sexualleben des Steinzeitmenschen, wie schon in den Jahrtausenden vorher, dem kosmischen Bewußtsein von der Macht der Großen Mutter als Herrscherin über Leben und Tod, über Mensch, Tier und die übrige Natur. Geschlechtsverkehr war deshalb die das Leben erhaltende Handlung, ein Sakralakt, der täglich tausendfach vollzogen wurde, ohne daß dem Zeugenden mehr Bedeutung zugekommen wäre als dem Sämann auf dem Feld.

Im vierten Jahrtausend, als in Mesopotamien die erste Hochkultur zu entstehen und sich verhältnismäßig schnell zu entfalten begann, erkennen wir erste Anzeichen der Wandlung. Während sich zunächst noch die Göttin in ihrer einzigartigen Stellung hält, wächst die Bedeutung des männlichen Partners, wenn er zunächst auch noch eine eindeutig unterlegene Rolle spielt. Gleichzeitig erhebt sich das Geschehen, das bis dahin seinen Platz auf der Erde hatte, sich aber im Kosmos symbolisch vielfach widerspiegelte, in den göttlichen Bereich und erfährt seine Darstellung in einer irdischen Kulthandlung.

Um diesen Vorgang, der sich wahrscheinlich im ganzen Vorderen Orient vollzog, historisch sichtbar zu machen, müssen wir uns nun Mesopotamien zuwenden, wo er sich im Rahmen der sumerischen Kultur für uns deutlich erkennbar entfaltet. Er ist mit der dortigen Göttin Inanna und ihrem Sohngeliebten Dumuzi oder Tammuz verbunden. Beide dürften lange vor ihrem namentlichen Auftreten in sumerischen Texten im Vorderen Orient kultisch verehrt worden sein. Und wenn auch heute noch oder gerade heute viele Einzelheiten ihrer Entstehung, Wirkung und gegenseitigen Beziehung wissenschaftlich umstritten sind, so kann doch am Hervorgehen Inannas aus der uralten Großen Göttin und an der Rolle von Tammuz als ihrem Geliebten in dem angedeuteten religiösen Wandlungsprozeß kein Zweifel bestehen.

Die Grundfrage der Wandlung ist die nach der Herkunft des Sohngeliebten. Historisch identifiziert man ihn mit einem der frühesten Könige des sumerischen Uruk. Er gilt als Inannas Geliebter und Gatte, der alljährlich im Herbst in die Unterwelt, das aber heißt in den Schoß der Erde zurückkehren muß. Aus diesem steigt er im Frühling wieder auf, um sich in Heiliger Hochzeit mit Inanna zu begatten und den Kreislauf der Natur, das Wunder des aufbrechenden Lebens durch seine Wiedergeburt zu erneuern. In diesem Sinne des Auftauchens aus dem Mutterschoß der Erde, den Inanna als Große Mutter symbolisiert, ist er ihr Sohngeliebter. Er erhebt sich immer wieder aus ihrem Leib, um alsbald in zweifachem Sinne in ihren Leib zurückzukehren – zunächst im Koitus der Heiligen Hochzeit und dann bei seinem allherbstlichen Abstieg in die Unterwelt.

Der Mythos von Inanna und Tammuz zeigt ein deutliches Spannungsverhältnis zwischen den beiden. Inannas Beziehung zu Tammuz ist gespalten zwischen Liebe und Feindschaft, die sie auch veranlaßt, den Geliebten alljährlich neu für sechs Monate in die Unterwelt zu verbannen. So unzweifelhaft diese Verbannung mit dem Rhythmus des Fruchtbarkeitskults zu tun hat, so gewiß ist die darin zum Ausdruck kommende Feindschaft in der Spannung zwischen unsterblicher Göttin und sterblichem Mann begründet.

In Tammuz und seinen historischen Entsprechungen, den ältesten Königen von Uruk, steht erstmals der männliche Machtanspruch geschichtlich faßbar auf gegen die Allmacht der Göttin, das aber heißt gegen das kosmische Walten der Frau in ihrer Leben schenkenden und Leben bewahrenden Rolle als Mutter und Gottheit.

Es gibt noch einen weiteren Beleg für das äußerst gespannte Verhältnis zwischen Göttin und Mann in der Inanna-Mythologie. Es ist eine Geschichte, die von der Vergewaltigung der Göttin durch einen Sterblichen, den Gärtner Sukaletuda, berichtet. Auch sie zeugt vom beginnenden Aufbegehren des Mannes gegen die Große Göttin.

Sukaletuda hat die nach langer Reise in der Nähe seiner Gärten erschöpft in Schlaf gesunkene Inanna mißbraucht. Sie rächt sich für diese Gewalttat durch drei Plagen, die sie über Sumer verhängt: In den Brunnen sprudelt Blut statt Wasser, Stürme verheeren das Land. Die dritte Plage ist aus den sumerischen Texten nicht zu entschlüsseln. Doch dürfte sie sich, nachdem Inanna des Frevlers Sukaletuda nicht habhaft werden konnte, gegen die Männer gerichtet haben. Einen Einfluß auf die Entwicklung hin zur männlichen Machtentfaltung und zur Entthronung der Großen Göttin hatten ihre Racheakte, wie die historische Entwicklung zeigt, jedenfalls nicht.

METALL – EIN NEUER WERKSTOFF

Immer wieder muß man bei der Betrachtung vorgeschichtlicher Zusammenhänge zwischen Vorderasien, der Ägäis und dem europäischen Festland Sprünge über Jahrtausende machen. Es ist schwer, sich diese zeitlichen Dimensionen vorzustellen, denn sie umfassen Epochen, die weit über den Zeitraum hinausgehen, der uns heute vom Anfang unserer Zeitrechnung trennt. Selbst wenn man sich vor Augen führt, daß sich die Entwicklung in frühen Jahrtausenden langsam vollzogen hat, daß in der von uns betrachteten Zeit Siedlungen und Handelswege oft über viele Jahrhunderte unverändert bestanden haben und auch in ihrem kulturellen sowie kultischen Status konstant blieben, geben uns die großen Zeitspannen und ihre vielen, von der Forschung noch unausgefüllten Zwischenräume zahllose Rätsel auf.

So wie die ersten Schritte zur Lösung dieser Rätsel mit der Auffindung von Steinwerkzeugen, ältester Keramik und der Ausgrabung von Wohnanlagen, der Feststellung von Übergängen – des Sammlers zum Jäger und weiter zum Tierzüchter und Bauern – getan wurden, so ergibt sich eine neue Stufe mit der Entdeckung bearbeiteten und schließlich gegossenen Metalls. Es ist die Stufe von der Steinzeit zu den Metallzeiten, die wie die Steinzeiten in verschiedenen Regionen der Erde zeitlich stark differieren.

Hatten wir es bei den bisher betrachteten Kulturerscheinungen mit Produkten aus vorhandenem Material zu tun, vollzieht sich mit der Hinwendung zum Metall eine grundsätzliche Änderung der menschlichen Produktionsmethoden. Auch diese Wandlung fand nach unserem heutigen Kenntnisstand im anatolischen Raum statt.

Die Anfänge dieser Entwicklung sind noch von herkömmlichen Formen der Bearbeitung vorhandener Naturstoffe geprägt. So fand R. J. Braidwood von der Universität Chicago, der sich neben Mellaart um die Erforschung der anatolischen Vorgeschichte sehr verdient gemacht hat, im ostanatolischen Çayönü Tepesi, einer vorkeramischen Dorfkultur aus dem achten Jahrtausend, neben Werkzeugen aus Obsidian und Malachitperlen Gegenstände aus kalt gehämmertem Kupfer, die man als Bohrer und Nadeln verwendet haben dürfte.

Der nächste Fund von bearbeitetem Metall führt uns südwestwärts in das uns wohlbekannte Çatal Hüyük, wo Mellaart Schmuckperlen, Gehänge und Zylinder aus Kupfer und Blei gefunden hat, die aus dem siebten Jahrtausend stammen. Ein Schlackenklumpen, den man analysierte, beweist, daß man hier bereits Metall durch Schmelzen aus Erz gewonnen hat.

Das ist der Anfang der Gewinnung von Rohstoffen aus der Erde, die durch Umwandlung und Bearbeitung nutzbar gemacht wurden. Wir stehen damit am Beginn der technischen Zivilisation, die im wesentlichen auf einer Ausbeutung der Ressourcen beruht, die unsere Erde bietet.

Die reichen Erzvorkommen in weiten Teilen Anatoliens haben diese Entwicklung sicher ausgelöst. Doch ist es wohl richtig, wenn Stuart Piggott in seiner *Vorgeschichte Europas* über die Völker des Vorderen Orients und ihren hohen Kulturstand schreibt, daß es dazu nicht nur kam, »weil außerhalb dieses Gebiets Rohstoffe fehlten, sondern weil die Bevölkerung dieses Teils der alten Welt eine geniale Begabung besaß und ständig nach Neuem suchte«. Dabei erinnert er auch an Ägypten, das seit dem späten vierten Jahrtausend ebenfalls eine blühende Kupferindustrie entwickelt hat, obwohl es keine eigenen Erzlager besaß.

Zweifellos gehören die Gewinnung von Metall aus Erz, die Herstellung von brauchbaren Legierungen und der Metallguß, der bald auch komplizierte Formen hervorbrachte, zu den bedeutendsten und wichtigsten Entdeckungen und Erfindungen der Menschheit.

Wir dürfen davon ausgehen, daß die Metallbearbeitung und der Metallguß von den anatolischen Ursprungsstätten den Weg nach Osten und Süden – nach Mesopotamien und Persien wie nach Ägypten –, aber auch nach Westen über die Brücke der ägäischen Inseln aufs griechische Festland und weiter in den europäischen Raum gefunden hat. Der Weg nach Westen scheint über das an der ägäischen Küste gelegene Troja geführt zu haben, wo wir gleichfalls frühe Metallfunde – hier nun auch aus Gold – registrieren.

Wieder müssen wir in unserer Vorstellung weite Zeiträume überwinden. Es ist die Epoche der Entfaltung einer Metallkultur, die sich über den ganzen Vorderen Orient und über das Mittelmeergebiet erstreckt. Dabei ist die Zeit zwischen etwa 5000 und 3000 durch Funde nur spärlich belegt. Sie läßt noch viele weiße Flecke auf der historischen Landkarte offen.

Während wir über die Endphase von Çatal Hüyük nichts aussagen können, da der jüngere Hügel noch nicht ausgegraben ist und die Kultur von Hacılar um 4800 endete, sind Tarsos und Mersin an der anatolischen Südküste Städte gewesen, die mit Unterbrechungen bis in die historische Zeit als bedeutende Handelsplätze bestanden haben. Ihre Rolle im Rahmen der Ost-West-Drift ist jedoch noch nicht erforscht.

Zwischen 6000 und 3000 blühte die Kultur von Hassan, siebenundsechzig Kilometer östlich von Çatal Hüyük, wo neben einer bedeutenden Keramik Schmuck aus Kupfer, aber auch Werkzeuge – so ein möglicherweise als Hammer gebrauchter Kupfergegenstand – gefunden wurden. Hier haben wir mit Sicherheit eine Nachfolgesiedlung der Çatal-Hüyük-Kultur vor uns, die freilich in ihrer Bedeutung nicht mit dem Ursprungsort zu vergleichen ist.

Eine wichtige, über lange Zeit mit vierzig Bebauungsschichten existierende Stadt mit einer nachweisbaren Blütezeit ab 4800 war das nordwestlich von Hacılar, an der Quelle des Mäanderflusses gelegene Beycesultan. Zahlreiche Metallfunde von Schmuck und Werkzeugen gehen auch hier bis ins fünfte Jahrtausend zurück.

Einen Brückenkopf nach Europa bildete – so wie heute Istanbul – in dieser Zeit, wohl ab 4800, das auf asiatischer Seite am Bosporus gelegene Fikirtepe. Diese Siedlung entstand aus einem prähistorischen Fischerdorf, das sich im Rahmen der Ost-West-Drift zu einem wichtigen Handelszentrum mit handgeformter Keramik entwickelte, deren Einflüsse bis nach Thrakien und ins Donau-Gebiet reichten.

Etwas später als Fikirtepe – um 4200 – ist in unmittelbarer Nähe des späteren Troja ein weiteres westliches Zentrum – Kumtepe – entstanden, das die Gründung von Troja offenbar nicht lange überlebt hat.

Interessant ist, daß keiner dieser Fundorte aus der sogenannten Stein-Kupfer-Zeit die Bedeutung der ältesten Siedlungen Anatoliens erreicht hat. Vielleicht werden künftige Grabungen zur Revision dieses Eindrucks führen, zumal wir uns um 3000 plötzlich wieder Funden einer Hochkultur – etwa in Alaça Hüyük – gegenübersehen, von der man nicht annehmen kann, sie sei aus zwei ereignisarmen Jahrtausenden hervorgegangen. Allerdings ist angesichts der ohne erkennbare Vorgänger aufgetretenen Kulturen von Çatal Hüyük und Hacılar – vier Jahrtausende früher – auch das nicht auszuschließen. Trotzdem glaube ich, daß gerade für Anatolien vor- und frühgeschichtlich noch ein außerordentlich großer Erwartungshorizont voll möglicher Überraschungen besteht.

Wann und wo die frühesten figürlichen Güsse aus Kupfer und Bronze entstanden sind, ist aus zwei Gründen schwer zu entscheiden. Es gibt keine naturwissenschaftlichen Untersuchungsmethoden, die das Alter von Metall, geschweige denn von Metallgegenständen festzustellen erlauben. Auch geben vorhandene Radiokarbondaten von Plätzen, an denen Metallfiguren gefunden worden sind, keine hinreichende Gewißheit, ob diese Stücke im zeitlichen Zusammenhang mit dem untersuchten Material gegossen wurden. Auch stilistische Merkmale – und das ist der zweite Grund – können bei den frühen Figuren nicht weiterhelfen. Wir dürfen nicht davon ausgehen, daß primitive Güsse und Darstellungen die älteren sind.

Der heutige Forschungsstand läßt jedenfalls vermuten, daß figürliche Darstellungen in Metall mit wenigen Ausnahmen erst verhältnismäßig spät – um 3000 – auftreten, nachdem bereits über mindestens vier Jahrtausende Haushalts- und Schmuckgegenstände – also Gebrauchsgut – aus Metall gefertigt worden waren. Mag sein, daß man aus religiösen Gründen am herkömmlichen Material für Götterdarstellungen festhielt. Scheint es doch, daß es sich bei frühen Metallfiguren, die meist sehr klein sind, nicht um Gottheiten, sondern eher um Adoranten handelt.

In Tell el-Djudaide nahe Alalach an der nordwestsyrischen Grenze hat Braidwood sechs Kupferstatuetten ausgegraben, die Müller-Karpe als Gottheiten deutet, die aber wohl gleichfalls als Verehrende, allenfalls als Priesterinnen und Priester zu verstehen sind. Die drei bis auf einen Kopfputz nackten Frauengestalten sind naturalistisch ausgeführt als stehende Figuren, die mit erhobenen gekreuzten Armen die Brüste umfassen. Die mit einer Art Skythenmütze und einem breiten Gürtel versehenen, sonst aber ebenfalls nackten Männer halten in den erhobenen Händen über der Schulter Speer und Keule, die allerdings nur bei zweien dieser Figuren erhalten sind.

Die Ausführung wirkt trotz angefügter Teile aus Gold und Silber wie bei ähnlichen Statuetten aus dem palästinensischen Raum und aus dem Mittelmeerhafen Byblos archaisch. Es sind typische Zeugnisse der frühen Kupferzeit, die mit Figuren aus dem sumerischen Raum oder mit anatolischen Arbeiten, wie man sie in den Gräbern von Alaça Hüyük im Norden des Landes gefunden hat, nicht zu vergleichen sind.

In den mehr als tausend Jahren zwischen dem Ende des frühen, uns durch Ausgrabung bekannt gewordenen Çatal Hüyük und dem Beginn der nordöstlich davon – in Schwarzmeernähe – aufblühenden Kultur von Alaça Hüyük haben sich nicht nur Lebens- und Kultformen in Anatolien verändert, sondern auch die Bevölkerungsstrukturen gewandelt.

Leider läßt die Tatsache, daß wir bis heute nicht von einer die Zusammenhänge hinreichend sichtbar machenden Fundsituation ausgehen können, noch viele diesbezügliche Fragen offen.

Auf unserer weithin weißen Karte haben sich mehr oder weniger zufällig Fundorte und Spuren ergeben, die uns Strukturen erkennen lassen, wie wir sie hier mit aller Behutsamkeit nachzuzeichnen versuchen.

Bis vor wenigen Jahrzehnten war man aufgrund der damaligen Ausgrabungsergebnisse noch weitgehend der Meinung, daß es ein zeitliches Nacheinander von Steinzeit und Metallzeiten gegeben habe. Heute wissen wir, daß sich Stein- und Metallzeit auf Jahrtausende überschneiden. Und immer wieder machen uns sensationelle Funde klar, daß hier älteste Beziehungen noch längst nicht aufgedeckt und letzte Erkenntnisse noch nicht gewonnen sind.

Jeden Tag können neue Ausgrabungen das Bild unserer ältesten Vergangenheit verändern. Trotzdem haben gerade Entdekkungen der jüngsten Zeit wesentlich dazu beigetragen, die aufgezeigte prähistorische Entwicklung in ihren Grundzügen zu bestätigen. Allerdings wird die Frage nach der Dauer und dem Ausmaß dessen, was wir, von Anatolien und seiner Umwelt ausgehend, Ost-West-Drift nennen, sicher noch lange kontrovers diskutiert werden. Das um so mehr, weil gerade bei den Wissenschaftlern kleinerer, um ihre geschichtliche Identität besorgter Länder die Neigung zur Betonung eigenständiger kultureller Frühleistungen verständlicherweise sehr groß ist. Wobei natürlich auch das Problem der Datierung von Funden und ihre Zuordnung im prähistorischen Zusammenhang eine große Rolle spielen.

Für die Geschichte der Metallurgie ist dabei die Entdeckung und Datierung von Erzlagern und frühen Abbaustätten genauso wichtig wie die Frage nach den Orten erster Metallbearbeitung. Wie wir wissen, lagen die nicht immer in der Nähe von Fundplätzen, sondern waren vielmehr abhängig vom Entwicklungsstand der Kultur, wobei auch schon in frühester Zeit erhebliche Entfernungen zur Beschaffung der Metalle überwunden wurden, wie wir am Beispiel Ägypten gesehen haben.

Zum Verständnis der folgenden Kapitel ist es wichtig, unseren Blick auf die Metall- und Erzlager des südöstlichen Europa zu richten. Denn der Balkan war offenbar nicht nur Metallieferant für weite Teile Vorderasiens, sondern mit seinen Gruben auch Anlaß für eine frühe Eigenproduktion, über die wir allerdings erst seit den siebziger Jahren Näheres wissen.

Damals wurden in der Nähe des jugoslawischen Rudna Glava sowie bei Ai Bunar nördlich vom bulgarischen Stara Zagora die bisher ältesten Kupferminen dieser Erde entdeckt. Sie werden ins fünfte und vierte vorchristliche Jahrtausend datiert. Die Gruben, die sich über mehr als einen Kilometer erstrecken, sind bis zu zwanzig Meter tief. Man schätzt, daß allein die bulgarische Mine mehrere tausend Tonnen Kupfer geliefert hat.

Wenn auch im Vorderen Orient einfache Metallerzeugnisse, wie wir gesehen haben, lange vor dieser Zeit entstanden sind, so hat man doch in ganz Westasien bisher keine einzige Kupfermine aus so früher Zeit gefunden. Aber auch auf dem Balkan, wo man in einigen Tells auf noch ältere Metallgegenstände gestoßen ist, begann die Großproduktion, von der uns jüngste Funde überzeugen, erst mit der Erschließung der obengenannten Erzlager. Vielleicht waren sie sogar die Rohstofflieferanten für anatolische Werkstätten und jene meisterhaften Metallgüsse, wie wir sie aus dem Gräberfeld von Alaça Hüyük kennen.

GOLD AM SCHWARZEN MEER

Betrachtet man die Balkankarten historischer Atlanten, wie sie seit Jahrzehnten, dem großen geschichtlichen Interesse unserer Zeit Rechnung tragend, in schöner Regelmäßigkeit erscheinen, so zeigen sie dort, wo ein natürlicher Übergang von Anatolien ins europäische Schwarzmeergebiet besteht – nördlich des Bosporus –, kaum Ausgrabungsstätten der Frühzeit. Die westliche Schwarzmeerküste war bis in die jüngste Gegenwart eine Terra incognita der Archäologen, obwohl der bulgarische Vorgeschichtler Georg J. Georgiev im östlich von Sofia gelegenen Karanovo nach Ende des letzten Weltkrieges einen dreizehn Meter hohen Tell mit sechs Schichten aus dem Neolithikum ausgegraben hat. Dieser gilt als chronologische Basis einer steinzeitlichen Karanovo-Kultur in Bulgarien, die heute weitgehend die Anerkennung der Archäologen findet.

Man durfte nach ersten bulgarischen Grabungen, die seit 1947 stattgefunden haben, davon ausgehen, daß es im südöstlichen Balkan weitere Fundorte gibt. Und tatsächlich hat man seither in Bulgarien mehr als vierhundert Tells von der Art des Karanovo-Hügels entdeckt, die allerdings zum größten Teil noch nicht ausgegraben worden sind.

So verzeichnet der 1975 in London erschienene *Archaeological Atlas of the World* (die deutsche Ausgabe erschien 1976 im Gustav Lübbe Verlag, Bergisch Gladbach, unter dem Titel *Lübbes archäologischer Weltatlas*) auf seiner Spezialkarte zu den neolithischen Fundstätten Osteuropas nur vier Ausgrabungsplätze zwischen Sofia und dem Bosporus – darunter auch Karanovo.

Den Anfang fester Siedlungen in diesem Raum datieren die Kommentatoren David und Ruth Whitehouse ins sechste Jahrtausend. Das paßt zeitlich gut mit den Anfängen von Siedlung und Ackerbau im Vorderen Orient und der Dauer ihrer Ausdehnung nach Norden zusammen. Die Ausbreitung der im Vorderen Orient entstandenen neuen Lebensformen über weite Teile des Balkans in dieser Zeit ist deshalb mehr als wahrscheinlich. Ob es anatolische Auswanderer waren, die erste Siedlungen auf europäischem Boden errichtet haben, oder ob Händler das Wissen um Ackerbau, Viehzucht und neue Techniken nach Norden trugen, ist beim heutigen Stand der Forschung nicht zu entscheiden. Daß die Verbindung bestand, kann jedoch nicht bezweifelt werden, zumal das Hauptindiz steinzeitlicher Ackerbaukulturen – der Kult der Großen Mutter mit seinen charakteristischen Statuetten – auch auf dem Balkan bereits in jener frühen Zeit nachweisbar ist.

Trotz der vierhundert Tells auf bulgarischem Boden wäre bis heute wohl kaum mehr über die älteste Geschichte dieses Raumes zu berichten, als daß er zum Ausbreitungsgebiet der anatolischen Ackerbaukultur mit festen Siedlungen gehört hat, der durch Fikirtepe am Bosporus auch später an das anatolisch-europäische Handelsnetz angebunden war.

Doch dann geschah im Herbst 1972 etwas Sensationelles: In der an der Westküste des Schwarzen Meeres gelegenen Hafenstadt Warna (Varna) sollte ein Trecker den Graben für eine unterirdische elektrische Leitung ausheben, als dem Fahrer plötzlich aus der Lehmerde etwas Goldenes entgegenblinkte. Er hatte ein Grab aus dem vierten vorchristlichen Jahrtausend aufgerissen. Eine Kultur kam zutage, von der bis zu jenem Augenblick niemand etwas geahnt hatte. Es ist die älteste Goldkultur, die bis heute entdeckt wurde.

Zur Zeit, als diese Kultur vor mehr als sechstausend Jahren entstand, war der heutige Warna-See eine Bucht des Schwarzen Meeres, die tief ins Land hineinragte. Die Ausgrabungen haben seit 1972 außer dem auf einer zwölf bis achtzehn Meter hohen Terrasse über dem See gelegenen Friedhof acht Siedlungen zutage gebracht. Zwischen 1972 und 1984 wurde die Nekropole auf einem Gebiet von siebentausend Quadratmetern erforscht. Dabei stieß man auf insgesamt zweihundertfünfundsechzig Gräber, die über einen Zeitraum von etwa fünfhundert Jahren angelegt worden sind.

Die meisten Gräber enthielten mehr oder weniger gut erhaltene menschliche Skelette sowie Grabbeigaben aus Ton, Feuerstein und verschiedenen Metallen, unter denen erstmalig bei so frühen Funden das Gold eine herausragende Rolle spielt – sowohl was die Menge als auch was die Qualität der Gegenstände betrifft.

Fünfundvierzig Gräber enthielten keine menschlichen Überreste, die auf Bestattungen hinweisen, und werden deshalb als symbolische Gräber bezeichnet. Von diesen symbolischen Gräbern enthielten drei eine große Anzahl von Goldgegenständen. Es waren in Grab I 215 Objekte mit einem Gesamtgewicht von 1098 Gramm, in Grab IV 320 Objekte mit einem Gesamtgewicht von 1518 Gramm und in Grab XXXVI 854 Objekte mit einem Gesamtgewicht von 789 Gramm. Von besonderer, wenn auch noch nicht geklärter Bedeutung sind in diesen Gräbern die axtförmigen Zepter, die von zylindrischen Goldhülsen ummantelt waren.

In dreien der symbolischen Gräber fand man Tonmasken menschlicher Gesichter, die zum Teil mit Goldplättchen und Goldornamenten belegt waren. Bei den Gräbern, die Bestattungen aufweisen, unterscheiden wir achtzig mit Beisetzungen in gestreckter Rückenlage und sechsundfünfzig mit Beisetzungen in Hockstellung. Dabei war die Rückenlage, wie Skelettuntersuchungen ergeben haben, den Männern vorbehalten; die Frauen wurden in Hockstellung begraben. Ob das mit ihrer Rolle als Gebärerin zu tun hat und auf die Embryolage hinweisen soll, ist nicht zu entscheiden. Auf alle Fälle handelt es sich bei der Hockstellung um eine traditionelle Bestattungsform, wie wir sie auch aus Kleinasien kennen.

Unter den Bestattungen in ausgestreckter Rückenlage stellt das Grab XXXXIII eine Besonderheit dar. Hier ist ein 45- bis 50jähriger Mann beigesetzt, dessen Schädel und Teile seines Skeletts sich gut erhalten haben. Das Skelett ist reich mit Gold geschmückt. Auch hat man hier unter insgesamt 1011 Goldobjekten mit einem Gesamtgewicht von 1516 Gramm die Goldhüllen eines Zepters in Form einer Doppelaxt gefunden, wie es sonst nur in den symbolischen Gräbern vorgekommen ist.

Möglicherweise deutet das Zepter auf eine durch Eroberung erlangte Macht hin. Das würde auch die ungewöhnliche Beisetzungsart in ausgestreckter Form erklären. Die Frauen dagegen wären dann Einheimische, denen man ihre traditionelle Begräbnisform ließ. Eroberer als Begründer der Grabkultur von Warna? Die Möglichkeit ist nicht auszuschließen. Wir werden ihr im nächsten Kapitel nachgehen.

Doch zunächst noch ein Wort zu Warna selbst. Die hier gefundenen Goldarbeiten sind nicht gegossen, sondern gehämmert. Ringe, Armreife, Schmuckanhänger, Hüllen für Waffen und Zepter, Scheiben, Applikationen für die Gewänder der Beigesetzten – ganze Ensembles für die vornehmen Toten, die man in mehreren Gräbern goldgeschmückt gefunden hat. Die Goldarbeiten sind Beigaben für die Mächtigen, die Reichen, die sich damit eine Fortsetzung standesgemäßen Lebens im Jenseits sichern wollten.

Flache Frauenstatuetten, vor allem aus Marmor und Bein, deuten auf anatolische Kunst- und Kulteinflüsse hin. Widder- oder Steinbocksilhouetten aus gehämmertem Gold mit gestanzten Löchern, die wahrscheinlich als symbolischer Totenschmuck dienten, sind dagegen genauso schwer einzuordnen wie die feingearbeiteten Zepterbeschläge, die zu den bisher unbekannten Symbolen einer betont weltlichen Herrschaft gehören. Sie sind Hinweise auf eine vielleicht durch Eroberung gewonnene, schnell wachsende Macht einer Oberschicht, ohne die eine Nekropole wie Warna ebensowenig vorstellbar wäre wie die wohl mehr als tausend Jahre später entstandene im anatolischen Alaça Hüyük.

Trotz ihrer räumlichen Nähe haben die beiden Gräberfelder historisch nichts miteinander zu tun. Das zeitlich weitaus frühere, aber viel später entdeckte von Warna gibt allerdings genauso viele Rätsel auf wie das von Alaça Hüyük. Bei beiden fehlen bisher erkennbare, rückwärtige historische und kultische Bezüge, und für beide gibt es kein aufschlußgebendes Umfeld. Denn auch die Eroberungsidee ist eine Hypothese.

Doch zwingt uns Warna, die Ost-West- oder besser die Süd-Nord-Drift neu zu überdenken. Olaf Höckmann schrieb 1975 im zweiten Band von Karl J. Narrs *Handbuch der Urgeschichte* über die Warna vorausgegangene frühe Balkan-Kultur, sie sei durch »produzierende Wirtschaft bei periodischer Seßhaftigkeit« gekennzeichnet. Er spricht von »Wanderbauerntum«. Chronologisch gesehen wäre das die Zeit vor der Entstehung der ersten Tells, die Seßhaftigkeit und durch ihre Mehrfachbebauung auch Dauerhaftigkeit der Siedlung erkennen lassen.

Georg J. Georgiev, der Begründer der Karanovo-Chronologie, betont den autochthonen Ursprung der ältesten steinzeitlichen Kulturgruppen auf bulgarischem Boden und lehnt die von Höckmann vertretene Annahme ihres kleinasiatischen Ursprungs ab. Diese Position entspricht den Vorstellungen, die von den Ausgräbern der frühesten Donau-Siedlung, Lepenski Vir, entwickelt wurden. Hier wie dort werden von einheimischen Archäologen aus, wie mir scheint, guten Gründen bodenständiger Ursprung und späterer Wandel durch Fremdeinflüsse angenommen. Danach wären fortgeschrittener Ackerbau bei dauernder Seßhaftigkeit, Keramikherstellung, Vertiefung und kultische Ordnung religiöser Bindungen sowie die Herstellung von Kultfiguren als Impulse aus dem anatolischen Raum zu verstehen. Auch die Entwicklung der Metallurgie, die Herstellung von Metallgeräten und besonders der Metallguß müßten nach unseren Erkenntnissen dazugerechnet werden, zumal hier erstmals eine berufliche Differenzierung – ein erstes Facharbeitertum – entsteht.

Doch wo? Die auf solche Entwicklung hindeutenden Fakten aus der Zeit von Çatal Hüyük sind gering und für die Beurteilung der Zusammenhänge wenig aufschlußreich. Die erste hohe Metallkultur Anatoliens, der wir in den Gräbern von Alaça Hüyük begegnen, ist mehr als ein Jahrtausend später entstanden und läßt weder Verbindungen nach Troja, wo es ebenfalls Metallfunde gibt, noch nach dem Balkan erkennen, wo solche

Funde jüngsten Datums sind. Doch gibt es hier die frühen Kupferminen, die als Voraussetzung der Metallverarbeitung von Wichtigkeit waren. Die reichen Goldvorkommen in den Gräbern von Warna werden dadurch freilich noch nicht erklärt.

Der Umfang dieser Goldfunde und die Tatsache, daß weitere Goldfunde im Umkreis von Warna gemacht wurden, deuten jedoch darauf hin, daß hier am Schwarzen Meer seit frühester Zeit Goldverarbeitung betrieben wurde. Das Material gelangte als Halbfabrikat in Form von dünnem Blech in die Werkstätten, wo es gehämmert und geformt wurde. Das Metall kam vermutlich aus den Balkan-Gebirgen, zum Teil aber auch aus Kleinasien.

Dort müssen wir wahrscheinlich auch die ältesten Produktionsstätten für die Goldverarbeitung suchen. Sie könnten Aufklärung bringen über den Ursprung der Metallbearbeitung und über die Anfänge des Goldhandwerks, das uns in Warna schon in so ausgeprägter, entwickelter Form entgegentritt.

Zunächst aber ist Warna nicht mehr als eine archäologische Sensation. Für die Deutung des vorgeschichtlichen Gesamtzusammenhangs dagegen bringt sie vorläufig wenig. Es fehlen die Bindeglieder, nach denen man jetzt in Nordanatolien, am Schwarzen Meer, auf dem südöstlichen Balkan und im griechischen Thessalien verstärkt suchen sollte. Denn eines ist sicher: Die Gräber von Warna und ihre reichen Beigaben erfordern eine Revision vieler prähistorischer Vorstellungen, vor allem in ihren geographischen und chronologischen Zusammenhängen. So gesehen ist Warna nicht nur ein Rätsel, sondern auch eine Herausforderung.

Betrachten wir seine Vorgeschichte im einzelnen und vergleichen wir sie mit den angrenzenden Kulturen. Wenn wir die von Georgiev anhand der Grabungen erarbeitete Karanovo-Chronologie, die vom siebten bis ins zweite vorchristliche Jahrtausend reicht, zugrunde legen, dann gehen die Anfänge fester Siedlungen, entsprechend Karanovo I, bis in die Mitte des sechsten Jahrtausends zurück. Die Zeit davor gehörte Höckmanns »Wanderbauerntum«. Einflüsse, die nach 7000 vom Süden her durch Einwanderer, aber auch durch mobile Gruppen, vielleicht durch

Händler ins Land kamen, sind weder zu belegen noch auszuschließen.

Bei den ersten festen Siedlungen handelt es sich um Anlagen in ovaler oder ellipsoider Form, die von Schutzwällen umgeben waren. Möglicherweise wurden diese gegen die Bedrohung durch nomadisierende Gruppen errichtet. Später ging man zu einer rechteckigen Bauweise über, was vielleicht auf anatolischen Einfluß zurückzuführen ist. Sowohl in Çatal Hüyük als auch in Hacılar baute man rechteckig – ein Stil, der bis in die Ägäis, man denke an Saliagos, und auch nach Mesopotamien ausstrahlte, wo ebenfalls Rundformen, sogar bis in den Einzelhausbau, vorausgegangen waren.

Vom fünften Jahrtausend an beobachten wir in den ausgegrabenen Siedlungen zunehmende Ähnlichkeiten mit anatolischen Bauten. Wir finden mit geometrischen Ornamenten bemalte Wände, vor allem in Räumen, die wahrscheinlich – ähnlich wie in Çatal Hüyük – zu kultischen Zwecken benutzt wurden. Auf diese Ähnlichkeit weist auch Georgiev hin.

Bei der früh entstandenen Keramik finden sich neben Formen und Dekors, die sowohl nach Anatolien als auch nach Ostgriechenland weisen, eigenständige Entwicklungen, die schon etwas von den großen handwerklichen und künstlerischen Fähigkeiten der hier ansässigen Bevölkerung erkennen lassen, über deren Herkunft als Volksgruppe wir jedoch nichts wissen. Es dürften aber Menschen der gleichen Art gewesen sein, denen wir dann auch in Warna begegnen.

Sie besaßen ebensowenig wie die frühen Bewohner Anatoliens Tempel oder gesonderte Heiligtümer. Ihre Kulträume lagen in den Wohnhäusern. Diese Eigenart, der wir nur im anatolischen Einflußgebiet – bis hin nach Kreta – begegnen, deutet darauf hin, daß wir es hier mit der gleichen Religion wie in Anatolien zu tun haben. Ihre Kultplastik wie auch anthropomorphe Gefäße mit zum Teil ausgeprägten Geschlechtsmerkmalen gehören in den Bereich der Großen Mutter.

Demgegenüber zeigt Warna ein gewandeltes Bild. Es ist eine Nekropole, die – zwar noch unter dem Einfluß des Mutterkults –

den Mann als Krieger und wohl auch schon als Machthaber in Erscheinung treten läßt. Es ist der gleiche Vorgang, den wir bereits an verschiedenen Orten beobachtet haben und für den wahrscheinlich das Aufkommen der Metallurgie ein deutliches Kennzeichen ist.

DAS GEHEIMNIS FRÜHER GRÄBER

Nicht nur Warna und die Frühkultur der westlichen Schwarzmeerküste sowie des inneren Balkan stehen für ihre Zeit isoliert und ohne durch Funde belegbare Südverbindungen auf unserer historischen Karte. Auch im anatolischen Raum werfen die Verschiebungen kultureller Schwerpunkte ohne klar ersichtlichen Anlaß viele Fragen auf, die durch die bisherigen Ausgrabungen nur teilweise beantwortet werden können. Was in den Anfängen der Kulturentfaltung und ihrer Ausdehnung so klare Spuren zeigt, wird verworrener und komplizierter, je weiter wir zeitlich voranschreiten. Das hängt vor allem auch mit weiträumigen Bevölkerungsbewegungen zusammen, die wir noch nicht überschauen und in ihren stammesmäßigen Gruppierungen auseinanderhalten können.

Wer waren die ältesten Kulturträger des Vorderen Orients? Stellten sie eine rassische Einheit dar? Gab es besondere Gruppen, die sich als progressiv erwiesen? Wer trug den Fortschritt über die Grenzen des Stammesgebiets bis in ferne Regionen? All das sind Fragen, die wir noch nicht beantworten können. Dabei bereiten spektakuläre Entdeckungen wie Warna oder das spätere Alaça Hüyük die meisten Probleme. Oft muß man auf Anschlußfunde jahrzehntelang warten. Und dann fügen sie sich doch nicht sinngerecht ins komplizierte Puzzle. Das hat in der Archäologie des Vorderen Orients Interpretationsängste erzeugt, die sich auch in Handbüchern der jüngsten Zeit niedergeschlagen haben, etwa in Barthel Hroudas *Vorderasien I.*

Andererseits hat man sich immer mehr, entsprechend den Tendenzen gegenwärtigen Wissenschaftsverständnisses, auf eng begrenzte Spezialgebiete zurückgezogen. Die Ergebnisse solcher

Forschung helfen uns beim Versuch einer Gesamtschau nur selten weiter. Hinzu kommt die zwischen den Einzelwissenschaften oft stark differierende Betrachtungsweise der Probleme, die dann meist zu unterschiedlichen Ergebnissen oder Interpretationen führt, soweit Interpretationen überhaupt noch gewagt werden. Die größten Schwierigkeiten bereitet nach wie vor, trotz aller naturwissenschaftlicher Datierungsversuche, im wachsenden Maße die Chronologie. Prähistorische Abfolgen sind genauso umstritten wie zeitliche Entsprechungen ähnlicher Kulturerscheinungen.

Werfen wir noch einmal einen Blick auf den Balkan. Dort haben sich in vielen Tells Tongefäße jener berühmten schwarz- oder graupolierten metallisch glänzenden Art gefunden, die sich von Anatolien aus über die ganze Ägäis verbreitet haben. Sie sind offenbar Nachahmungen frühester Metallgefäße, von denen leider nur wenige Exemplare erhalten sind. So kann die Frage des Ursprungs nicht exakt beantwortet werden. Doch ist der weite Umkreis ihrer Verbreitung vom Zentrum Anatolien aus ein weiterer eindeutiger Beweis für die Kulturdrift, die wir auch anhand der Mutterstatuetten nachweisen konnten.

In Warna werfen die axtförmigen, goldummantelten Zepter eine weitere Frage auf. Sind sie vielleicht mit der berühmten anatolischen Doppelaxt verwandt, deren Verbreitung bis nach Kreta wir bereits feststellen konnten?

Das alles aber bedeutet: Wir haben eine große Anzahl mehr oder weniger sicherer Belegstücke für eine weiträumige Ausbreitung kultureller und religiöser Formen, die aus dem Vorderen Orient stammen. Doch es fehlt uns dazu ein brauchbares chronologisches Gerüst, mit dem wir sie zeitlich in ihrer Abfolge einordnen und damit bestimmten Kulturentwicklungen zuweisen können.

Das wird um so schwieriger, je weiter wir in Epochen gelangen, die starke Völkerbewegungen wahrscheinlich machen und einen gesellschaftlichen Umbruch erkennen lassen, wie ihn die Nekropole von Warna schon in einer sehr frühen Zeit vermuten läßt.

Wir meinen den Aufbruch männlicher Machtentfaltung, der wahrscheinlich mit einer Veränderung religiöser Kultformen einhergeht. Die Große Mutter als alleinige Göttin verliert an Ansehen und zentraler Bedeutung. Religion wird nun mehr und mehr zu einem Herrschaftsinstrument in der Hand von Männern, seien es Priester oder Fürsten.

Ob dieser Wandel das erkennbare Zeichen einer Bevölkerungsumschichtung, vielleicht des Einbruchs von Fremdvölkern in die alten Kulturgebiete ist, wie man im Falle Warnas annimmt, ist schwer zu entscheiden. Befestigte Dörfer, wie wir sie in weiten Gebieten des Balkans finden, deuten jedenfalls auf Bedrohung und kriegerische Auseinandersetzung hin. Wahrscheinlich haben aus dem Norden und Nordosten zugewanderte Gruppen die Altbevölkerung überfallen, sich mit ihr vermischt, sie aber auch, zumindest im Anfang, unterjocht. Ja, die Bestattungen von Warna in unterschiedlicher Haltung für Frauen und Männer könnten ein erster Hinweis auf eine später oft zu beobachtende Verhaltensweise von Eroberern sein: Tötung der besiegten Männer und Vermischung mit den einheimischen Frauen. In diesem Zusammenhang ergäben auch die symbolischen Gräber von Warna, die keine Leichname enthielten, einen Sinn. Es könnten Gedenkstätten für jene Stammesführer sein, die auf den langen Eroberungszügen gefallen waren.

Allerdings ist mit diesen Vermutungen weder die Frage nach der Herkunft möglicher Eroberer noch ihrer Volkszugehörigkeit geklärt. Mit Sicherheit jedenfalls können wir erst viel später – im dritten Jahrtausend – von Fremdeinbrüchen sprechen, die dann auch Anatolien und den ganzen Vorderen Orient erreichten. Oder haben wir mit Warna das älteste Zeugnis jenes Umbruchs vor uns, den wir bisher mit den Völkerbewegungen des dritten Jahrtausends in Verbindung gebracht haben und der sich in Wirklichkeit schon sehr viel früher anbahnte?

Wir kennen die ältesten Schichten von Warna und vielen anderen frühen Balkansiedlungen nicht, weil sie von modernen Städten und Industrieanlagen überbaut sind. Das aber bedeutet, daß es kaum Chancen gibt, hier weiter zu forschen. Doch können wir sicher sein, daß die Gräber von Warna nicht in die Frühzeit der Besiedlung dieses Gebietes gehören.

Wenn wir auch die Eroberungstheorie heute aus vielen Gründen noch nicht erhärten können, so dürfen wir doch aufgrund der Funde mit Sicherheit annehmen, daß wir es im gesamten Gebiet des Balkan zwischen dem sechsten und dem vierten vorchristlichen Jahrtausend mit sehr unterschiedlichen Bevölkerungsgruppen zu tun haben. Eine völkische Einheit ist hier genausowenig anzunehmen wie in Anatolien.

Die viel diskutierte und noch immer zu scharfen Kontroversen Anlaß gebende Indogermanen-Frage spielt hier eine wesentliche, wenn auch sicher im Gesamtzusammenhang der kulturellen Entwicklung überbewertete Rolle.

Nach der Überbetonung der rassischen Komponente historischer Abläufe durch die Nationalsozialisten und ihre ideologischen Vorgänger ist man bei der Behandlung dieses Themas empfindlich geworden, wenngleich man es nicht einfach ignorieren kann. Während es Wissenschaftler gibt, für die das Indogermanen-Problem ein reines Sprachproblem ist, haben andere Spezialisten mehr oder weniger scharfe Volkstumsgrenzen gezogen, die sich nach verbreiteter Auffassung seit etwa 3000 v. Chr. durch weiträumige Völkerwanderungen verschoben haben.

Dabei entsteht die berechtigte Frage nach der Zahl von Stämmen und Volksgruppen in früher Zeit, denen man die den Indogermanen zugeschriebenen Veränderungen im vorderasiatischen Raum überhaupt zutrauen könnte. Zweifel sind berechtigt, zumal die Verfechter einer nordeuropäischen Heimattheorie der Indogermanen dort keine Vorbilder aufweisen können, es sei denn jene, deren Herkunft aus dem Vorderen Orient wir nachgewiesen haben.

Ob ein Blick auf die transkaukasischen Kurganleute und ihre in weiten Teilen des heutigen asiatischen Rußland verbreitete Kultur hier weiterhelfen könnte, ist umstritten. Und auch die Frage, woher die Menschen kamen, die nach 3000 in Anatolien bedeutende Veränderungen verursacht und neue kulturelle Impulse gegeben haben und die man heute als Indoeuropäer bezeichnet, kann noch nicht eindeutig beantwortet werden. Es sind die Funde von Alaça Hüyük und seiner bedeutenden Palast- und Gräberkultur, die ein Nachdenken über ihre Verbindung zu den transkaukasischen Kurganleuten, die gleichfalls eine großartige Grabkultur entwickelt haben, trotz gegensätzlicher Meinungen sinnvoll erscheinen lassen.

Bei Stuart Piggott lesen wir in seiner *Vorgeschichte Europas* zu diesem dort nicht ohne weiteres erwarteten Thema: »Wenn wir die archäologischen Funde aus der Mitte des dritten Jahrtausends in dem Gebiet betrachten, das wir ganz allgemein Südrußland nennen, finden wir dort tatsächlich Spuren bäuerlicher Gemeinschaften, die Kupfer bearbeiteten. Feste Siedlungen wie die von Michailowka im Gebiet des unteren Dnjepr beweisen die Existenz von Bauern, die Kupfer verarbeiten konnten, die höchstwahrscheinlich Getreide ernteten und die Körner mahlten, die Vieh, Schafe, Ziegen und Schweine züchteten, Pferde entweder jagten oder domestizierten und die in Dörfern mit rechteckigen, aus Holzstämmen gebauten, mit Strohdächern versehenen Häusern lebten. Genaue Daten fehlen, aber die ersten Anfänge dieses Kulturkomplexes müssen um 2500 v. Chr. gelegen haben. Ihre Gräber sind in einigen Einzelheiten bekannt. Es sind Einzelgräber unter einem Tumulus oder Hügel oder Kurgan. Die Kulturen, zu denen sie gehörten, sind, ganz allgemein gesprochen, Kurgankulturen. Bestimmte Einzelheiten in Bau- und Grabritus, vor allem die Grabbeigaben von Rindern und Schafwolle, wie sie durch Funde von Knochen und Schädeln bezeugt werden, verbinden diese Gräber mit den Königsgräbern von Alaça Hüyük in Anatolien aus dem späten dritten Jahrtausend und sogar, was die Architektur betrifft, mit den mykenischen Schachtgräbern aus der Mitte des zweiten Jahrtausends. In Maikop im nördlichen Kaukasus und anderswo liegen die Toten in Grabkammern aus Holz (ausnahmsweise aus Stein) unter den Kurganen. Das Grab von Maikop selbst hatte reiche Beigaben von kupfernen, goldenen und silbernen Gegenständen, hier und anderswo kommen Türkise und Carneole und kunstvolle Webereien vor. Es wurden auch hölzerne Wagen und

Modelle anderer Fahrzeuge als Grabbeigaben mitgegeben; das Grab selbst unter dem Hügel ist ein Kammergrab.«

Nach diesen Ausführungen kommt Stuart Piggott zu der Schlußfolgerung, die für ihn auch linguistisch zu belegen ist: »Hier liegt für mich der wohlbegründete Anlaß, eine Übereinstimmung der linguistischen Beweise für eine vermutliche Heimat der Indoeuropäer zwischen Karpaten und Kaukasus und diesen archäologischen Funden anzunehmen, die zu einem Volk gehören, dessen materielle Kultur und zeitliche Stellung zu eben diesen Forderungen der Linguistik in diesem Gebiet passen würden. Wenn wir uns dem nördlich und westlich von diesem Gebiet liegenden Europa zuwenden, finden wir in den letzten Jahrhunderten des dritten Jahrtausends weithin Verhältnisse, die gewöhnlich als Beweis für neue Völker gedeutet werden, deren Wanderungen über eben dieses südrussische Gebiet gingen, von dem wir gerade sprachen. Ganz in der Nähe, in Ostrumänien, finden sich Hügelgräber des Ockergrab- oder Steppentypus mit einer Radiokarbondatierung auf die Zeit um 2580 v. Chr., die sich einigermaßen in die lokale Abfolge der frühen Kupfer verarbeitenden Kulturen einfügen. Späte Tripolje-Siedlungen in der Ukraine scheinen von dort heimischen Gruppen zerstört worden zu sein. Besondere Typen von Kleider- und Haarnadeln mit Hammerkopf, die charakteristisch für einige dieser Kupfer verarbeitenden Gemeinschaften in Südrußland sind, weisen auf Handel oder Kontakte mit dem pontischen Gebiet hin; sie sind nicht nur bis nach Alaça Hüyük in Anatolien und Lerna in Griechenland verbreitet, sondern auch im nördlichen Mitteleuropa, sogar in Dänemark.«

Was Piggott hier in weitgespannter Hypothese andeutet, ist die Vorstellung von Völkerbewegungen gewaltiger räumlicher Dimensionen, die sich im dritten Jahrtausend über mehrere Jahrhunderte erstreckt haben müssen. Tatsächlich erkennen wir in dieser Zeit nicht nur Menschenbewegungen, sondern auch einen Umbruch im Verhältnis von Menschen und Völkern zueinander. Das Element des Kriegerischen gewinnt zentrale Bedeutung. Die Grabfunde sagen darüber einiges aus. Sie lassen aber auch weiträumige Kulturverbindungen erkennen, wie wir sie etwa zwischen den südrussischen Kurganleuten und der anatolischen Kultur von Alaça Hüyük nachweisen können, wo sie vor allem auf der Verwandtschaft des Gräberkults beruhen.

In beiden Bereichen stoßen wir auf hervorragende Beispiele der Metallbearbeitung, die außer Kupfer und Silber nun auch Gold einschließt. So kennen wir aus dem von Piggott erwähnten Grab im nordkaukasischen Maikop einen hervorragend gearbeiteten Silberbecher mit Tiermotiven, eine dünne, in Gold getriebene Löwenminiatur und Stierstatuetten, die alle etwa in die Mitte des dritten Jahrtausends gehören. Es ist die gleiche Zeit, aus der die reichen Grabfunde von Alaça Hüyük stammen. Verbindendes Element sind die Tierdarstellungen, die in Alaça Hüyük neben großartigem Goldgefäß zum Faszinierendsten gehören, was wir an Metallgüssen aus dieser Zeit kennen.

Dabei ist interessant festzustellen, wie in diesen Produkten der Metallbearbeitung, die zweifellos männliche Arbeit sind, die menschliche Figur gegenüber der Tiergestaltung weit zurücktritt. Ein Stilwandel deutet sich an, wie er bisher seit Çatal Hüyük nicht zu beobachten war. Denn auch das Tier hat nun nicht mehr eine rein sakrale Bedeutung. Es ist nicht Kultobjekt, sondern, wenn wir es mit seiner Bedeutung im Totenritual richtig einschätzen, Herrschaftssymbol, Rangabzeichen – und als solches Attribut der Mächtigen. Wenn auch die genaue Bedeutung der vielfältigen Tierfiguren noch immer umstritten ist, so deutet doch ihre Ausführung darauf hin, daß sie als Stab- oder Standartenaufsätze eine dekorative Funktion hatten. Das schließt aber nicht aus, daß sie Göttersymbole darstellen.

Für ihre Verwendung haben Seton Lloyd und James Mellaart eine Deutung vorgeschlagen, die von Winfried Orthmann ausgebaut worden ist. Er sieht in den Tierfiguren, wie auch in den kreisförmigen kosmischen Symbolen, die man in Alaça Hüyük gefunden hat, Deichselaufsätze für Kultwagen, auf denen die Herrscher und ihre Frauen beigesetzt wurden. Die Größe der dreizehn Gräber, die man in Alaça Hüyük entdeckt hat, läßt diese Theorie zu. Aber leider hat man keinerlei Reste von Wagen gefunden, so daß auch an diesem Deutungsversuch berechtigte Zweifel bleiben.

Aus dem Rahmen fallen zwei große Tierfiguren: ein zweiundfünfzig Zentimeter hoher Hirsch aus Bronze, dessen Kopf und gewaltiges Geweih aus Silber bestehen. In den Körper sind silberne Doppelringe kunstvoll eingelegt. Ein siebenunddreißig Zentimeter hoher Bronzestier ist an Hals und Rücken mit Silber überzogen und trägt an den Oberschenkelgelenken gleichfalls eingelegte konzentrische Kreise aus Silber. Ob es sich bei diesen Tieren um Symbolfiguren des Herrschers und eines höchsten Priesters handelt, ist ungewiß, wie uns überhaupt jede genaue Vorstellung von den in Alaça Hüyük zelebrierten Kulten fehlt.

Eine kleine Frauenstatuette mit tierartigem Gesicht, wie wir sie aus dem sumerischen Raum kennen, deren Brüste und Füße aus Gold sind, dürfte in den Bereich der Adorantinnen gehören. Dagegen könnte eine Frauenstatuette mit Kind an der Brust, die im weiter nordöstlich gelegenen Horoztepe gefunden wurde, die Große Mutter darstellen, von der wir freilich nicht wissen, welche Rolle sie im Kult der anatolischen Fürstentümer um 2000, in diese Zeit gehört der Fund, gespielt hat.

Wir befinden uns bei der Betrachtung dieser nordanatolischen Fundstätten in einer Epoche, in der die sumerische Hochkultur in Mesopotamien ihren ersten Höhepunkt bereits überschritten und der anatolische Süden seine Vormachtstellung an den bis um 3000 noch unbesiedelten, wahrscheinlich von undurchdringlichen Wäldern bedeckten Norden abgegeben hatte. Dort sind dann in verhältnismäßig kurzer Zeit Städte mit einem mächtigen Königtum entstanden.

Anziehend waren im Norden die reichen pontischen Erzvorkommen, die für die Entwicklung der glanzvollen Metallproduktion, von der wir berichteten, die Voraussetzung boten. So entstanden Lokalkulturen, die weit ausstrahlten, bis an die ferne ägäische Küste, wo sich mit Troja eine Stadtkultur entwickelt hatte, die Alaça Hüyük in nichts nachstand. Die Erzeugnisse an beiden Orten lassen auf eine intensive Verbindung von Ost nach West und von dort weiter in die Welt des Mittelmeers schließen.

DAS DRITTE JAHRTAUSEND – MENSCHEN IM AUFBRUCH

Was wir heute mit Sicherheit über die Epoche zwischen Warna und Alaça Hüyük, zwischen Völkerdynamik im Norden und neuen Kulturentwicklungen in Anatolien sagen können, ist, daß sich in dieser Zeit die Beziehungen zwischen den Menschen ganz wesentlich zu verändern begannen. An die Stelle eines weithin friedlichen Mit- und Nebeneinanders treten Expansion, Eroberung, kriegerische Auseinandersetzungen mit all ihren Folgeerscheinungen. Es kommt zu Gewalttaten und Unterdrükkung, wahrscheinlich schon mancherorts zur Ausrottung unliebsamer Bevölkerungsgruppen. Waffen und Angriffssysteme werden ausgebildet, unter denen die Entwicklung des leichten Kampfwagens eine besondere, bald entscheidende Rolle spielt.

In diese Zeit fällt auch die Entstehung erster größerer Stammesverbände und staatenähnlicher Gebilde, wobei uns hier besonders die Frage nach Ursprung, Herkunft und Entfaltung der Hethiter und der Griechen interessiert.

Über diese Probleme ist viel gerätselt und so manches Widersprüchliche geschrieben worden. Auch jetzt gibt es noch keine eindeutigen Antworten, wohl aber Überlegungen, die weiterführen können. Durch die fundbedingte zeitliche Zurückverlagerung der Ausgangspositionen jener hier zur Diskussion stehenden Völkerbewegungen stellt sich heute manches anders dar als noch vor wenigen Jahrzehnten.

Kurt Bittel hat 1945 in seinen *Grundzügen der Vor- und Frühgeschichte Kleinasiens* auf einer Karte die »wesentlichen Lükken in unserer Kenntnis der anatolischen Kulturprovinzen des vierten und dritten Jahrtausends« nachgewiesen, zugleich aber bemerkt, daß »im äußersten Osten (Karatepe) wie auch im

Nordwesten einige Fundplätze bekannt, aber noch so wenig erschlossen sind, daß über ihre tatsächliche Stellung, über ihre wirkliche Zugehörigkeit vorläufig nichts Gültiges gesagt werden kann«. Doch hellsichtig fährt Bittel fort: »Diesen Gebieten müssen unsere zukünftigen Bemühungen um so mehr gelten, weil im Nordosten und Nordwesten in ganz besonderem Maße Zusammenhänge mit den Kaukasusländern einerseits und mit dem südöstlichen Balkan andererseits erwartet werden dürfen.«

Hier klingt meines Wissens in der Archäologie zum erstenmal eine Vermutung jener weiträumigen Zusammenhänge an, deren Zentrum Bittel wie Schachermeyr schon immer in Anatolien gesehen haben. Ein Umbruch, auch in der herkömmlichen Betrachtungsweise der Indogermanen-Frage, kündigt sich an. Wie prekär sie trotzdem noch ist, zeigt die Tatsache, daß es 1988 in der Deutschen Orient Gesellschaft darum eine harte Auseinandersetzung zwischen zwei führenden Altorientalisten gegeben hat.

Wie wir sahen, finden sich in den Grabungsbefunden zwischen Kaukasus, Schwarzem Meer und Wolga zumindest Ansatzpunkte für eine Neubewertung auch dieser Frage im Zusammenhang des größeren Problemkreises Vorderasien – Europa.

Das Auftreten indogermanischer Stämme in Vorderasien wird heute längst nicht mehr als ein so spektakuläres Ereignis betrachtet wie zu Beginn der Hethiter-Forschung vor hundert Jahren. Und unser Wissen über das Eindringen der ersten Griechenstämme nach Hellas hat sich wesentlich differenziert, wenngleich wir auch hier – wie bei den Hethitern – noch keine abschließenden Urteile fällen können. Wirft doch jede durch Funde scheinbar beantwortete Frage bald mehrere neue auf.

Das bedeutet allerdings nicht, wie mancher an früher Geschichte Interessierte meint, daß wir deshalb zu einem immer diffuseren Bild frühester Geschichtsentwicklung gelangen. Im Gegenteil! Viele Lücken schließen sich auf der Landkarte, und die zeitlichen Abfolgen werden gewisser, obwohl sie sich immer weiter in fernste Zeiten erstrecken. Dabei zählt das chronologische Gefüge gerade auch im dritten Jahrtausend trotz neuester Datierungsmethoden noch immer zu den umstrittensten Problemen der Geschichte des Vorderen Orients.

Fragen wir uns trotzdem: Wie sah das Leben zur Zeit der Gräber und ihrer reichen Funde, die wir betrachtet haben, im Raum zwischen Wolga, Kaukasus, Schwarzem Meer, Pontischem Gebirge und dem übrigen Anatolien aus? Es war eine Epoche erster starker Impulse aus dem Osten. Sie kamen von Mesopotamien und Syrien, wo sich zentrale Hochkulturen mit Stadtgründungen entwickelt hatten, die von den Sumerern, später von den Akkadern getragen wurden. Man nimmt an, daß um 2300 Sargon von Akkad, der erste Gründer eines Großreichs in der Geschichte, bis nach Anatolien und Zypern vorstieß.

Doch auch im Raum zwischen Wolga und Dnjepr gab es Volksgruppen, die wohl aus klimatischen Gründen – man vermutet lange Trockenperioden – zum Aufbruch drängten. Es sind die gleichen Menschen, deren Gräber – die Kurgane – uns im vorigen Kapitel begegnet sind und denen Stuart Piggott in seiner *Vorgeschichte Europas* den Hauptanteil an den weiträumigen wirtschaftlichen und kulturellen Veränderungen des dritten vorchristlichen Jahrtausends zuschreibt.

Im Gegensatz zu den frühen Ackerbauern in weiten Teilen Asiens und Europas, deren Seßhaftigkeit schon bald feste Siedlungen und Städte entstehen ließ, haben wir es bei den Kurganleuten mit Nomaden zu tun. Wahrscheinlich waren ihre Urväter Jäger und Sammler, die in den weiten Wald- und Steppengebieten zwischen Schwarzem Meer und Innerasien lebten.

So wie die Völker des Vorderen Orients in der Natur das Geheimnis des Zusammenhangs von Samen, Keimen, Wachstum und Reife entdeckten und durch systematischen Ackerbau zu ihrer Lebensbasis machten, so erkannten die Jäger des Nordens in der Zähmung und Aufzucht des Jagdwilds eine Möglichkeit zur Schaffung besserer und gesicherter Lebensbedingungen. Doch zur Tierzucht, die schon bald große Herden brachte, paßte keine Seßhaftigkeit. Das frei schweifende Leben des Jägers blieb dem Tierzüchter und Viehhirten erhalten. Er sah darin einen Ausdruck der Mobilität und der Freiheit.

Zur Ruhe kommt der Nomade erst im Grab. So sind auch die Gräber – in unserem Fall die Kurgane – die einzigen festen, durch die Jahrtausende erhaltenen Plätze dieser Menschen. In ihnen haben sich Zeugnisse ihrer hohen Kultur erhalten, die an künstlerischer Bedeutung den Werken der Seßhaften nicht nachstehen.

In der schweifenden, ruhelosen Lebensform der Nomaden ist auch ihr Hang zu Krieg und Eroberung begründet. Hirten brauchen für ihre schnell wachsenden Herden viel Weideland. Sie kennen zunächst keine Grenzen ihres Viehtriebs, und wo sie ihnen begegnen, setzen sie sich darüber hinweg. Eine Anerkennung von Grundbesitz, wie sie bei den Ackerbauern wohl schon früh entstanden ist, gab es für den Nomaden nicht. So waren gewalttätige Auseinandersetzungen mit Siedlern, auf deren Anwesen man stieß, unausweichlich.

Als es dann, wahrscheinlich infolge von Klimawechsel und nachfolgender Dürre, zu einem Aufbruch ganzer Nomadengruppen aus den angestammten Gebieten zwischen Kasachstan und Wolga kam, wurde aus den einst wohl mehr zufälligen Zusammenstößen mit Fremden die geplante Expansion, zunächst mit dem Ziel der Eroberung neuer Weidegründe.

Eine wichtige Rolle spielte in den Jahrhunderten der ersten Ausdehnung der Kurgannomaden die Jagd auf Wildpferde, die als Opfertiere, aber auch zur Nahrung verwendet wurden. Später kam es dann zur Zähmung gefangener Wildtiere und zur Aufzucht des Pferdes als Zug- und Reittier.

Die Verwendung des Pferdes als Reittier erhöhte die Beweglichkeit der Nomaden beträchtlich und machte sie zu gefürchteten Feinden. Doch charakterisiert sie nicht nur das gewalttätige Vorgehen gegen Bevölkerungsgruppen im Süden und Westen. Sie verstanden sich auch schon früh aufs Geschäft. Ihre Tiere waren begehrte Handelsware.

Andererseits stammte die Anregung für vieles, was sie später als kulturelle Leistung weiterentwickelten, aus dem Süden, wo die Kurganhändler nicht nur einkauften, sondern auch schöpferische Ideen aufnahmen, die sie ihrem Volk vermittelten. So gelangten die Fertigkeiten zur Herstellung von Tongefäßen und für den Metallguß aus Anatolien oder Mesopotamien ins Nomadenland. Auch Rad und Wagen, die für die späteren Eroberungszüge von entscheidender Bedeutung waren, gelangten auf diesem Wege zu den Kurganleuten.

Doch änderten diese kulturellen Einflüsse aus dem Süden nichts an der Lebensform und der Gesellschaftsstruktur der Nomaden. Ihre Gruppen waren, soweit wir aufgrund der Ausgrabungen erkennen können, vom Mann beherrscht und blieben es mit ständig zunehmenden Machtbefugnissen von Führerpersönlichkeiten bis in die historische Zeit überall dort, wo wir den Nachfahren der Kurgannomaden in Vorderasien oder Europa begegnen. Mögen auch die Zusammenhänge und das Ausmaß dieser Ausdehnung und Einflußnahme nach wie vor umstritten sein, so machen doch die sowjetischen Forschungsergebnisse der letzten Jahrzehnte deutlich, daß wir es im Kurgangebiet mit einem der Ausgangspunkte der großen Völkerbewegungen des dritten Jahrtausends zu tun haben.

Die patriarchalische Organisation der Kurganleute war für diese Völkerbewegungen eine Voraussetzung, die, wie wir gesehen haben, bei den Nomaden besteht, soweit wir zurückblicken können. Hier ist der älteste Mann immer das Haupt der Familie, dem sich alles unterzuordnen hat. Das an Herden reichste und in der Gruppe angesehenste Familienoberhaupt ist der Häuptling. Dort, wo vorübergehende Seßhaftigkeit zur Anlage von Siedlungen führte, baute er sich das größte Haus in der Mitte des Dorfes. Sein Wort galt und konnte, soweit wir sehen, von den anderen nicht angefochten werden. Er hatte Befehlsgewalt. Bald schon dürfte diese Führerrolle erblich geworden sein. Wir haben hier den Ursprung absolutistischer Herrschaft einer Familie, wie sie später in den meisten Monarchien europäischer und asiatischer Länder üblich wurde.

Der große Unterschied zu den Lebensformen, die den Vorderen Orient und weite Teile Europas bis zum Auftreten der Kurgannomaden in diesen Gebieten prägten, wird dabei deutlich. Es ist die Ablösung einer religiös von der Großen Mutter und in der

Gesellschaft von der Frau bestimmten Ordnung durch autoritäre männliche Herrschaft – wohl eine der wirkungsreichsten, folgenschwersten Veränderungen der menschlichen Lebensformen überhaupt. Sie fand ihren Ausdruck in Krieg, Eroberung, Gewalttätigkeit und oft ungezügelter Machtentfaltung.

Nun müssen wir uns in diesem Zusammenhang noch einmal der uns bei Piggott in Verbindung mit den Kurganleuten begegneten Indogermanen-Frage zuwenden, die, im Gegensatz zur deutschen Universitätspraxis, besser und richtiger – so wie von Piggott – als Indoeuropäer-Frage bezeichnet wird. Sie ist ein Problem, das uns im dritten Jahrtausend, vor dem Beginn der großen Völkerbewegungen, entgegentritt.

Piggott schreibt dazu: »Zeitlich müssen wir unsere ungeteilte indoeuropäische Heimat im dritten Jahrtausend vor Christus suchen, bevor noch diese Bewegungen stattfanden. Hinsichtlich ihrer wahrscheinlichen Lokalisierung stimmen die Sprachwissenschaftler im allgemeinen darin überein, daß das Gebiet westlich des Ural und nördlich des Schwarzen Meeres zwischen Karpaten und Kaukasus am besten zu den gemeinsamen Bezeichnungen für Bäume wie zum Beispiel Birke, Buche, Eiche und Weide sowie für Tiere wie Bär, Wolf, Gans, Schwein, Wespe und Lachs (oder einen ähnlich großen Süßwasserfisch) passen würde – obgleich eine Minderheit für die norddeutsche Tiefebene eintritt.«

Während Piggott den östlichen Ursprung der Indoeuropäer als eine, wenn auch sehr wahrscheinliche, Hypothese behandelt und die Urheimat zwischen Kaukasus und Schwarzem Meer sieht, geht die in Los Angeles lehrende litauische Archäologin Marija Gimbutas noch einen Schritt weiter. Sie bezeichnet die Kurgannomaden als Proto-Indoeuropäer, das heißt als Urahnen der indoeuropäischen Völker, und damit das ursprüngliche Kurgangebiet der Wolga als die Urheimat der Indoeuropäer. Mit dieser These befindet sich Marija Gimbutas in Übereinstimmung mit sowjetischen Archäologen, die in den letzten Jahrzehnten im Gebiet der Wolga gegraben und Erstaunliches zutage gefördert haben.

Die ersten nachweisbaren Spuren der Kurganleute haben die sowjetischen Wissenschaftler an der Wolga zu Beginn des vierten vorchristlichen Jahrtausends ausgemacht. In jener Zeit waren die wahrscheinlichen Vorfahren des weißhäutigen, europiden Menschen über weite Gebiete der innerasiatischen Ebenen verbreitet – in einer Landschaft, die damals ganz anders aussah als heute.

Dort, wo wir jetzt Steppen finden, muß es damals reiche Weidegründe, fischreiche Seen und Flüsse sowie riesige Wälder gegeben haben.

Es war also keineswegs ein einförmiges Leben in trostloser Umgebung, das die Viehzüchternomaden zu jener Zeit führten. Sie verfügten über weite Jagdgründe und über reiche Fischvorkommen. Außerdem bot das Land Wildgetreide, Wildgemüse, Beeren, Obst und Pilze im Überfluß, so daß die Tafel an der Wolga wahrscheinlich reicher gedeckt war als in den gleichzeitigen dörflichen und städtischen Gemeinschaften Anatoliens und des Vorderen Orients.

Vielleicht war es nach der Klimaänderung zunächst noch gar nicht die Not, die das Kurganvolk zum Aufbruch drängte, sondern einfach das Nachlassen der gewohnten reichen Quellen. Und als man dann beim Vordringen nach Westen spürte, daß Eroberungen und Herrschaft über neue Gebiete ein noch besseres, vor allem aber auch ein interessanteres Leben als in der alten Heimat boten, gab es für die nun an Gewalttaten und Unterwerfung fremder Völker gewöhnten Kurganleute kein Halten mehr. Bewegung und Ausdehnung wurden zu ihrem Programm.

So gesehen dreht sich nach neuesten wissenschaftlichen Erkenntnissen die alte Vorstellung von den »Indogermanen« mit ihrer Urheimat in der norddeutschen Tiefebene, die zu den Glaubensbekenntnissen der Nationalsozialisten gehörte und auch heute noch viele Anhänger hat, völlig um.

Es wird in den nächsten Jahren nötig werden, ein neues, gründlich revidiertes Kapitel Frühgeschichte zu schreiben, nicht nur über die Urheimat der Indoeuropäer, sondern auch über die

Einflüsse, denen sie auf ihren Zügen nach Westen, Süden und Norden ausgesetzt waren. Zeigt sich doch heute, daß es Errungenschaften der ältesten Stadtkulturen waren, die auch die Kurgannomaden in ihrer Entwicklung und späteren Entfaltung beeinflußt haben.

Ohne vorangegangene Handelskontakte zwischen Anatolien, Mesopotamien und den Nomaden hätten diese wahrscheinlich ihre hohe Kultur, die sich besonders auch im vollendeten Metallguß ausdrückt, kaum erreicht. Über den Akkulturationsprozeß, den die in den vorderasiatischen Raum eingedrungenen Nomadengruppen vor allem in Anatolien durchmachten, wird im Kapitel über die Hethiter und ihre Vorläufer noch zu sprechen sein.

Hier geht es zunächst um die Stationen der Kurganleute nach ihrem Aufbruch. Eine der ersten und längsten, die oft als Urheimat der Indoeuropäer angesehen wird, ist das Gebiet südlich des Kaukasus. Dort bildeten sich Kultformen, besonders der Bestattung, aus, die auf Einflüsse aus Anatolien hinweisen, andererseits aber auch auf anatolische Entwicklungen – etwa in Alaça Hüyük – eingewirkt haben.

Das Gebiet des Kuban-Beckens, das sich zwischen den Schneebergen des Kaukasus und den Küsten des Schwarzen und Asowschen Meeres erstreckt, bietet eine ähnlich vielfältige und fruchtbare Landschaft, wie sie die Kurganleute um die Mitte des dritten Jahrtausends, vielleicht noch früher, weiter östlich verlassen hatten. Wahrscheinlich entwickelte sich hier, in nahezu paradiesischer Umgebung, eine Teilseßhaftigkeit der Kurganleute, von denen allerdings Teilgruppen schon früh den Weg weiter nach Süden und Westen fanden. Trotzdem blieb das Kuban-Becken noch lange Zeit ein wichtiges Zentrum der Kurgankultur.

Die Königsgräber von Maikop und Zarskaja, großartige Zeugnisse der Metallkultur der Kurgannomaden, sind dafür bewundernswerte Zeugnisse. Sie machen aber zugleich die Verbindung deutlich, die nun, bei größerer räumlicher Nähe, zwischen den Seßhaften im Süden und den sich nördlich des Schwarzen Meeres ausbreitenden Nomaden entsteht. Dabei bleibt offen, in welchem Umfang es friedliche Begegnungen gab, auch über die Handelsverbindung hinaus, und wann die kriegerischen Auseinandersetzungen in Form einseitiger Überfälle aus dem Norden begannen oder sich doch wesentlich vermehrten.

Sicher ist, daß Gruppen der Kurgannomaden bis zum Ende des dritten Jahrtausends nicht nur in den Norden Anatoliens eingedrungen waren, sondern auch weite Teile des Balkans und des übrigen Europa bis nach Skandinavien erreicht hatten.

Nach dem jetzigen Stand der Wissenschaft begann damit die Ausbreitung der Indoeuropäer in den noch heute von ihnen bewohnten Gebieten. Interessant ist dabei, daß diese archäologisch begründete neue Sicht der Indoeuropäer-Bewegung Anatolien auch für diesen Zeitabschnitt eine wichtige Rolle als Angelpunkt und Umschlagplatz der frühen Kulturen zuweist.

Die lange vorherrschende Theorie einer norddeutschen Urheimat der Indoeuropäer, die man deshalb auch Indogermanen nannte, ist, wie wir gesehen haben, nicht mehr haltbar. Allein die Tatsache, daß die Proto-Indoeuropäer zweifellos Nomaden waren, schließt diese Möglichkeit aus. Denn alle uns bekannten Volksgruppen, die vor dem Eintreffen der Eroberer im dritten und zweiten vorchristlichen Jahrtausend Mitteleuropa bewohnten, waren Bauern. Sie können unmöglich die Vorfahren der mobilen indoeuropäischen Eindringlinge in der Ägäis und im Vorderen Orient gewesen sein.

TROJA – STADIEN EINER METROPOLE

Es ist im Rahmen dieses Buches unmöglich, alle bisher entdeckten Stationen der Ost-West-Drift zwischen Kleinasien und dem europäischen Kontinent aufzuzeigen. Auch können nicht alle Bewegungen der immer noch rätselhaften vorindoeuropäischen und der nicht weniger geheimnisvollen indoeuropäischen Wanderungen beschrieben werden. Wir halten uns an die wichtigsten Zusammenhänge, die auch archäologisch nachweisbar sind. Und die erscheinen mir aufschlußreich genug.

Von den Kontakten zwischen der Kurgankultur und Alaça Hüyük haben wir ausführlich gesprochen und damit die Verbindung der Urheimat der Indoeuropäer zum kulturell erwachenden Norden Anatoliens dargestellt. Eine weitere wichtige Verbindung, die besonders durch Handels- und Handwerkskontakte entstanden ist, entwickelte sich zwischen Alaça Hüyük sowie Plätzen in Ostanatolien und dem frühen Troja im Westen.

Von allen Namen, die aus dem frühen Anatolien zu uns gedrungen sind, ist Troja zweifellos der bekannteste: eine Stadt über der Ägäis, die durch Homer und seine Geschichte vom Trojanischen Krieg über die Jahrtausende im literarischen Bewußtsein blieb, bevor man vor mehr als hundert Jahren damit begann, sie auszugraben.

Troja verdankt sein Entstehen oder doch seine Blüte wohl vor allem wirtschaftlichen Überlegungen und Praktiken zur Zeit der Intensivierung des Handels zwischen Schwarzem und Mittelländischem Meer. Denn es war infolge häufiger heftiger Stürme am Ausgang der Dardanellen fast unmöglich, ein Schiff durch den Hellespont – die schmale Dardanellen-Mündung – ins Ägäische Meer zu steuern oder es umgekehrt durch die Meerenge in

Richtung Schwarzes Meer zu lenken. So mußten die Waren von Trägern mehrere Stunden über Land aus einer meeresnahen Dardanellen-Bucht zu einer als Hafen geeigneten Bucht der Ägäis südlich der Dardanellen-Mündung getragen werden.

Über dieser Bucht entstand Troja. Es ist die früheste uns bekannte Warenumschlag- und Zollstation dieser Erde. Denn die Herren von Troja ließen sich selbstverständlich nicht nur den Transport, sondern auch das Recht der Aus- und Einschiffung bezahlen. Dadurch wurde das in der Nähe eines bedeutungslosen Fischerdorfes entstandene Troja schnell zu einer reichen Stadt, deren Bewohner schon bald Verbindungen zu inneranatolischen Metropolen, wie Alaça Hüyük, knüpften, zugleich aber auch Beziehungen zu den Kurgangebieten unterhielten, deren Handelsvertreter sie an der Dardanellen-Mündung kennengelernt hatten.

Am Beispiel Trojas wird die ganze Problematik der Darstellung und Interpretation frühester Geschichte deutlich. Schon die Gründungsgeschichte, die wir aus prähistorischen Zusammenhängen abgeleitet haben, läßt viele Fragen offen. Sie beginnen mit dem Namen. Eine Stadt Troja hat es an den Dardanellen oder anderswo nie gegeben. Sie wurde von Homer in der *Ilias* »Stadt der Troer« genannt, nach dem Volk der Troer – dies eine spätere, griechische Bezeichnung –, dem Helden wie Hektor und Priamos, aber auch der leichtfertige Paris angehörten. Der historische griechische Name der Stadt war Ilion oder Ilios – von daher der Epostitel *Ilias*.

Um 1180 v. Chr. wurde der Platz, für den durch sehr genaue stratigraphische Untersuchungen amerikanischer Archäologen unter Carl W. Blegen neun Bebauungsschichten mit insgesamt einunddreißig Phasen ausgemacht werden konnten, verlassen. Eine Feuersbrunst hatte, wie die Ausgrabungen zeigen, Troja VIIb, das letzte vorgeschichtliche Troja, vernichtet.

Obwohl es für die Existenz einer Stadt namens Troja keinen Beweis und für ihren Namen keine historische oder prähistorische Quelle gibt, wurde Troja doch zu einem der wichtigsten und bekanntesten Begriffe der frühen ägäischen Geschichte. Das hat mehrere Gründe. Der älteste liegt bei Homer und seinem Epos vom Trojanischen Krieg. Dieser Krieg, das zur Dichtung gewordene Ereignis griechischer Vergangenheit, das von vielen als reine Sage betrachtet wurde, fand seinen Niederschlag aber auch bei späteren Autoren.

Der Athener Thukydides beschreibt in den ersten Kapiteln seiner *Geschichte des Peloponnesischen Krieges* den Trojanischen Krieg, der für ihn um 430 v. Chr. schon älteste Vergangenheit war, als eine Art Vorläuferereignis zu jenem gewaltigen Kriegsgeschehen auf der Peloponnes, das den Zeugen Thukydides zum ersten Historiker der Menschheit werden ließ.

In seiner Nachfolge haben bedeutende Köpfe wie Timaios von Sizilien, Eratosthenes von Kyrene – berühmter Bibliothekar und Prinzenerzieher in Alexandria – und schließlich, schon in nachchristlicher Zeit, Eusebius, Bischof von Caesarea, den Geheimnissen des Trojanischen Krieges nachgespürt. Sie gelangten durch chronologische Studien historischer Zeugnisse, so etwa der berühmten hellenistischen Steinchronik aus Paros – dem Marmor Parium –, und durch Vergleiche mit anderen Dokumenten der Zeit auf das Jahr 1184 v. Chr. für die Eroberung Trojas durch die Griechen. Heute vermuten wir ein Datum zwischen 1250 und 1230 v. Chr. für die Zerstörung von Troja. Nimmt man dazu Blegens stratigraphische Zeitbestimmung, nach der Troja ab etwa 1180 v. Chr. bis um die Mitte des achten Jahrhunderts v. Chr. unbesiedelt blieb, so kann man die Genauigkeit der antiken Datierung gar nicht genug bewundern.

Allerdings gab es auch schon in hellenistischer Zeit Zweifel am Untergang Trojas, wie ihn Homer in seiner *Ilias* dargestellt hat, so etwa in Strabons berühmtem, nur in Fragmenten erhaltenem Geschichtswerk oder noch vorher bei dem Literarhistoriker Demetrios, der Ende des zweiten vorchristlichen Jahrhunderts im Gebiet von Troja lebte und einen Kommentar zu Homer geschrieben hat.

Außer diesen seltenen Bemühungen um den Nachweis eines oder keines Krieges zwischen Griechen und Trojanern, wie ihn Homer in seiner *Ilias* dargestellt hat, entstanden in wachsendem

Maße Mythen, Sagen und Legenden. Sie rankten sich um die Helden von Troja und Mykene, um ihre Verbindung zur griechischen Götterwelt und verdunkelten mehr und mehr das historische Bild, um das sich Thukydides so eindrucksvoll bemüht hatte.

Trotzdem gab es immer wieder Versuche, den historischen Hintergründen des homerischen Epos nachzuspüren, dessen Bewunderung im Mittelalter und in den nachfolgenden Jahrhunderten nie nachgelassen hat. Darum kann es nicht verwundern, daß auch vom vermutlichen Ort des Geschehens immer wieder die Rede war.

So erfahren wir von einem angelsächsischen Pilger namens Saewulf, der um 1100 auf einem griechischen Schiff nach Konstantinopel fuhr, daß ihn die Matrosen auf die Ruinen von Troja aufmerksam machten.

Spätere Bemerkungen scheinen oft mehr von Illusionen als vom Anblick geprägt zu sein, so, wenn der Spanier Ruy Gonzalez de Clavijo 1403 notiert, daß »sich der Bereich von Troja über viele Meilen Landes auszudehnen scheine und daß an einer Stelle oberhalb der alten Stadt sich ein hoher, steiler Hügel erhebe, auf dessen Gipfel der Sage nach die Burg von Ilion gestanden habe«.

Da es außer dem Hügel von Hissarlik, auf dem wir heute Ilion oder Troja wissen, noch weitere bemerkenswerte Erhebungen südlich der Dardanellen gibt, vermag niemand zu sagen, ob sich Beobachtungen wie diese auf das echte Ilion – auf den Hügel von Troja – beziehen.

Im Oktober 1444 zog noch einmal ein Europäer, der italienische Kaufmann und Forschungsreisende Ciriaco de Pizzicolli, bekannt unter dem Namen Ciriaco von Ancona, durch die Trojas und suchte nach den Spuren der Helden Homers. Dann schloß sich das Gebiet für westliche Besucher.

Mehmed II. eroberte 1453 Konstantinopel. Bis 1460 fielen den Türken auch Athen und die Peloponnes in die Hände. Will man zeitgenössischen Berichten glauben, so fühlte sich Mehmed II. als später Rächer der Trojaner. Er hatte mit dem türkischen Vorstoß nach Westen die Grenze zwischen Morgenland und Abendland neu gezogen. Wenn schon Herodot im Trojanischen Krieg die Wurzel für die Feindschaft zwischen Europa und Asien gesehen hatte, so zeigte sich nun – zweitausend Jahre später – der gleiche Geist von der anderen Seite. All das Befruchtende der frühen Jahrtausende schien vergessen, eine kulturelle Trennungslinie gezogen, wo in Wirklichkeit nur der Unterschied der Glaubensbekenntnisse, die Verhärtung von Dogmen und das Streben nach Machtpositionen zu Feindschaft und Haß geführt hatten.

Die griechisch-türkische Feindschaft hat hier ihre Wurzel. Troja wurde dafür nachträglich zum Schlüsselwort des islamischen Eroberers. Mehr als dreihundert Jahre blieb Athen unter türkischer Herrschaft.

Das fünfzehnte und sechzehnte Jahrhundert waren geprägt von Feindschaft, Mißtrauen und immer wieder aufflammenden Kämpfen zwischen der Türkei und dem Abendland. Dann gelang es Ende des sechzehnten Jahrhunderts den Engländern, durch das Anknüpfen von Handelsbeziehungen das Eis zu brechen. Doch es dauerte noch hundertfünfzig Jahre, bis auch neue geistige und kulturelle Kontakte entstanden.

Dem Engländer Robert Wood kommt das Verdienst zu, sich als erster mit den geographischen Gegebenheiten der Troas auseinandergesetzt und die Ergebnisse publiziert zu haben. Auf seinen Spuren erforschte der Franzose Jean Baptiste Lechevalier 1785 das Gebiet. Er bezeichnete einen Hügel bei Bunarbaschi als das alte Troja. In dieser Auffassung folgte ihm später zunächst sogar Schliemann.

Für Lord Byron, der 1810 zwei Wochen in der Troas war, hatte der Ort mehr romantische Bedeutung. Was ihn bekümmerte, waren die damals neu aufkommenden Zweifel an der Geschichtlichkeit Trojas, so wenn er in einem Sonett schreibt:

> ... ich stand auf des Achilles Grab
> und hörte Troja angezweifelt;
> bald wird an Rom man zweifeln.

Nun, das Grab des Achilles ist bis heute noch nicht gefunden. Wohl aber war es ein anderer Engländer – Frank Calvert –, der nach anfänglicher Neigung, gleichfalls Bunarbaschi für Troja zu halten, um 1860 zu der Auffassung gelangte, das alte Troja befinde sich unter dem Hügel von Hissarlik.

Als deutsche Ausgrabungen bei Bunarbaschi die Unhaltbarkeit seiner früheren Auffassung bestätigten, kaufte Calvert den nördlichen Teil des Hissarlik und begann 1865 an vier Stellen mit Probegrabungen. Dabei stieß er auf die Reste eines Athenetempels und auf Teile der Stadtmauer aus griechischer Zeit.

Calvert erkannte jedoch, daß unter dem von ihm angegrabenen geschichtlichen Horizont mehrere Schichten des klärenden Vorstoßes der Spaten harrten. Doch ihm fehlten Erfahrung und Mittel, die Ausgrabungen in dem erforderlichen Umfang fortzusetzen.

Neben Ausnahmeerscheinungen wie Wood, Lechevalier, Byron und Calvert, die ihren Homer wörtlich nahmen, wurde trotz aller Begeisterung für den Dichter und seine Epen, die Johann Heinrich Voß in deutsche Hexameter übertragen hatte, von den meisten, die sich mit Homer beschäftigten, jeder Gedanke an ein historisches Vorbild dieser Dichtungen als unsinnig empfunden – und das vor allem in Deutschland.

Doch gab es in dieser Zeit einen deutschen Kaufmannslehrling, der sich von der nächtlichen Lektüre der Epen Homers so unmittelbar berührt fühlte, daß er nicht nur von ihrer historischen Wahrheit überzeugt war, sondern auch den kühnen Entschluß faßte, dieser Wahrheit vor Ort nachzuspüren. Es war Heinrich Schliemann – ein Laie, der aufgrund seines Vertrauens in die Dichtung Homers zum wohl bekanntesten frühen Ausgräber archäologischer Schätze wurde.

Nachdem er durch erfolgreiche weltweite Geschäfte ein großes Vermögen erworben hatte, wandte er sich als Vierzigjähriger ganz seinen weiter genährten Jugendneigungen zu und reiste, um den Spuren des Odysseus zu folgen, nach Ithaka.

Im August 1868 erreichte er zum ersten Male das Gebiet von Troja und wandte sich zunächst Bunarbaschi zu, wo er jedoch nicht fündig wurde. Auch der Hügel von Hissarlik hat ihn, entgegen späterer Aufzeichnungen, offenbar nach ersten Sondierungen nicht interessiert.

Dann aber lernte er Calvert kennen, der ihm von seinen Grabungen berichtete. Das war für Schliemann der Augenblick der Erleuchtung. Er zeigte sich von Calverts Thesen sofort überzeugt und begann die schwierigen Verhandlungen um eine Ausgrabungsgenehmigung mit der türkischen Regierung. Mit Zähigkeit und dem ihm eigenen Durchsetzungsvermögen führte er sie bald zu einem erfolgreichen Ende.

Im April 1870 begann er mit Probegrabungen, die ihn von der Richtigkeit des Ansatzes überzeugten. Von 1871 bis 1873 ergrub er dann in drei Kampagnen, ohne archäologische Erfahrungen, eine Stadt, die wir seither Troja nennen und deren Entdeckung wir heute, wohl nicht ganz zu Recht, allein mit seinem Namen verbinden.

Einen Goldschatz, der Schliemann bei seinen Grabungen in die Hände fiel – die Fundumstände sind umstritten –, bezeichnete er als »Schatz des Priamos«. Bis Mai 1945 befand sich dieser Schatz in Berlin; seit den letzten Kriegstagen ist er spurlos verschwunden.

Heute wissen wir, daß Schliemanns spektakulärer Fund nicht aus der Zeit des Trojanischen Krieges stammt, sondern sehr viel älter ist. Er gehört nach Troja II und damit in die Frühzeit westanatolischer Entwicklung, deren Betrachtung wir uns nun zuwenden wollen.

Das älteste Troja, dessen Gründung wir bisher um 3000 v. Chr. angesetzt haben, war die erste, nach Blegens Schätzung etwa fünfhundert Jahre bestehende und in dieser Zeit mehrfach erneuerte Burg über einer Meeresbucht, die damals bis an den Hissarlik – den Burghügel von Troja – heranreichte.

Troja I konnte nur zum Teil ausgegraben werden, da unmittelbar darüber die Reste des Palastes von Troja II liegen, die nicht beschädigt werden sollten. Schon die erste Anlage der Stadt war von einem zweieinhalb Meter starken Lehmziegelwall und einer Mauer umgeben, was auf die Gefährdung einer solchen Niederlassung am Meer nicht nur durch von der Landseite herkommende Feinde, sondern auch durch Angriffe von See schließen läßt.

Die Haustypen in Megaronform – langgestreckte Rechteckbauten mit Eingang an einer Schmalseite –, denen wir in Troja von der ersten Stunde an begegnen, finden wir auch im übrigen Anatolien sowie auf den Inseln Lemnos und Lesbos. Sie weisen auf Verbindungen weiter nach Westen hin – zu den Kykladen, nach Mazedonien und sogar nach Thrakien. Damit gliedert sich Troja ein in die noch immer schwer überschaubaren, aber nicht mehr zu bezweifelnden Zusammenhänge und Völkerbewegungen zwischen Vorderasien und Europa.

Trojas Bedeutung am Angelpunkt zweier Kontinente, die damals schon viele Verbindungen hatten, wird hier deutlich. Sie zeigt sich vor allem am fortdauernden Bestehen, am Wachstum und dem bereits für Troja II nachweisbaren Reichtum der Stadt, der allerdings zeitweise wieder verlorenging.

Kein Wunder, daß auch nach Blegens umfassenden Ausgrabungen und Forschungen vor Ort das Interesse der Archäologen an Troja nicht nachließ. 1988 erhielt Manfred Korfmann vom Institut für Vor- und Frühgeschichte der Universität Tübingen, der sich um die anatolische Archäologie verdient gemacht hat, von der türkischen Regierung eine Genehmigung, die über fünfzig Jahre unterbrochenen Grabungen in Troja wiederaufzunehmen. Mit siebenundzwanzig Wissenschaftlern aus sechs Ländern hat Korfmann im Frühjahr 1989 die neuen Grabungen begonnen. Dabei stand nicht die Erwartung spektakulärer Funde hinter dem nochmaligen Ansatz als vielmehr die Hoffnung einer genaueren Klärung der zeitlichen Stufenfolge und des wirklichen Ursprungs von Troja. In der Tat haben die Archäologen in einer ersten, dreieinhalb Monate dauernden Kampagne Schichten freilegen können, die offenbar älter sind als das von Blegen um 3000 bis 2500 v. Chr. angesetzte Troja I. Radiokarbonmessungen deuten darauf hin, daß die neuentdeckten Reste mit Brandspuren – Asche und Holzkohle – in die Mitte des vierten vorchristlichen Jahrtausends zu datieren sind.

Korfmann, der den neuen Horizont als Troja 0 bezeichnet, hat, sollten die von ihm geplanten Grabungen der nächsten Jahre seine kühnen Thesen bestätigen, damit den Beginn der Geschichte Trojas um weitere fünfhundert Jahre zurückverlegen können.

Betrachtet man das inzwischen erforschte Umfeld Trojas in dieser frühen Zeit, so haben Korfmanns Entdeckungen, wie wir noch sehen werden, eine gute Chance, sich entsprechend seinen Deutungen zu bestätigen.

Die Rolle des frühen Troja zwischen Anatolien, Ägäis und Balkan wird um so deutlicher, je mehr gleichzeitige Siedlungen entdeckt und in ihrer Gleichzeitigkeit mit Troja erkannt werden. Hier enthüllt sich ein Stück Geschichte des dritten und vielleicht schon des vierten vorchristlichen Jahrtausends am Beispiel einer einzigen Stadt, ihrer Umwelt und ihrer offenbar weitgespannten Beziehungen.

Troja muß schon zu Beginn seiner Geschichte so wie auch später tüchtige Herrscher gehabt haben, die sich der Einmaligkeit der geographischen Lage ihrer Stadt genauso bewußt waren wie der Rolle, die sie am Schnittpunkt zweier Welten, der orientalischen und der ägäischen, spielen konnte.

Wenn auch Bezeichnungen wie Asien und Europa damals und noch lange danach unbekannt waren, so traten doch Unterschiede zwischen den geographischen Regionen schon früh zutage. Dabei wurden Grenzstädte wie Troja von Kultureinflüssen beider Seiten geprägt. Das geht in Troja wahrscheinlich zurück bis auf die Zeit seiner Gründung, für die seine einmalige Grenzlage von außerordentlicher Bedeutung war.

Neben Troja scheinen es vor allem Inselstädte mit günstigen, für Hafenanlagen geeigneten Buchten gewesen zu sein, die bereits im vierten Jahrtausend vor der kleinasiatischen Küste eine Brückenfunktion hin zur ägäischen Inselwelt und nach Hellas hatten.

Dabei spielten Lemnos und Lesbos die dominierende Rolle, die allerdings auch erst in den dreißiger Jahren und selbst da nur durch Zufall erkannt wurde.

Eine italienische Archäologengruppe hatte seit der Mitte der zwanziger Jahre auf Lemnos an der Ausgrabung der tyrrhenischen Stadt Hephaistia, des Zentrums eines dem Gott der Schmiede geweihten Hephaistos-Kults, gearbeitet. Dabei stießen sie bei dem Dorf Poliochni an der Südostküste der Insel auf einen riesigen Tell, der wesentlich älteren Ursprungs zu sein schien als die Ruinen aus griechischer Zeit, die man eben ausgrub. So wandten sich die italienischen Archäologen ab 1931 der Ausgrabung der über dreihundert Meter langen und hundertzwanzig Meter breiten Anlage zu, deren Mauerreste und Turmstümpfe noch bis über fünf Meter hoch anstehen.

1937 war mehr als die Hälfte dieser Stadt mit gepflasterten Straßen und Plätzen, deren Anfänge in die zweite Hälfte des vierten Jahrtausends zurückgehen, ausgegraben. Sie ist wesentlich älter als das uns bisher bekannte Troja I, verdankt ihre Entstehung aber wahrscheinlich ebenfalls den wirtschaftlichen Belangen jener Zeit. Dieser Tatbestand macht uns sowohl den frühen Beginn als auch die Weiträumigkeit von Handelskontakten deutlich, die nun längst nicht mehr zufälligen Bedürfnissen und Möglichkeiten unterliegen, wie das wahrscheinlich noch in Saliagos der Fall gewesen ist. An der Wende zum dritten Jahrtausend hatte sich ein Handelsnetz aus festen Städten, die bis auf den Balkan reichen, ausgebildet, in dem Troja nur ein Glied war.

Poliochni hat sich aus einem durch die Ausgrabungen nachweisbaren Dorf anatolischer Siedler entwickelt, das aus ovalen Steinhäusern bestand. Ein Bau von acht Metern Durchmesser war wahrscheinlich ein Heiligtum für Fruchtbarkeitsriten. Man fand darin einen bearbeiteten, aufgerichteten Stein, der von kleinen Steinen umgeben war – Fruchtbarkeitssymbolen, wie es scheint.

Das Dorf wurde offenbar schon bald durch eine befestigte Anlage abgelöst, die schnell den Umfang einer für diese Zeit bedeutenden Stadt erlangte. Doch mit ihrem Wachstum und Reichtum stieg zugleich ihre Gefährdung. Der dem Festland zugewandte Hafen war nicht nur ein Warenumschlagplatz von größter Bedeutung, wie die riesigen Lagerhäuser und Magazine erkennen lassen, sondern zugleich ein begehrter Stützpunkt, der sowohl von See als auch von Land her häufig bedroht wurde.

So entwickelte man Poliochni gegen Ende des vierten Jahrtausends zu einer Festung, die zu den bedeutendsten Beispielen frühzeitlicher Verteidigungsarchitektur zählt. Gute Brunnen im Stadtinnern machten sie bei Belagerungen unabhängig von einer auswärtigen Wasserversorgung.

Poliochni war zu Beginn des dritten Jahrtausends keine Einzelerscheinung im ostägäischen Raum. Selbst auf Lemnos gab es zur gleichen Zeit eine weitere Stadt im Nordosten der Insel. Sie kann nicht ausgegraben werden, denn sie liegt aus unerfindlichen Gründen auf dem Boden des Meeres.

Sibylle von Reden, die sich durch viele Studien zur Vor- und Frühgeschichte und besonders zur Megalithkultur verdient gemacht hat, beschreibt in ihrem Buch *Auf der Spur der ersten Griechen* diese Stadt auf dem Meeresgrund:

»Poliochni war sicher nicht der einzige wichtige Seehafen von Lemnos. Es gab mindestens noch einen. Die Nachtfischer, die in der Bai am Plaka-Kap, der Nordostspitze der Insel, den Meeresgrund mit dem grellen Strahl ihrer Lampen absuchen, und einige Archäologen kennen sein Geheimnis. Auf dem nackten Felsplattenboden der Bucht ruht in nur 4–8 m Tiefe eine versunkene Stadt, die vor mehr als 4000 Jahren den nördlichsten Hafen der Insel beherrschte. Bei stiller See ist sie mit allen Einzelheiten selbst von einem Boot aus deutlich sichtbar, ein fast greifbares, urzeitliches Vineta unter grünem Glas. Verstreute, fast versteint wirkende menschliche Knochenreste auf dem steilen Hang des Kaps verraten, daß dort vermutlich die Nekropole lag. Die Stadt unter Wasser ähnelt Poliochni wie ein Ei dem anderen. Auch sie war größer und vielleicht älter als Troja. Eine Straße von etwa 4 m Breite wird von Hausruinen flankiert, deren Mauern noch vielfach ansehnlich hoch sind und meist mehrere Räume umschließen. Brunnen, Backöfen, gedeckte Kanalisationsrinnen sprechen von verschollenem Leben. Ein groß angelegtes Megaron liegt im Zentrum der ertrunkenen Stadt. Die starken Festungswälle, die auch diesen Ort umfaßten, sind vom Wellenschlag und den Meeresströmungen angetastet, aber nicht zerstört. Vielleicht verursachte eines der schweren Beben, die in dieser Zone immer wieder auftreten, den Untergang dieser Schwester oder Rivalin von Poliochni. Lange Risse in den Platten, mit denen die Hauptstraße gepflastert war, Mauern, die alle nach derselben Seite umgestürzt sind und nicht zuletzt die erstaunliche Erhaltung der Bauwerke sprechen mehr für ein plötzliches Ende als für langsamen Verfall.«

Ob Poliochni und die lemnische Stadt im Meer Opfer von Naturkatastrophen wurden, bleibt bis heute ungewiß. Tatsache ist, daß sowohl Poliochni als auch Troja I sowie das neuentdeckte Troja 0 von großen Bränden heimgesucht wurden, allerdings ohne dadurch unterzugehen. Umstritten dagegen bleibt, ob die Brände durch eindringende Feinde – durch Eroberer – gelegt wurden oder ob sie aus Unachtsamkeit in der Stadt selbst entstanden sind. Die Gleichzeitigkeit der Brandkatastrophen macht feindliche Einwirkung wahrscheinlicher. Als ihren möglichen Ausgangspunkt nennt Sibylle von Reden das ferne Thrakien. Darüber wird noch zu sprechen sein.

Zunächst aber wollen wir uns dem auf Troja I folgenden, um 2300 v. Chr. errichteten Troja II zuwenden. Schliemann, der es teilweise entdeckt und dabei seinen »Schatz des Priamos« gefunden hat, hielt es für das Troja Homers. Heute wissen wir, daß es über tausend Jahre älter ist.

Troja II war nicht wesentlich größer als Troja I. Es erreichte im Laufe seines zweihundertjährigen Bestehens eine Ausdehnung von achttausend Quadratmetern. Die Befestigungsanlagen wurden mehrfach verändert, erweitert und verstärkt. Das deutet auf andauernde militärische Bedrohung hin. Im Zentrum der Burg, die offensichtlich ein Herrensitz war, finden wir Reste von Megaronbauten repräsentativen Charakters.

Neu in Troja II sind Funde einer auf der Töpferscheibe gefertigten Keramik. Die Töpferscheibe war in Inneranatolien, wie wir gesehen haben, längst bekannt und darf im frühen Troja als Beweis für seine lebhaften Handelsbeziehungen gelten.

Es gibt auch eine Reihe neuer Gefäßformen, die in Troja II zum erstenmal an der anatolischen Westküste auftauchen. Dazu gehören die menschliche Gesichter darstellenden Vasen, die uns schon sehr viel früher an zentralanatolischen Plätzen begegnet sind, ferner die elegant geschwungenen zweihenkeligen Becher, die lange als eine Spezialität Trojas galten. Inzwischen legen frühere Funde dieser Form im Gebiet von Islahiye, weit im Südosten Anatoliens, den Gedanken nahe, daß es sich auch hier um Importe oder doch Nachschöpfungen handelt.

Das Bemerkenswerte an der Kultur von Troja II ist die Kunstfertigkeit des Metallgusses und der Metallbearbeitung, von der Schliemanns ursprünglich zu spät datierter Schatz und viele weitere Funde aus dieser Frühzeit zeugen.

Leider hat man im Gegensatz zu Alaça Hüyük weder für Troja I noch für Troja II die Nekropolen entdeckt, die irgendwo unterhalb der Mauern, womöglich in inzwischen überflutetem Gebiet, zu suchen sind. Damit fehlt ein wesentlicher Teil des Kulturbestands dieser wichtigen anatolischen Küstenstädte. Kann man doch auch hier, denkt man an die Grabfunde von Alaça Hüyük, mit reichen, bedeutenden Grabbeigaben rechnen.

Zwischen 2200 und 2100 v. Chr. scheint Troja II, so wie schon Troja I, durch Feuer untergegangen zu sein. Feindeinwirkungen sind wahrscheinlich, obwohl wir sie nicht einwandfrei nachweisen können. Der baldige Wiederaufbau zeigt zunächst wenige Veränderungen in Architektur und Keramik, so daß man wohl davon ausgehen kann, daß die alten Beherrscher des Hügels auch die neue Stadt errichtet haben. Doch sie war, wie auch ihre Nachfolgerinnen, längst nicht mehr so prächtig wie Troja II.

Die ausgegrabenen Reste zeugen von Machtverlust und damit verbundenem kulturellem Rückgang. An die Stelle prächtiger Megaronbauten, die der Machtentfaltung eines Herrschers den angemessenen Rahmen geboten hatten, traten bescheidene Häuser, die schmale Gäßchen säumten. Vielleicht hatte sich eine nach schweren Kämpfen und anschließender Eroberung verbliebene Restbevölkerung hier notdürftig eingerichtet.

Erst nach 1900 v. Chr. ist die Stadt – das Troja VI der Archäologen – noch einmal prachtvoll aufgebaut worden. Wer seine Neubegründer waren, können wir nicht sagen. Wahrscheinlich waren es Eindringlinge aus dem Norden. Auf alle Fälle hatte sich seit Troja II und seinem Untergang in Anatolien und an der kleinasiatischen Küste vieles verändert. Doch obwohl wir zeitlich bei unseren Betrachtungen ein großes Stück vorangekommen sind, können wir auch über diese Phase noch nicht zusammenhängend und mit absoluter Zuverlässigkeit berichten. Vieles bleibt Spekulation, und selbst der Trojanische Krieg, der nach Homer und seinen gläubigen Adepten das Schicksal dieses letzten vorgeschichtlichen Troja um 1250 v. Chr. besiegelt haben soll, ist trotz oder gerade wegen der exakten Ausgrabung der Stadt in den entsprechenden Schichten historisch nicht nachweisbar.

Doch wie immer wir Troja und seine Geschichte, die auch weiterhin viele Rätsel aufgibt, einschätzen mögen, gewiß ist, daß es sich bei dieser Stadt über zwei, vielleicht sogar drei Jahrtausende hinweg um einen wichtigen Angelpunkt anatolisch-ägäischer Beziehungen gehandelt hat.

Troja ist ein Platz, der die ost-westliche Kulturdrift verdeutlicht wie kaum ein zweiter, der aber auch etwas von den Gegenbewegungen aus dem Norden und dem Osten spürbar macht, so wenig wir darüber bis heute sagen können.

GEGENBEWEGUNGEN – ASSYRISCHE HANDELSNIEDERLASSUNGEN IM VORDEREN ORIENT

Bis zum Beginn des zweiten vorchristlichen Jahrtausends sehen wir in Anatolien – im Gegensatz zu Ägypten und Mesopotamien – keinen Ansatz zu einer echten Staatenbildung. Die bestehenden Fürstentümer sind Kleinterritorien mit einer Stadt im Mittelpunkt. Man kann sie äußerstenfalls als Stadtstaaten bezeichnen. Wie weit ihr Einfluß jeweils ins Land reichte, vermögen wir in den meisten Fällen nicht zu sagen. Ihre Bedeutung können wir ausschließlich aus den Gebäuderesten, den Gräbern und den zahlreichen Einzelfunden erschließen, die Ausgrabungen zutage gefördert haben. Dabei ist eine Stadt wie Troja, an der nach Schliemann, Dörpfeld und Blegen nun Korfmann und sein Team umfassende Kleinarbeit bis in den letzten Winkel geleistet haben, die Ausnahme. In vielen Fällen führt der Zufall zur Entdeckung. Und oft wurde die Ausgrabung, wie in Çatal Hüyük, nicht abgeschlossen. So bleibt das prähistorische Bild ein Fragment mit vielen leeren Stellen, von denen wir nicht wissen, was sie morgen zeigen werden.

Auch über die Menschen, die in diesen Städten gelebt haben, wissen wir nicht mehr als das, was ihrer Hände Fleiß in Bruchstücken hinterlassen hat. Die aber sagen weder etwas über ihre Herkunft, ihre Volkszugehörigkeit, ihr Aussehen noch etwas über ihre Sprache aus. Von der erfahren wir erst durch die ältesten Schrifttafeln, die, wie in Mesopotamien und Ägypten, auch in Anatolien mit Hieroglyphen und Keilschriftzeichen bedeckt sind. Seit ihrer Entzifferung zu Anfang unseres Jahrhunderts wissen wir, daß sie in verschiedenen Sprachen verfaßt sind.

Die Wissenschaft unterscheidet heute für das zweite vorchristliche Jahrtausend fünf zum Teil indoeuropäisch beeinflußte Hauptsprachen für das anatolische Gebiet, die ihrerseits wahrscheinlich eine Reihe von Dialekten ausgebildet haben. Eine dieser Sprachen, das Nesische, ist rein indoeuropäisch und wird heute allgemein als Hethitisch bezeichnet, obwohl sich das Wort Hethitisch von Hattisch herleitet. Dieses meint eine nicht-indoeuropäische Altsprache Anatoliens, die von den damals in weiten Teilen des Landes lebenden Hattiern gesprochen wurde. Damit wird der Volksname des ersten indoeuropäischen Volkes auf anatolischem Boden – der Hethiter – sprachlich zu einer Verschleierung ihres Ursprungs und ihrer Herkunft. Nach ihrem Namen müßten sie ein Teil der Ureinwohner Anatoliens sein, was sie aber gewiß nicht waren. Sie sind, folgt man ihrer Selbstbenennung, Nesier, und sie sprachen Nesisch. Ihrer Sprache begegnen wir als einziger anatolischer Sprache auf den Keilschrifttafeln.

Mit guten Gründen verzichtet die Wissenschaft trotz dieser Erkenntnisse auf eine korrigierende Umbenennung des Volkes, mit dem in Anatolien schriftlich dokumentierte Geschichte beginnt. Sie bleibt bei der geläufigen Bezeichnung Hethiter, obwohl inzwischen allgemein anerkannt ist, daß es sich bei diesem Volk um die Nesier handelt.

Wir sehen daran, wie schwer selbst in der nun durch schriftliche Dokumente belegten Zeit Geschichte einwandfrei und auch sprachlich zuverlässig darzustellen ist.

Über die Herkunft der zu Beginn des zweiten Jahrtausends v. Chr. in Anatolien auftretenden Hethiter oder Nesier ist viel gerätselt worden. Sie gelten als das erste indoeuropäische Volk im Vorderen Orient. Die Vorstellung, es habe sich bei ihrem Eindringen um einen kriegerischen Einbruch indoeuropäischer Stämme in den vorderasiatischen Raum gehandelt, ist mit Sicherheit genauso falsch wie die noch immer weitverbreitete Meinung, sie seien aus Europa gekommen.

Nach heutigem Wissensstand dürfen wir davon ausgehen, daß sie wahrscheinlich bereits im dritten vorchristlichen Jahrtausend in kleinen Gruppen von Norden oder Nordosten her, auf alle Fälle aber aus asiatischen Territorien nach Anatolien einsikkerten. Ob Teilverbände schon damals als Eroberer auftraten, ist zweifelhaft. Dokumentiert jedenfalls sind kriegerische Aktivitäten erst im achtzehnten Jahrhundert, und auch die noch nicht in nesisch-hethitischer, sondern vielmehr in assyrischer Schrift.

Damit treffen wir auf ein weiteres Fremdvolk in Anatolien, auf die Assyrer. Und das im Zentrum des Landes – in Kappadokien. Dort haben am Kültepe, achtzehn Kilometer nordöstlich von Kayseri, türkische Archäologen unter Leitung von Tahsin Özgüç ab 1948 die Stadt Kaniş ausgegraben, in deren Ruinen sie Tausende von Tontafeln mit assyrischer Keilschrift fanden.

Tafeln dieser Art waren schon seit 1881 bekannt, ohne daß ihre genaue Herkunft von den Einheimischen preisgegeben wurde. Türkische Händler bezeichneten sie als »Kappadokische Tafeln«. Seit 1893 wurde der Kültepe als Ursprungsort der geheimnisvollen, unlesbaren Schriftzeugnisse aus Ton vermutet, die inzwischen in großer Zahl an Sammler und Museen in aller Welt gelangt waren. Erste Grabungen am Kültepe blieben jedoch ohne Erfolg. Aber der Strom der Funde und ihres geschickt gesteuerten Vertriebs versiegte nicht.

1925 machte der durch die Entzifferung der hethitischen Keilschrift berühmt gewordene tschechische Archäologe Bedřich Hrozný einen neuen Grabungsversuch am Kültepe. Dabei erfuhr er von einheimischen Helfern, daß die Tafeln nicht von dem Hügel, sondern von Feldern in der Nähe stammten. Hrozný ging der vagen Auskunft nach und hatte auf Anhieb Erfolg. Fast tausend Tafeln konnte er bergen, durch die der Herkunftsort aller vorher über die Welt verstreuten Schriftfunde aus diesem Gebiet einwandfrei geklärt war. Hrozný war leider nicht in der Lage, die wichtigen Ausgrabungen fortzusetzen.

Es verging ein Vierteljahrhundert, bis die Türkische Historische Gesellschaft eine Wiederaufnahme und Systematisierung der Grabungen ermöglichte. Dabei konnten noch Tausende von Tafeln geborgen werden. Die Erde gab nun auch das Geheimnis preis, das sich hinter den in Ton geritzten assyrischen Schriftzeichen hier in Kappadokien verbarg, tausendfünfhundert Kilometer vom nordmesopotamischen Assur entfernt.

Der Hügel von Kültepe enthüllte sich als einer der zahlreichen anatolischen Fürstensitze mit Regierungs- und Wohnbezirk, der im Laufe mehrerer Jahrhunderte in vier übereinanderliegenden Schichten Zeugnis von der Kontinuität eines lokalen Herrensitzes ablegt. Doch nordwestlich davon ergrub man in der Ebene eine weitere Siedlung, die zeitlich zur dritten Schicht von Kültepe gehört und die sich als ein Wohn- und Handelsplatz aus dem Anfang des zweiten vorchristlichen Jahrtausends entpuppte. Seinen Namen Kaniş kennen wir von den assyrischen Tontafeln.

Es handelt sich hier um einen jener Karums – der akkadische Name für Hafen, Basar, Handelsniederlassung –, die um die Wende zum zweiten Jahrtausend vor Christus vielerorts im Vorderen Orient als internationale Warenumschlagplätze und Basarstädte entstanden sind. Sie wurden von assyrischen Kaufleuten im Auftrage ihres Herrschers im fernen mesopotamischen Assur begründet und betrieben. So verstehen wir auch die assyrischen Tontafeln in Kaniş, von denen die meisten als Handelspapiere, Bestellungen, Inventare, Rechnungen und Schuldbriefe entziffert wurden. Dabei stellen wir mit Erstaunen fest, daß Zinsen bis zu fünfunddreißig Prozent damals keine Seltenheit waren. Das erklärt zugleich den Umfang und die wirtschaftliche Machtstellung der assyrischen Karums im Vorderen Orient.

Die kaufmännischen Niederschriften in Ton, die wir in so reicher Zahl besitzen, geben nicht nur Aufschluß über die Weiträumigkeit der damaligen Handelsbeziehungen. Sie verraten uns auch viele Einzelheiten über die Abwicklung des Warenverkehrs und die Erzeugnisse, die über oft unvorstellbare Strecken vom Hersteller zum Verbraucher transportiert wurden.

Offenbar lag ein großer Teil des Handels in den Händen der Assyrer; er wurde von ihrem König und seinen Beamten geleitet. Die Gewinne flossen zweifellos zu einem großen Teil nach Assur. Trotzdem lassen die Ausgrabungen von Kaniş und anderen Basarplätzen vermuten, daß auch die dort ansässigen assyrischen Kaufherren nicht schlecht gelebt haben. Obwohl sie ihrem König untertan waren, verfügten sie über beträchtliche Freiheiten. Der naheliegende Gedanke, daß sie in Anatolien hoheitliche Funktionen ihres Herrschers ausübten, scheint jedoch nicht zuzutreffen. Denn die Importe aus Assur gingen, wie es in den Aufzeichnungen heißt, durch den Palast. Dort wurde ein Zoll in Form von Waren erhoben. Außerdem hatte der lokale Fürst eine Art Vorkaufsrecht auf die Importe. Das gleiche gilt für die Ausfuhr, die ebenfalls mit einem Zoll belegt war. Das deutet auf wohlwollende Duldung des Handels und bestimmte, damit verbundene assyrische Privilegien, nicht aber auf politische oder wirtschaftliche Abhängigkeit der Einheimischen hin.

Doch wir sehen, daß zwischen Assur und dem vorderasiatischen Raum um 2000 v. Chr. ein reger Karawanenverkehr mit Eseln stattgefunden hat, wie uns die Tontafeln verraten, der all die damals bedeutenden Städte Syriens und Anatoliens, wohl bis hin zur Küste des Schwarzen Meeres und zur Mittelmeerküste, einschloß.

Handelsobjekte waren neben Keramik, Rollsiegeln, Edelsteinen und Stoffen vor allem Metalle und Metallwaren. Blei und Zinn kamen aus Mesopotamien nach Anatolien. Kupfer dagegen wurde nach Assur exportiert.

Gold und Silber erlangten zu jener Zeit bereits eine Art Währungscharakter. Der Preis großer Warenmengen wurde in Gold nach Gewicht berechnet. Das Wertverhältnis zwischen Gold und Silber war stabil und belief sich etwa auf das Verhältnis eins zu acht. Ein weiteres Metall, das als Amutum bezeichnet, aber nicht näher definiert wird, gilt als das kostbarste Gut jener Zeit. Es ist fünfmal teurer als Gold und könnte das erste Eisen gewesen sein, das man jetzt mühevoll aus dem Erz zu schmelzen verstand.

Wir dürfen davon ausgehen, daß diese Zeit der assyrischen Handelskolonien, die man auch als Karum-Zeit bezeichnet, verhältnismäßig friedlich war und den Völkern des Vorderen Orients Wohlstand und ein ruhiges Leben bescherte.

Von Kaniş wissen wir aus den Aufzeichnungen, daß die dort ansässigen Assyrer einheimische Frauen heirateten und sich den örtlichen Bräuchen weitgehend fügten. Nur ihre Toten brachten sie, wie wir lesen, nach Assur, wo sie, entsprechend assyrischem Ahnenglauben, in den Familiengrüften beigesetzt wurden.

Offenbar bestand ein regelmäßiger Karawanenverkehr zwischen Assur und dem ganzen Vorderen Orient, der über Jahrhunderte kaum wesentlich durch Krieg oder Aufstände gestört worden ist. Nachrichten von auftretenden Räuberbanden, die in kleineren Städten zuweilen sogar den Tempel – neben dem sicher gut geschützten Palast ein Zentrum des Reichtums – plünderten, sind selten. Von Überfällen auf Karawanen lesen wir nichts. Sicher haben auch die ägäischen Verbindungen der anatolischen Städte, unter denen damals neben Troja und Alaça Hüyük vor allem das halbwegs zwischen Kaniş und der Mittelmeerküste gelegene Beycesultan eine bedeutende Rolle spielte, von diesen friedlichen Verhältnissen profitiert.

So wie entlang der zweitausend Jahre später entstandenen Handelsstraße zwischen China und Rom – der Seidenstraße – nicht nur Warenaustausch, sondern auch Ideentransfer stattfand, geschah es auch hier. Allerdings war es nun nicht mehr der einseitige kulturelle Einfluß Anatoliens auf die Ägäis und das südöstliche Europa, sondern es kamen auch Anregungen von dort zurück und wirkten sich in Form und Dekor der Keramik wie der immer größere Bedeutung erlangenden Metallerzeugnisse aus.

Ein allmählicher Kulturwandel bahnte sich an, der sich auch im religiösen Bereich auswirkte. Die Göttervorstellungen wie auch die Götterdarstellung und die Verehrungsformen veränderten sich vor allem in ihrem äußeren Erscheinungsbild. Wir können uns diese Entwicklung wohl gar nicht weiträumig genug vorstellen. Denn Mobilität von Volks- und Berufsgruppen wie von einzelnen hat damals offenbar eine genauso große Rolle gespielt wie heute.

Interessant sind in diesem Zusammenhang die Wandlungen der angestammten anatolischen Religion. Durch die Völkerdynamik, die wir gegen Ende des dritten vorchristlichen Jahrtausends im gesamten Vorderen Orient beobachten können, kam es offenbar zur Verbreitung von religiösen Vorstellungen und Kulten, die das alte religiöse Weltbild Anatoliens wenn nicht verdrängten, so doch stark veränderten.

So wie in Mesopotamien und Syrien bildete sich nun auch in Kleinasien ein mehr und mehr personifiziertes Götterbild in vielen Erscheinungen aus. Es entstand ein Pantheon, das schließlich in der Tausend-Götter-Welt der Hethiter gipfelte. Dabei beobachten wir allerdings auffallende Unterschiede zwischen den hattischen und den späteren hethitischen Göttern und ihren Funktionen.

Auch hier gestatten uns die assyrischen Tontafeln von Kaniş einen aufschlußreichen Einblick. Er deutet auf Spezialisierung und damit verbundene Personifizierung der Gottheiten hin. Trotzdem scheint sich zu jener Zeit an der religiösen Grundhaltung der Menschen noch nicht allzuviel geändert zu haben.

Auffällig am Pantheon von Kaniş ist die Tatsache, daß im wesentlichen weibliche Gottheiten erwähnt werden, obwohl wir aus der assyrischen Religion vor allem männliche Götter kennen. Es scheint also, daß der ursprünglich über den ganzen Vorderen Orient verbreitete Kult der Großen Mutter hier eine klare, wenn auch sehr differenzierte Fortsetzung gefunden hat.

Betrachten wir die Bedeutung der einzelnen Göttinnen von Kaniş, so weist sie auf ein Wirken im Sinne von Fruchtbarkeit, Gesundheit und Frieden hin. Wir lesen von der Schutzgöttin des Landes, von der Beschützerin der Gärten, von der Berggöttin, der Flußgöttin und der Bienenmutter. Dabei begegnen wir in der Göttin Inara, die auf dem Berg Schunara thront und in weiten Teilen Anatoliens verehrt wird, der Beschützerin der Tiere wieder, die wir schon fünftausend Jahre zuvor in Çatal Hüyük kennengelernt haben. So beständig waren Götterglaube und Kult in dieser frühen Welt, trotz aller politischer, kultureller und wirtschaftlicher Wandlungen.

In Inara erkennen wir aber nicht nur eine späte Erscheinung der Großen Mutter, sondern zugleich die Ahnin der Artemis, der wir mehr als tausend Jahre später im gleichen Raum, wenn auch unter ganz anderen Bedingungen, begegnen werden.

Deshalb kann es nicht verwundern, daß wir bis etwa 2000 v. Chr. in weiten Teilen Anatoliens den Frieden erhaltenden, Gewalttaten mindernden Glauben an die kosmische Kraft und den segenspendenden Einfluß der Großen Mutter wirksam finden. Die Frau als Göttin hat hier offensichtlich länger als in Mesopotamien und Syrien eine Lebensform erhalten helfen, die wir als menschenwürdig bezeichnen dürfen und deren positive Kräfte damals bis weit nach Europa ausgestrahlt haben.

Wie stark die Position weiblicher Gottheiten auch nach der Machtübernahme durch indoeuropäische Herrscher in Anatolien zunächst noch war, zeigt der Text eines althethitischen Königsrituals, der uns überliefert ist. Es geht um die Ansprache eines frühen Königs von Hattuşa an die hattische Throngöttin Hanwaschuit, die hier wohl als Vertreterin der Großen Mutter am Königsthron zu sehen ist – weniger Beschützerin des Herrschers als Wahrerin der Tradition.

Zu ihr, der Göttin Hanwaschuit, spricht der König: »Komm, laß uns zum Gebirge gehen. Stehe du hinter den Bergen, zu meinen Leuten sollst du nicht gehen, zu meiner Verwandten sollst du nicht werden. Werde aber meine Freundin. Komm, wir wollen zum Gebirge gehen, und ich, der König, werde dir eine Schüssel geben, und wir werden gemeinsam aus der Schüssel essen. Du schütze das Gebirge. Mir aber, dem König, haben die Götter – Sonnengöttin und Wettergott – das Land und meinen Palast übergeben. Und ich, der König, schütze mein Land und den Palast. Du komme nicht in mein Haus, so wie ich nicht in dein Haus komme.«

Hier ist nicht mehr, wie in Mesopotamien, Syrien und dem alten Anatolien, die Rede von Gemeinsamkeit und Heiliger Hochzeit. Hier werden die Grenzen zwischen Göttin und König klar abgesteckt. Am Schluß des Textes beruft sich der König ausdrücklich auf den Wettergott, die mächtigste männliche Gestalt der Hethiter, den er seinen Vater nennt. Die Macht der Göttin soll in Zukunft auf die Berge im Norden – auf das Pontische Gebirge – beschränkt sein, während der König mit Unterstützung der männlichen Gottheiten künftig das fruchtbare Gebiet von Hattuşa ohne Mitspracherecht der Göttin, ohne das Walten der Großen Mutter beherrschen will. Hier deutet sich im religiösen Bereich schon früh etwas an, was bald auch politisch relevant werden sollte: die Verdrängung der mütterlichen Beschützerin aller Kreatur und die Machtergreifung des herrschsüchtigen Mannes. Die praktischen Folgen solchen Denkens zeigten sich schneller, als man glauben mochte.

28 Eingang zur Johannes-Basilika
in Ephesos.

29 Die rekonstruierte Celsus-Bibliothek
in Ephesos.

30 *Rechts*: Statue der Aphrodite aus Ephesos.

31 *Folgende Seite oben*: Göttinnen im Museum von Ephesos.

32–33 *Folgende Seite unten*: Zwei der berühmtesten Artemis-Statuen im Museum von Ephesos, deren ikonographische Deutung immer noch umstritten ist.

34 Marmorstatuette eines Harfenspielers von den Kykladen.

35–36 *Oben* und *links*: Goldene Totenmasken mykenischer Fürsten aus dem Grab IV der Burg von Mykene.

37–39 Frühe Ausgrabungsstätte auf der kleinen Kykladen-Insel Saliagos.

40 *Unten*: Tonfigur einer frühen Muttergottheit von der Kykladen-Insel Saliagos – Original mit Umzeichnung.

41 *Rechts*: Typische flachgeformte Marmorfiguren des dritten vorchristlichen Jahrtausends von den Kykladen.

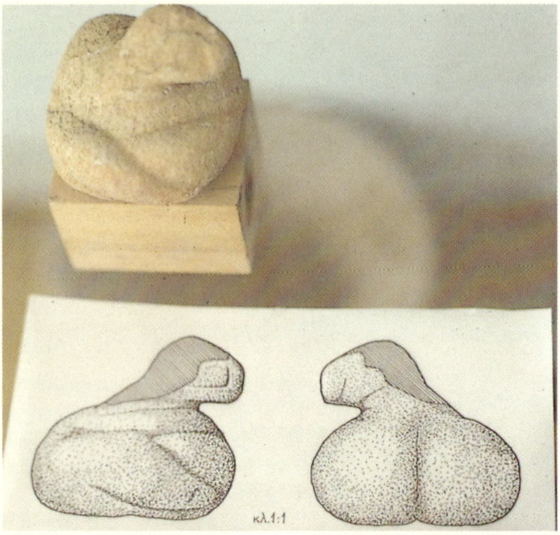

42 *Rechts*: Tongefäß mit abstrakten Einritzungen aus dem dritten vorchristlichen Jahrtausend. (Foto: Nicholas P. Goulandris Foundation, Museum of Cycladic and Ancient Greek Art, Athen)

43–44 *Links* und *oben*: Stilisierte Marmorstatuetten von Muttergottheiten der Kykladen-Inseln aus dem dritten vorchristlichen Jahrtausend. (Fotos: Nicholas P. Goulandris Foundation, Museum of Cycladic and Ancient Greek Art, Athen)

45 *Links*: Marmorstatuette eines Jägers von den Kykladen-Inseln aus dem dritten vorchristlichen Jahrtausend. (Foto: Nicholas P. Goulandris Foundation, Museum of Cycladic and Ancient Greek Art, Athen)

46 *Oben*: Sitzfigur mit Trinkgefäß von den Kykladen. (Foto: Nicholas P. Goulandris Foundation, Museum of Cycladic and Ancient Greek Art, Athen)

47 *Oben links*: Stilisierte Flachfigur aus Marmor – sogenannter Violinentyp – von den Kykladen, ungefähr 3200 bis 2800 v. Chr. (Foto: Nicholas P. Goulandris Foundation, Museum of Cycladic and Ancient Greek Art, Athen)

48 *Unten links*: Marmorkopf von den Kykladen, um 2800 bis 2300 v. Chr. (Foto: Nicholas P. Goulandris Foundation, Museum of Cycladic and Ancient Greek Art, Athen)

49 *Oben*: Mutterstatuette von den Kykladen, drittes vorchristliches Jahrtausend. (Foto: Nicholas P. Goulandris Foundation, Museum of Cycladic and Ancient Greek Art, Athen)

50 *Folgende Doppelseite*: Sonnenuntergang auf den Kykladen.

51 Tor eines Apollotempels auf der Insel Naxos.

DIE HETHITER GRÜNDEN DAS ERSTE GROSSREICH IN ANATOLIEN

Das weithin friedliche, von »internationalen« Beziehungen und Kulturaustausch beherrschte Leben fand um 1850 v. Chr. für den inneranatolischen Bereich, vor allem für Kültepe und Kaniş, ein plötzliches Ende. Der Herrschersitz von Kültepe hatte in dem vorangegangenen Jahrhundert durch den Karum Kaniş und seine assyrischen Repräsentanten überregionale Bedeutung für Kappadokien, ja wohl für das ganze zentrale Anatolien erlangt. Denn Kaniş war der administrative Mittelpunkt des assyrischen Westhandels und spielte darum nicht nur eine ständig wachsende wirtschaftliche, sondern auch eine große politische Rolle. Davon profitierten natürlich vor allem der auf dem Kültepe residierende Stadtfürst und die anatolische Bevölkerung seines Einflußgebiets.

So war in Kappadokien ein Machtzentrum entstanden, das auf die anderen Stadtfürsten offenbar eine große Faszination ausübte, bei ihnen zweifellos aber auch Neid erregte. Dadurch wurde der anatolisch-assyrische Handelsplatz Kültepe-Kaniş mehr und mehr zu einem Anziehungspunkt für die Umwelt. Der Ruf seines Reichtums drang weit ins Land und erreichte auch jene Städte, die erst vor verhältnismäßig kurzer Zeit – wohl um 2000 v. Chr. – von den aus Nordosten eingedrungenen Volksgruppen gegründet oder doch übernommen worden waren. In diesen Völkerschaften erkennen wir einen Teil jener Einwanderer aus den von Trockenheit heimgesuchten Kurgangebieten nordöstlich des Schwarzen Meeres wieder, die nun schon seit etwa drei Generationen in verschiedenen Teilen Anatoliens ansässig waren.

In Kuschschar, einer Stadt, die wir bis heute nicht lokalisieren können, hatte ein Führer jener Neusiedler politische Macht erlangt und sich – wir wissen nicht wie – des Thrones der Stadt bemächtigt. Sein Name war Pitchana. Die unter seine Herrschaft geratene Stadt Kuschschar wird in einem späteren hethitischen Keilschrifttext als Ausgangspunkt hethitischer Expansion in Anatolien genannt.

König Pitchana war es, der ausweislich dieses Textes in der Mitte des neunzehnten vorchristlichen Jahrhunderts – möglicherweise auch später – die Stadt Kaniş und den Kültepe in nächtlicher Aktion überfiel und einnahm. Der König von Kaniş wurde gefangengenommen, den Einwohnern der Stadt sowie den assyrischen Kaufleuten jedoch kein Haar gekrümmt, will man dem hethitischen Text glauben.

Wie immer man dieses über Jahrhunderte mehrfach in Keilschrift kopierte Zeugnis für das erste belegte kriegerische Auftreten von Hethitern werten will, unbestreitbar weist es auf einen frühesten Akt hethitischer Machtentfaltung in Anatolien hin. Es scheint, daß diese Kraftprobe eines bis dahin unbekannten Stadtfürsten, der zudem als Eindringling gelten mußte, unter den Herrschern der anatolischen Städte Unruhe hervorrief und den Gedanken an eigene militärische Aktivitäten gegen die Fremden wach werden ließ. Auf alle Fälle war eine lange Phase des friedlichen Nebeneinanders und Miteinanders der verschiedenen Bevölkerungsgruppen beendet.

Folgen wir dem hethitischen Text, der von der Eroberung Kaniş' berichtet, so finden wir dort anstelle der uns geläufigen Stadtbezeichnung Kaniş den Namen Nesa. Wir wissen nicht, ob die Hethiter, die sich selbst Nesier nannten, die Umbenennung nach der Eroberung vorgenommen haben. Auf alle Fälle ist die Identität von Kaniş und Nesa durch Keilschrifttafeln aus der späteren hethitischen Hauptstadt Hattuşa belegt.

Die Frühgeschichte der Hethiter bleibt auch weiterhin mit der Stadt Kaniş verbunden. Denn ihre Eroberung ruft einen Gegner auf den Plan, der mit Kaniş eng liiert gewesen sein muß. Es ist der König Uchna von Zalpa, einer Stadt am Schwarzen Meer, die schon früh durch die Kontrolle der Erzvorkommen im

Pontischen Gebirge Bedeutung erlangt hatte. Uchna gelingt es, Kaniş und den Kültepe zu erobern. Im Triumph führt er die im Tempel der Stadt aufgestellte Statue der höchsten hethitischen Gottheit, des Lichtgottes Siusch, nach Zalpa.

Dieser Schlag gegen die Hethiter scheint jedoch nicht nachhaltig gewesen zu sein. Unter König Anitta, dem Sohn und Nachfolger Pitchanas, dem wir die Aufzeichnung der Eroberung Kaniş' durch seinen Vater verdanken, wurde Kaniş schon bald wieder zurückgewonnen. Anitta eroberte auch die umliegenden Städte und holte schließlich zum Schlag gegen Zalpa aus, dessen auf Uchna gefolgten König Huzziya er gefangennahm. Das heilige Götterbild des Siusch führte er nach Kaniş zurück.

Sein Angriff gegen die nördlich von Kaniş gelegene mächtige Stadt Hattuşa, die ebenfalls ein assyrisches Handelszentrum besaß, scheiterte aber. Auch im zweiten Anlauf konnte Anitta die stark befestigte Stadt nicht einnehmen. Doch Anitta zeigte sich fest entschlossen, in Zentralanatolien keinen Herrscher neben sich zu dulden.

Die Idee des Hethitischen Reiches war damit geboren. Es folgte eine Reihe harter kriegerischer Jahre, die dem Land und seinen Menschen viel Unheil brachten. Nach langer Belagerung mußte auch die vom Hunger gequälte, demoralisierte Bevölkerung Hattuşas kapitulieren. Anitta hatte sein Ziel erreicht. Doch anders als sein Vater Pitchana zeigte er sich als ein erbarmungsloser, grausamer Sieger, besonders in Hattuşa, das ihm so lange Widerstand geleistet hatte. Er vernichtete die Bevölkerung und ließ in der Stadt keinen Stein auf dem anderen. Um eine Wiederbesiedelung zu verhindern, belegte er das Gebiet von Hattuşa mit einem Fluch und ließ auf seinem Gelände Unkraut säen. Doch der königliche Fluch verhinderte nicht, daß Hattuşa schon bald als hethitische Siedlung neu erstand und schließlich sogar Hauptstadt des aufblühenden Hethiterreiches wurde.

Die militärischen Erfolge der Hethiter, die vor allem auf den Einsatz von Streitwagen zurückzuführen sind, und der Ausbau eines ersten Großreiches auf anatolischem Boden dürfen allerdings nicht darüber hinwegtäuschen, daß die einheimische Bevölkerung den Eroberern kulturell weit überlegen war, obwohl sie noch keine Schrift besaß.

Auch die Hethiter hatten ihre Keilschrift nicht selbst entwikkelt, sondern von den Babyloniern übernommen. Wie in diesem Fall zeigten sie sich auch bei der Übernahme anatolischer Fertigkeiten in Landwirtschaft, Handwerk, Architektur und Kunst äußerst geschickt. Dabei ist nicht auszuschließen, daß sie sich zumindest in der Anfangsphase ihres kulturellen Aufstiegs einheimischer Künstler und Handwerker bedienten. Erstaunlich bleibt, wie schnell sie einen eigenen repräsentativen, dabei äußerst sensiblen Stil entwickelt haben.

Hattuşa war für Jahrhunderte das Symbol dieser Symbiose von Machtpräsentation und Kulturwillen. Ihre Ruinenstätte ist es noch heute. Sie strahlt in weitem Umfeld den Geist einer politischen Überlegenheit aus, der zugleich den Willen zeigt zu einer Konzentration und Steigerung der im Land gegebenen und aus hethitischer Sicht zu erreichenden Ausdrucksfülle.

Seitdem wir wissen, daß die frühe Eroberung Zalpas durch die Hethiter die Macht des jungen Volkes bis ans Schwarze Meer ausdehnte, während sie im Süden bis nach Kappadokien reichte, erkennen wir die Klugheit ihrer ältesten Herrscher besonders in der Wahl der geographischen Lage ihrer Hauptstadt. Hattuşa war und blieb für lange Zeit, mit nur einer durch Angriffe aus dem Norden bedingten Unterbrechung, das Zentrum ihres Reiches, auch als dieses schon wieder zu zerfallen begann.

Militärisch war die Überlegenheit der Hethiter auf den wohl aus Syrien übernommenen, später auch gegen Syrien erfolgreich eingesetzten zweirädrigen Streitwagen gegründet. Doch unabhängig von diesem kriegstechnischen Faktor war es die auf Kampf und Eroberung ausgerichtete Grundeinstellung der Hethiter, die nun für Jahrhunderte das Geschick Anatoliens und seiner Menschen bestimmte.

Zwischen der Eroberung Hattuşas durch König Anitta und der Neugründung der Stadt als Hauptstadt des hethitischen Reiches liegen dunkle Jahre, die auch älteste hethitische Keilschrifttexte nicht hinlänglich erhellen. Denn erst hundert Jahre nach dem Ende der assyrischen Handelsbeziehungen und damit auch der assyrischen Texte kamen die ersten hethitischen Schreibversuche in einer für Anatolien ganz neuen, aus Syrien übernommenen babylonischen Schriftform auf.

Der erste hethitische König, der später im sogenannten Telipinu-Erlaß Erwähnung findet, wird als Tabarna bezeichnet. Dieser Name bedeutet soviel wie Herrscher. Wahrscheinlich war er der erste Großkönig der Hethiter, den wir unter dem Namen Hattuşili I. kennen. Die Verbindung zu den Anfängen hethitischer Machtentfaltung stellt die gleichfalls für Tabarna angewandte Bezeichnung »Mann von Kuschschar« her. Denn aus Kuschschar stammte Pitchana, der Kaniş erobert hatte und damit am Anfang dessen steht, was wir heute, aus historischer Sicht, hethitisches Reich und hethitische Geschichte nennen.

Tabarna Hattuşili I. war es, der trotz des Fluches, mit dem Anitta Hattuşa belegt hatte, die Stadt wieder aufbaute und zur Hauptstadt seines Reiches machte. Ob Anitta wirklich ein Vorfahr Hattuşilis war, ist umstritten. Die Bezeichnung »Mann von Kuschschar« könnte ebenso auf die Übernahme ältester hethitischer Ambitionen, wie Machtstreben und militärischer Erfolg, hinweisen. Vielleicht galt sie in diesem Zusammenhang sogar als eine Art Beschwörungs- oder Zauberformel.

Denn Bräuchen solcher Art begegnen wir im hethitischen Bereich immer wieder. Wahrscheinlich ist hier auch der tiefste Grund für die Wahl des Namens zu sehen, den der Tabarna nach dem Wiederaufbau von Hattuşa annahm. Im Vollbewußtsein, damit den Grundstein für die Ausdehnung seiner Macht gelegt zu haben, nannte er sich Hattuşili. Es ist der Name, unter dem er in die Geschichte einging: Hattuşili I. Hier haben wir den Anfang dynastischen Denkens und Verhaltens in Anatolien. Herrschaftspolitik, das hieß nun auch Familienpolitik, mit all ihren positiven, aber auch vielen schrecklichen Folgen.

Vom Ehrgeiz, von militärischen Unternehmungen und vor allem von glanzvollen Siegen spricht ein 1957 in den Ruinen von Hattuşa gefundener Keilschrifttext, der in Hethitisch und Akkadisch von den weiträumigen Eroberungszügen des Großkönigs berichtet. Ziel der hethitischen Angriffe waren vor allem Syrien und Mesopotamien. Dort lagen die Zentren alter, zum Teil längst verfallener, aber immer noch bewunderter Macht.

Haleb, das heutige Aleppo, in Nordsyrien und Babylon reizten den Tatendrang Hattuşilis. Ein vorübergehender Rückschlag konnte die Eroberungslust des Hethiters nicht bremsen. Immer wieder stieß er mit ungebrochenem Kampfgeist nach Südosten vor. Als erster aus dem Westen kommender Herrscher überschritt er den Euphrat, so wie ihn einst Sargon von Akkad in entgegengesetzter Richtung überschritten hatte.

Die Erwähnung dieser historischen Tatsache in Hattuşilis Erfolgsbilanz macht deutlich, woher die Impulse kamen, die den hethitischen König trieben: Er wollte an die Großtaten der Geschichte anknüpfen. Dabei fühlte er sich genauso von den Göttern beauftragt und mit ihrem Schutz versehen wie seine Vorgänger aus dem Osten. Kein Wunder, daß die Götterstatuen in den Tempeln Syriens und Mesopotamiens begehrte Objekte seiner Raublust waren. Denn er glaubte, daß eine Anhäufung von Bildern fremder Gottheiten in den Tempeln seiner Hauptstadt nicht nur den göttlichen Schutz verstärken, sondern auch die hethitische Macht vervielfachen würde. So haben wir hier schon den Ansatz zu jenem Tausend-Götter-Pantheon, das mehr und mehr zum Spiegelbild der Hybris hethitischen Eroberer- und Herrscherdenkens wurde. Offenbar bedurfte Hattuşili auch seinem Volk und besonders seiner zahlreichen Familie gegenüber der Rückendeckung durch die Götter. Diesen fühlte er sich von allen Menschen am nächsten – vielleicht in seiner Vorstellung selbst schon ein Gott.

Kein Wunder, daß sich der Großkönig in seinen Schriften nicht nur mit den Erfolgen seiner Kriegführung, sondern auch mit der ihn peinigenden Frage seiner Nachfolge auseinandersetzte.

Der Text, in dem das geschieht, ist ein erster Beleg des Mißtrauens eines Herrschers gegenüber Mitgliedern seiner eigenen Familie. Darin bezeichnet er die Mutter seines zum Thronerben bestimmten Neffen Labarna als Schlange. So wie vorher schon zwei eigene Söhne, die gegen ihn rebelliert hatten, schloß Hattuşili nun auch den Neffen von der Thronfolge aus und bestimmte einen Adoptivsohn als Nachfolger. Mit dem Hinweis auf die notwendige Erhaltung und Stärkung der Macht setzte er sich mit dieser Entscheidung gegen den Willen und die Intrigen seiner Familie durch.

Als Hattuşili, wollen wir vagen Berichten glauben, auf dem syrischen Schlachtfeld einer Wunde erlag, trat sein Adoptivsohn Murşili um 1600 v. Chr. seine Nachfolge als hethitischer Großkönig an. Er zeigte sich seines Adoptivvaters würdig, eroberte Haleb und bald auch das noch immer vom Nachruhm des großen Königs Hammurapi zehrende Babylon. Damit war der Name der hethitischen Eroberer für immer ins Buch der Expansionsgeschichte dieser Erde eingeschrieben.

Wir dürfen uns den Vorstoß Murşilis bis nach Babylon allerdings nicht als einen Eroberungsfeldzug vorstellen, an dessen Ende die gewaltige territoriale Ausweitung seines Reiches stand, die uns der Weg von Hattuşa zum mittleren Euphrat suggeriert. Es ging um die die Völker erschreckende Präsenz eines Heeres, das die Länder mit Vernichtung überzog. Zerstörte Städte, getötete Menschen säumten Murşilis Weg. In Babylon interessierten ihn vor allem die Götterbilder, die er unter größten Schwierigkeiten nach Hattuşa auf den Weg brachte, bevor er das alte Babylon und seine Tempel zur Plünderung und anschließenden totalen Zerstörung freigab. Doch der Transport der göttlichen Siegestrophäen, mit denen Murşili die Tempel von Hattuşa schmücken wollte, erwies sich schwieriger als gedacht. Wahrscheinlich wurden die schwerfälligen Trägerkolonnen mit den Götterkolossen unterwegs überfallen. Jedenfalls mußte die gewichtige Beute schließlich am Euphrat zurückgelassen werden.

Murşili hatte auf seinem Feldzug als grausamer Eroberer nicht nur die fremden Völker gegen sich aufgebracht, deren Länder er mordend und brandschatzend durchzog. Auch in der eigenen Familie regten sich Neid und Mißgunst, die den Großkönig schließlich zu Fall bringen sollten.

Zidanta, ein Schwiegersohn Murşilis, verschwor sich mit einem Schwager des Königs, dem Mundschenk Hantili, der den König ermordete und dann sein Nachfolger wurde. Was wir in den Keilschrifttexten über die Regierungszeit Hantilis lesen, deutet auf einen Tiefstand des angeschlagenen frühhethitischen Reiches hin. Als Hantili im Sterben lag, ermordete Zidanta, der Mitverschwörer von einst, den Sohn seines Kumpanen und die meisten Mitglieder der Familie Hantilis.

Zidanta trat nun die Thronfolge an, herrschte aber nur kurze Zeit mit, wie es scheint, unglücklicher Hand. Um 1550 – vierzig Jahre nach Beginn der königlichen Mordserie – fiel Zidanta durch die Hand seines Sohnes Ammuna, unter dessen Herrschaft die unterdrückten Völker das Joch der Hethiter weitgehend abschüttelten. Schon sah es so aus, als sei das Ende der für anatolisches Denken unerträglichen Gewaltherrschaft gekommen.

Beim Tode Ammunas wurden zwei seiner Söhne umgebracht, und Huzzija, ein Verwandter des Königs, bestieg den Thron. Doch beim Versuch, seinen Schwager und Rivalen Telipinu, der sich als rechtmäßiger Thronerbe verstand, zu beseitigen, wurde er selbst das Opfer. Telipinu trat seine Nachfolge als König der Hethiter an. Es war kein verlockendes Erbe.

Von einem Hethiterreich konnte längst keine Rede mehr sein. Die syrischen Gebiete waren abgefallen. Der Westen und der Süden Anatoliens hatten sich wieder selbständig gemacht. Telipinus Macht reichte bei seiner Thronbesteigung um 1525 v. Chr. nicht über Hattuşa und seine Umgebung hinaus. Man konnte nur noch einen Stadtfürsten in ihm sehen.

Telipinu erkannte seine schwierige Situation und war offenbar auch in der Lage, sie richtig einzuschätzen. Dabei wurden ihm die Gründe des Reichsverfalls klar, die er nicht, wie seine Vorgänger, bei anderen suchte, sondern im Versagen des Herrscherhauses. Die Mordserie, die mehr als ein halbes Jahrhundert seit Murşilis Tod die Geschicke des hethitischen Reiches verhängnisvoll bestimmt hatte, mußte beendet werden. Das war Telipinus Überzeugung.

Telipinu erwies sich, trotz oder gerade wegen seiner schlechten Ausgangsposition, in vielerlei Hinsicht als ein König, der die meisten seiner Vorgänger überragte. Dabei ist schon sein Name beachtenswert. Er bedeutet soviel wie »starker Sohn« und geht zurück auf den vorhethitischen Vegetationsgott Telipinu, vermutlich eine hethitische Version des mesopotamischen Tammuz. Seine Mutter ist die Erdgöttin Wurunschima, sein Vater der Wettergott Taru.

Der Gott Telipinu war von früher Zeit an in weiten Teilen Anatoliens mit dem sakralen Königtum verbunden, so daß der Name des neuen Königs im Volk, aber auch in der königlichen Familie einen bedeutenden Klang gehabt haben muß. Von nahezu göttlichem Selbstbewußtsein zeugt auch jenes Keilschriftdokument, das den Namen des Königs trägt und als Telipinu-Erlaß zu den wichtigsten Zeugnissen früher hethitischer Geschichte zählt. Es ist ein königliches Edikt, das dem hethitischen Staat eine feste innere Ordnung geben und die Rivalitäten im Königshaus beenden sollte. Dabei wird eine Beschränkung königlicher Machtbefugnisse angestrebt, die unter den absolutistischen Vorgängern Telipinus unvorstellbar gewesen wäre.

Der Erlaß Telipinus besagt, daß Mord im Königshaus der Adelsversammlung zum Urteil übergeben werden soll, wobei diese sogar das Recht erhält, einen zum Mörder gewordenen König hinrichten zu lassen. In diesem Zusammenhang wurde auch die immer wieder strittige Thronfolge neu geordnet. Der jeweils älteste Sohn sollte Nachfolger des Königs werden. Waren keine männlichen Nachkommen des Herrschers vorhanden, konnte das Königsamt auch auf den Mann der ältesten Tochter übertragen werden. Diese Möglichkeit hat Telipinu seinem Erlaß im wohlverstandenen Eigeninteresse eingefügt, da sein Sohn verstorben war und er nur noch eine verheiratete Tochter hatte.

Doch Telipinu versuchte nicht nur eine innere Reform des zusammengeschmolzenen Reiches. Er unternahm auch Feldzüge mit dem Ziel einer erneuten Ausdehnung und Festigung hethitischer Macht. Dabei mußte er feststellen, daß sich weitum neue Machthaber etabliert hatten. So fand er auf dem Weg nach Süden die Kilikische Pforte für seine Truppen versperrt. Hier hatte sich ein Staat gebildet, dem wir in den zeitgenössischen Texten unter dem Namen Kizzuwatna begegnen. Mit dessen König Ischputachschu hat Telipinu in richtiger Einschätzung seiner eigenen militärischen Möglichkeiten eine Art gegenseitigen Anerkennungsvertrag geschlossen. An diesem Beispiel zeigen sich Telipinus staatsmännische Klugheit und sein Abrücken von der bisherigen Vernichtungspolitik der Hethiter, die den Staat an den Rand des Abgrunds gebracht hatte.

Wie lange Telipinu herrschte und welche Erfolge seiner Politik letztendlich beschieden waren, wissen wir nicht. Als Nachfolger wird gemäß dem Telipinu-Erlaß ein König namens Alluwamna genannt, der mit Telipinus Tochter Harapschili verheiratet war. Von ihm und seinen Nachfolgern erfahren wir wenig aus den Keilschrifttexten. Doch scheinen die Hethiter in dieser Zeit ihre Vorstöße nach Südosten wieder aufgenommen zu haben.

Je näher wir der Zeit erneuter hethitischer Machtentfaltung kommen, die im vierzehnten vorchristlichen Jahrhundert ihren Höhepunkt erreichte, um so spärlicher fließen die Quellen der Information. Königsnamen tauchen auf, mit denen sich keine nachweisbaren Aktionen verbinden lassen. Selbst die Abfolge der Herrscher ist noch nicht zu bestimmen. Eines aber fällt auf: Die Frauen dieser in historischem Dunkel stehenden Könige tragen keine hethitischen Namen. Sie kommen aus dem fernen Nordosten Mesopotamiens, wo in der zweiten Hälfte des fünfzehnten Jahrhunderts ein noch immer von vielen Geheimnissen umwitterter Staat – das Reich von Mitanni – entstanden ist. Es war eine Gründung hurritischer Stämme mit einer eigenen hurritischen Sprache. Dieser Sprache aber entstammen die Namen der hethitischen Königinnen nach Harapschili. Ob das auf einen zunehmenden Einfluß dieses noch wenig erforschten Volkes auf die hethitische Führungsspitze schließen läßt, vermögen wir nicht zu sagen.

Gewiß aber ist, daß sich nun, in der Mitte des zweiten vorchristlichen Jahrtausends, eine völlig veränderte Mächtekonstellation im Vorderen Orient herausgebildet hat, in der neben einem angeschlagenen Hethiterreich der neue Hurriterstaat Mitanni im nördlichen Mesopotamien und das schon unter Tuthmosis I. nach Syrien vorgestoßene Ägypten als Machtfaktoren in Erscheinung treten. Hinzu kamen Einbrüche eines Nomadenvolkes aus dem Norden, der Kaschkäer, die wahrscheinlich bis nach Hattuşa vorgedrungen sind und dabei die hethitische Hauptstadt einmal zerstört haben. Offenbar hat sich aber das Kernland der Hethiter von solchen Schlägen immer wieder schnell erholt.

Zu neuen Erfolgen kam das Reich allerdings erst wieder unter dem König Schuppiluliuma, dem es schon als Prinz gelang, die Kaschkäer in die Berge zurückzutreiben und das Kerngebiet des Reiches durch Festungsbauten zu sichern. Wir wissen nicht, ob er der rechtmäßige Thronfolger war; jedenfalls war er der geeignete. Um 1370 v. Chr. kam er in Hattuşa zur Macht.

Im Gegensatz zu den meisten seiner Vorgänger war Schuppiluliuma mehr Diplomat als Krieger. Er verstand es, sich durch geschickt ausgehandelte Verträge mit seinen Nachbarn Rückendeckung für seine Pläne im Nordosten zu schaffen. Dann erst stieß er gegen Mitanni vor und unterwarf, wie sein Sohn schreibt, »alle Hurriländer«. Damit war der Grundstein für das hethitische Großreich gelegt, das nun über hundertfünfzig Jahre unter wechselvollem Schicksal bestehen und nicht nur die politische, sondern auch die kulturelle Entwicklung Anatoliens in dieser Zeit prägen sollte.

Der wohl sensationellste Hinweis auf Schuppiluliumas militärische Erfolge, die ihn selbst vor der Konfrontation mit den Ägyptern in deren syrischem Einflußgebiet nicht zurückschrekken ließen, ist ein Brief, den er aus Ägypten erhielt. Absenderin war die Witwe des jung verstorbenen Pharao Tutanchamon.

Sie schrieb an Schuppiluliuma: »Mein Mann ist gestorben. Einen Sohn habe ich nicht. Aber du hast, wie man mir berichtet, viele Söhne. Wenn du mir einen deiner Söhne schicken würdest, soll er mein Gatte sein. Niemals werde ich einen meiner Diener heiraten. Vor dem Gedanken schrecke ich zurück.«

Schuppiluliuma muß das Schreiben vor allem als eine Anerkennung seiner Taten durch die Herrscherwitwe des mächtigsten Reiches jener Zeit empfunden haben. Doch er mißtraute dem Schreiben der Königin und sandte zunächst einen Boten nach Ägypten. Als ihm der Bote einen zweiten Brief der Pharaonenwitwe brachte, schickte er einen seiner Söhne an den Nil. Doch es war zu spät. Die Königin war unter den Druck einer nationalistischen Clique geraten, die nichts von der Heirat mit einem Fremden wissen wollte. Sie ließen den hethitischen Prinzen bei seiner Ankunft ermorden. Das löste neue hethitische Angriffe auf das ägyptische Hoheitsgebiet in Syrien aus. Es kam zu lange andauernden Feindseligkeiten zwischen den beiden Großmächten, die ihren Höhepunkt um 1300 v. Chr. in der berühmten Schlacht von Kadesch fanden, in der Schuppiluliumas Enkel Muwatalli dem Heer Ramses II. gegenüberstand. Die Hethiter schlugen sich erfolgreich und verfolgten die Ägypter bis in das Gebiet der heutigen syrischen Hauptstadt Damaskus. Gegenschläge der Ägypter konnten in den folgenden Jahren an der Machtposition der Hethiter kaum etwas ändern.

So kam es um 1270 zu einem Friedensvertrag zwischen Ramses II. und dem Hethiterkönig Hattuşili III., der durch die Ehe einer hethitischen Prinzessin mit dem alternden Pharao besiegelt wurde. In dem Vertrag ist von »ewiger Bruderschaft« zwischen den beiden Mächten die Rede. Für die Hethiter war sein Abschluß ein großer Erfolg, da er ihnen das Besitzrecht an ihren syrischen Eroberungen sicherte, die von den in Mesopotamien herrschenden Königen immer wieder bedroht wurden.

Besonders die Assyrer unternahmen ständig Einbrüche in das hethitische Gebiet Syriens. Einmal gelang ihnen ein Vorstoß bis zum mittleren Euphrat. Darum suchten die Hethiter, Freundschaft mit den Königen von Assur zu schließen. Botschaften und Geschenke wurden ausgetauscht. Aber das Mißtrauen blieb. Hattuşili III. bemühte sich später, seine Südostflanke zu schützen, indem er den jungen König von Babylon gegen die Assyrer aufzuhetzen versuchte. In einem Brief schmeichelte er ihm und malte ihm gleichzeitig eindeutige Chancen für einen Feldzug gegen Assur aus. Doch der Babylonier war klug genug, sich durch dieses königliche Schreiben aus Hattuşa nicht blenden zu lassen.

So blieb Syrien das konfliktreichste Gebiet des hethitischen Reiches – auch unter den Nachfolgern Hattuşilis. Wir lesen von wiederholten assyrischen Überschreitungen des Euphrat, von riesigen, wahrscheinlich maßlos übertriebenen Gefangenenzahlen. Eine zuverlässige Beschreibung der Zustände an der hethitischen Südostgrenze im dreizehnten vorchristlichen Jahrhundert läßt sich allerdings nicht finden. Eines aber ist aufgrund der vorliegenden Aufzeichnungen und hethitischen Befehle sicher: Der Versuch Assyriens, die alten Handelsbeziehungen nach Westen wiederaufzunehmen, scheiterte am Widerstand Hattuşas.

Das hethitische Reich schien auf dem Höhepunkt seiner Macht, als König Tutchalija IV. den Thron bestieg und sich – so wie zuvor der assyrische Herrscher – den Titel »König des Ganzen« zulegte. Tutchalija gelang es, an der syrischen Grenze Ruhe zu schaffen und das Land auch nach Norden hin vor den immer wieder einbrechenden Kaschkäern zu sichern. Vorstöße nach Westen und Süden stärkten Tutchalijas Position in Kleinasien. Auch hat er sich dabei die Insel Zypern tributpflichtig gemacht.

Ein Rätsel, das bis heute nicht gelöst ist, gibt in diesem Zusammenhang das Land Ahhijawa auf. Wir kennen seinen Namen aus hethitischen Briefen und Verträgen, können es jedoch nicht genau lokalisieren. Doch dürfen wir davon ausgehen, daß der schon seit Schuppiluliuma bestehende hethitische Kontakt zu Ahhijawa vielfältige, uns bisher nur zum Teil bekannte politische, kulturelle und vor allem auch religiöse Einflüsse nach Westen bis hin an die Mittelmeerküste und aufs griechische Festland auslöste, die sich unter Tutchalija noch verstärkten. Daß es daneben auch zu Konflikten kam, zumal sich der König von Ahhijawa nicht als Untertan der Hethiter fühlte, zeigt der beurkundete Streit um eine Stadt namens Milawada. Ob man hier so weit gehen kann, der Namensähnlichkeit wegen an Milet zu denken, bleibt dahingestellt. Denn wir wissen nicht, ob Milet zu Ahhijawa gehörte. Doch unterliegt es keinem Zweifel, daß zur

Zeit Tutchalijas IV. direkte Kontakte zwischen Hattuşa und Ahhijawa bestanden. Wahrscheinlich wüßten wir mehr über die hethitischen Westbeziehungen, wenn nicht in die hier besprochene Zeit der plötzliche, bis heute im Detail noch immer ungeklärte Zusammenbruch des Hethiterreiches und die totale Zerstörung seiner Hauptstadt Hattuşa gefallen wäre.

Zwei Herrscher folgten noch auf Tutchalija IV.: sein Sohn Arnuwanda, der um 1220 v. Chr. den Thron bestieg, und dessen Bruder Schuppilulijama, der unter dem Herrschernamen Schuppiluliuma II. gegen 1200 noch einmal an die Glanzzeiten des Großreiches anzuknüpfen versuchte. Wie nötig das war, um den Menschen in Hattuşa Mut zu machen, zeigen die vielfältigen Gefahren und Bedrohungen, denen sich das Land seit dem Tode Tutchalijas IV. ausgesetzt sah. Neue Einfälle der Kaschkäer und Angriffe aus dem Osten bedrängten das Kernland, ohne daß es die Annalen verzeichnen. Offenbar wollte man die Gefahren am Königshof und in den Archiven nicht wahrhaben.

Doch dann brach das Verhängnis mit voller Kraft und von allen Seiten auf das hethitische Reich herein.

Während der König noch versuchte, seine Macht im Südosten zu stabilisieren, rebellierte das Volk in weiten Teilen des Landes und in der Hauptstadt. Es scheint, als habe sich auch die königliche Familie gegen den Herrscher erhoben. Von Westen zogen Aufständische und Truppen aufbegehrender Staaten, unter ihnen vielleicht auch die von Ahhijawa, plündernd heran. Hattuşa wurde von seinen landwirtschaftlichen Versorgungsgebieten abgeschnitten. Eine Hungersnot brach aus. In dieser Stunde höchster Not erreichten den König aus Zypern Nachrichten von einer angreifenden Flotte. Davon berichtet einer der letzten uns überlieferten Texte des Herrschers: »Ich machte mobil und erreichte in Eilmärschen die Küste. Gegen mich aber stellten sich feindliche Schiffe dreimal zum Kampf. Ich vernichtete sie, indem ich sie mitten im Meer in Brand steckte. Als ich dann aber an Land kam, traten mir die Feinde in Scharen zum Kampf entgegen.«

Nur Ägypten gelang es, sich der Angriffe vom Meer her zu erwehren, die damals die ganze Mittelmeerwelt bedrohten. Man spricht von Seevölkern, deren plötzliches Auftreten die alte politische Ordnung im ganzen Vorderen Orient zerstörte. Ramses III. schreibt darüber: »Die Fremdländer verschworen sich untereinander. So waren plötzlich die alten Staaten verschwunden und zerstreut.«

Die Ruinen des gleichfalls von diesem Völkersturm erfaßten Hattuşa lassen noch heute die Spuren der Feuersbrünste erkennen, in denen die Stadt wohl um 1190 v. Chr. unterging. Die Eroberer und Zerstörer kennen wir jedoch nicht. Keine Keilschrifttafel berichtet von ihnen. Mit der hethitischen Herrschaft war auch die hethitische Kultur vernichtet, deren Einflüssen und Überlieferungen wir aber weiter westlich noch lange begegnen. Da es sich bei dieser hethitischen Kultur jedoch um eine Art Adoptivkultur handelte, der sowohl im religiösen wie im künstlerischen Bereich von Anfang an die Eigenständigkeit gefehlt hatte, können wir auch in der Folge nur gewandelte Fortwirkungen dessen erkennen, was wir zwar hethitisch nennen, was aber in Wirklichkeit auf Religion und Kultur der vorhethitischen Bevölkerung Anatoliens zurückgeht.

Die Hethiter – ein indoeuropäisches Intermezzo auf anatolischem Boden? Ja und nein! Sie waren mehr als ein Herrenvolk, das nicht ohne eigene Schuld unterging. Auch sie trugen bei zu jenem orientalisch-europäischen Brückenschlag, dem wir in diesem Buch nachspüren, obwohl es zunächst so aussah, als ob es kein Erinnern an sie gäbe.

DAS HETHITISCHE ERBE

Nach der Zerstörung der prächtigen Stadt Hattuşa schien es, als sei alles Wissen um das große hethitische Reich ausgelöscht. Tatsächlich waren sein Name und seine wechselvolle Geschichte schon bald vergessen. Obwohl der Hauptschlag gegen Hattuşa zweifellos aus dem Westen geführt wurde, kennen wir kein einziges Zeugnis aus griechischer Zeit, das von der Existenz eines hethitischen Reiches berichtet. Homer erwähnt die Hethiter in seinen beiden Epen mit keinem Wort. Selbst Herodot, der auf seinen Reisen im Vorderen Orient hethitische Felsreliefs gesehen hat, ahnt nichts von ihrer Herkunft. Er hielt sie für ägyptische Arbeiten.

Nur im Alten Testament begegnen wir dem Namen der Hethiter, allerdings nicht als den Begründern eines Großreiches in Anatolien, sondern als einem der in Palästina siedelnden Stämme. Sie erscheinen dort als die Nachfahren Heths, bei denen Abraham mit seiner Sippe die Zelte aufschlägt und von denen er das Gelände für eine Begräbnisstätte seiner Familie erwirbt. Der Stammesname aus der Luther-Bibel wurde dann auf die im neunzehnten Jahrhundert wiederentdeckten Begründer des ersten anatolischen Großreiches übertragen und blieb ihnen bis heute erhalten.

So weit sind Geschichtsschreibung und historische Wirklichkeit oft voneinander entfernt. Deshalb sollten wir uns beim Gebrauch des in der alten Geschichte üblichen Namengerüsts darüber im klaren sein, daß es sich fast immer nur um übertragene Bezeichnungen, selten dagegen um Begriffe von sprachlicher Exaktheit handelt. Dies scheitert oft nicht nur an der Vielzahl der zu berücksichtigenden Sprachen und Dialekte, sondern auch am häufig zu beobachtenden Wandel der Benennungen und ihrer meist unbekannten Ursprünge.

Doch wen könnte das überraschen, angesichts der Tatsache, daß es über dreitausend Jahre gedauert hat, bis die Geschichte der Hethiter wieder ins Bewußtsein der Menschen gebracht wurde? Und das, wie wir gesehen haben, bis heute noch recht unvollständig. Obwohl im neunzehnten Jahrhundert eine Reihe von Forschungsreisenden auf hethitische Denkmäler stieß, wußte man diese nicht einzuordnen.

Schon 1834 hatte der Franzose Charles Texier die Ruinen von Hattuşa durchstreift und auch das Labyrinth von Yazılıkaya mit seinen faszinierenden Felsreliefs entdeckt. Texier publizierte nach seiner Heimkehr exakt gearbeitete Zeichnungen der anatolischen Landschaft und der Ruinen, auf die er dort gestoßen war, in einem repräsentativen Tafelwerk, das große Beachtung fand. Doch bis zum Beginn systematischer Ausgrabungen sollte noch ein ganzes Menschenalter vergehen.

Im Jahre 1905 entschloß sich der Berliner Assyriologe Hugo Winckler aufgrund eingehender Studien, vor allem aber überrascht von den archäologisch Großartiges verheißenden Zeichnungen Texiers, nach Zentralanatolien zu reisen. Im November 1905 erreichte er Boğazköy, ein kleines Dorf in der Nähe des riesigen Ruinenfeldes, das Winckler aufgrund von Keilschrifttafeln in einer fremden, daneben aber akkadischen und somit schon damals lesbaren Schrift als das alte Hattuşa identifizieren konnte. Bis 1912 dauerten die ersten Grabungskampagnen. Dann unterbrachen Balkankrieg, Erster Weltkrieg und Türkisch-Griechischer Krieg die Arbeit vor Ort für viele Jahre.

Erst 1931 wurden die Ausgrabungen von der Deutschen Orient Gesellschaft zusammen mit dem Deutschen Archäologischen Institut unter der Leitung von Kurt Bittel wiederaufgenommen und bis zum Ausbruch des Zweiten Weltkrieges fortgeführt. Danach gab es wieder eine lange Unterbrechung bis 1951. Seither wird ununterbrochen an der Erforschung Hattuşas und seiner Rolle als Hauptstadt des Hethiterreiches weitergearbeitet. Das Hauptverdienst an seiner Erforschung gebührt Kurt Bittel, der die Erschließung des alten Anatolien und der hethitischen Geschichte in all ihren Bereichen zu seiner Lebensaufgabe gemacht hat. Neben der Geschichte hat er sich vor allem mit der Architektur und Kunst der Hethiter befaßt.

Von besonderer Bedeutung ist für Bittel die Entwicklung der Architektur, im weiteren Sinne des Städtebaus. Dieser hat, wie wir wissen, in Anatolien eine uralte Tradition. Dabei fällt auf, daß fast alle alten Städte zwischen Mittelmeer und Mesopotamien in der Ebene oder in flachem Gelände lagen, selbst wenn sie, wie etwa Troja, zum Teil auf einem Hügel errichtet waren.

In der Berglandschaft, die ja weite Teile Anatoliens bedeckt, hatten sich bis in die ersten Jahrhunderte des zweiten vorchristlichen Jahrtausends keine Städte entwickelt. So ist es erstaunlich, daß die aus dem traditionellen Rahmen fallende, total zerstörte vorhethitische Bergsiedlung Hattuşa, die zudem noch mit einem königlichen Fluch belegt war, als Bergstadt wiedererstand und zur ersten Großstadt auf anatolischem Boden wurde.

Welche Rolle in diesem Zusammenhang die sakrale Bedeutung von Bergen und Felsen gespielt hat, die wir sowohl in der hattischen und hethitischen wie auch in der hurritischen Religion beobachten können, ist schwer zu entscheiden. Auf alle Fälle deutet das nicht weit von Hattuşa entfernte Felsheiligtum Yazılıkaya mit seinen ausgedehnten Götterreliefs auf Zusammenhänge von Berg und Kult hin.

Betrachtet man die großartig ins hügelige Gelände gelegten riesigen Tempelanlagen von Hattuşa oder die über einem Steilhang thronende Königsburg Büyükkale, taucht der gleiche Gedanke auf. So rationalistisch die hethitischen Herrscher in ihrer Politik und ihrer militärischen Planung auch gewesen sein mögen, so deutlich zeigt sich andererseits doch ihr Sinn für religiöse und spirituelle Zusammenhänge. Wir wissen nicht, ob das kluge Berechnung, effektvolle Demonstration oder echte Gläubigkeit war. Will man den Texten glauben, so kann man letzteres zumindest nicht ausschließen. Und daß ein riesiges Bauwerk wie der Haupttempel von Hattuşa nur als Fassade gemeint war, ist sehr unwahrscheinlich, zumal religiöses und repräsentatives

Denken für die Herrscher jener Zeit wahrscheinlich nicht zu trennen waren.

In einem 1971 vor der Rheinisch-Westfälischen Akademie der Wissenschaften in Düsseldorf gehaltenen Vortrag über »Archäologische Forschungsprobleme zur Frühgeschichte Kleinasiens« sagte Kurt Bittel über den großen Tempel von Hattuşa: »1969 haben wir nach mehrjähriger Arbeit die Ausgrabung des größten Tempels der hethitischen Hauptstadt in Boğazköy zu Ende gebracht, nachdem an diesem gewaltigen Bauwerk in verschiedenen, freilich oft lang voneinander getrennten Etappen seit 1907 gearbeitet worden war. Leider ist in dem Heiligtum, das ein Doppeltempel mit zwei Kulträumen gewesen ist, nichts erhalten, was die Bestimmung der Gottheiten, denen er geweiht war, unmittelbar erlaubte. Von den Kultbildern ist lediglich noch die eine Basis in der rechten Cella vorhanden. Der Tempel entbehrt in seinen alten Teilen jeglicher bildlichen Darstellung, auch fehlt eine Bauinschrift. Aber es gibt ein indirektes Zeugnis. In einer hier gefundenen Tontafel, einem Ritualtext, wird erwähnt, daß der König das Große Haus betritt, um dort kultische Handlungen für den Wettergott des Großen Hauses auszuführen. Unter E-TIM GAL, Großes Haus, darf man diesen Tempel verstehen. Da es aber ein Doppeltempel war, kann die andere Gottheit nur die mit dem großen Wettergott verbundene Sonnengöttin – die Sonnengöttin von Arinna – gewesen sein. Selbst wenn wir den Hinweis dieses Textes nicht hätten, kämen für diesen größten Tempel der Hauptstadt, der zugleich der monumentalste ist, den man überhaupt kennt, ohnehin kaum andere Gottheiten in Betracht als eben das oberste Götterpaar: Wettergott und Sonnengöttin des hethitischen bzw. Tesup und Hepat des hurritischen Pantheons.«

Aus diesen Worten wird deutlich, daß wir trotz weitgehender Erforschung der hethitischen Geschichte über große Lücken in unserer Kenntnis und vor allem in unserer Anschauung nicht hinwegsehen können.

Da sind zum Beispiel die fehlenden Großstatuen, von denen wir weder wissen, wie sie aussahen, noch wann sie zum erstenmal in hethitische Tempel Einzug hielten. Ihr Verlust ist deshalb so schlimm, weil sie wahrscheinlich die ersten Großskulpturen und auch die ersten Rundplastiken im anatolischen Raum waren. Wir wissen nicht, ob ihre Form von Ägypten oder von Mesopotamien her beeinflußt war, oder ob sie, wie die Reliefs, einen ganz eigenen Ansatz hethitischer Kunst darstellten.

Betrachten wir eine nur 4,3 Zentimeter hohe, unwahrscheinlich fein ausgeführte hethitische Miniatur in Gold, deren Fundort wir leider nicht kennen, so könnte hier, in der Darstellung von Mutter und Kind, vielleicht von Göttin und göttlichem Sohn, ein Anknüpfungspunkt gegeben sein. Die winzige Skulptur ist von ungeheurer Ausdrucksstärke. In der Vergrößerung verliert sie nichts von ihrer Wirkung. Die Göttin sitzt auf einem mit Löwenpranken an Beinen und Armlehnen verzierten Thron, ist reich geschmückt und trägt eine nimbusartige runde Kopfbedeckung. Dies könnte ein Symbol der Sonne sein – vielleicht des in Anatolien verbreiteten Sonnendiskus.

Älter als diese wohl ins vierzehnte oder dreizehnte vorchristliche Jahrhundert gehörende Darstellung ist ein Vasenrelief aus dem sechzehnten Jahrhundert, das ein sich gegenübersitzendes Paar zeigt. Der Mann – ein Gott oder vielleicht der König – lüftet den Schleier der Frau und hält ihr eine Schale entgegen, aus der sie trinkt. Bittel deutet die Szene als Einleitungszeremonie zur Heiligen Hochzeit, womit auch hier die Verbindung zum mesopotamischen Kulturkreis dokumentiert wäre. Über das ungebrochene, wenn auch in Einzelheiten variierte Weiterbestehen traditioneller Glaubens- und Kultformen besteht ja für die hethitische Welt kein Zweifel.

Betrachten wir das hethitische Pantheon der tausend Götter näher, fällt der geringe Anteil spezifisch hethitischer Göttervorstellungen auf. Die Gottheiten und ein großer Teil ihrer Kulte kommen aus dem Hattischen, dem Hurritischen, dem Mesopotamischen. Sie wurden von den hethitischen Königen, entsprechend den religiösen Traditionen der Völker, die im hethitischen Reich zusammenlebten, übernommen und geschickt miteinander verknüpft. Das hatte vor allem für Hattuşa zur Folge, daß hier eine Fülle von religiösen Festen und damit verbundenen verschiedenartigen Kulthandlungen das Leben bestimmte, die Fremdeinfluß waren, aber ganz wesentlich zur Prachtentfaltung der Hauptstadt beitrugen.

Diese Situation deutet darauf hin, daß Religion für die hethitischen Könige vor allem eine politisch einigende und eine repräsentative Funktion hatte. Gläubigkeit war die Sache des Volkes, Verehrung der Götter gehörte zu den Aufgaben des Herrschers. Sie stellte ihn in die Nähe der Götter, aber auch unter ihren Schutz. In den Reliefs der Spätzeit finden wir deshalb oft den König mit seinem Schutzgott dargestellt. Ob damit von den Herrschenden und ihren Priestern auf die wachsende Bedrohung des Reiches unmittelbar Bezug genommen wird, geht weder aus den Bildern noch aus den Texten hervor. Wohl aber wissen wir, daß Tuttalija IV. das religiöse Leben in seinem Reich und damit auch das System der zahllosen Götter neu geordnet hat.

Aus der Vielzahl der Gottheiten ragen drei heraus: die Sonnengöttin von Arinna, deren ältester Kultort in Nordanatolien bisher noch nicht lokalisiert werden konnte, der Sonnengott, den wir exakt als »Sonnengottheit« übersetzen müssen, und der Wettergott, der als Weltenherrscher der Sonnengottheit offenbar gleichgestellt war. Von diesen drei Göttern ist die Sonnengöttin nicht nur die älteste, sondern, wie aus vielen Texten hervorgeht, auch die wichtigste gewesen. Interessant ist, daß sie in den hethitischen Texten genauso geschrieben wird wie die männliche Sonnengottheit. So kann kaum ein Zweifel bestehen, daß die männliche Form der Sonnengottheit aus einem weiblichen Urbild hervorgegangen ist, das sich wahrscheinlich in hattischer Zeit aus der altanatolischen Muttergottheit entwickelt hatte.

Hier wird nicht nur deutlich, wie stark die Bindung der altanatolischen wie der im Halys-Bogen und südlich davon lebenden hattischen Bevölkerung an ihre alte Muttergöttin war. Es zeigt sich auch, daß die Hethiter das weibliche Element in der Religion nicht einfach beiseite drängen konnten, obwohl ihre kriegerische Lebenseinstellung mit den traditionellen Glaubensformen einer an die Große Mutter gebundenen Religion nichts mehr zu tun hatte.

Selbst die Trennung der Machtbereiche, wie sie in der von uns oben zitierten Ansprache eines frühen hethitischen Königs an die Göttin Hanwaschuit vorgeschlagen wurde, war wohl angesichts einer ganz in der Tradition wurzelnden Bevölkerung nicht zu verwirklichen. Die Sonnengöttin von Arinna erhielt, wie Kurt Bittel trotz fehlender Götterbilder mit Sicherheit annimmt, den ersten Platz im zentralen Heiligtum von Hattuşa neben dem Wettergott. So sehen wir hier zwar die Trennung zwischen Himmel und Erde, zwischen segenspendender Kraft und weltlicher Macht vollzogen. Doch die Göttin waltet nicht fern in den Bergen, wohin sie ein königliches Edikt zu verbannen suchte, sondern im Haus des Königs – in seinem wichtigsten Tempel.

Auch weisen Berichte über die Verteilung der Beute hethitischer Feldzüge nach dem feierlichen Einzug des Heeres in Hattuşa auf die besondere Stellung der Sonnengöttin hin. So lesen wir von Hattuşili I., daß er Götterstatuen und Stiere aus Silber und Gold, silberne und goldene Tische sowie Wagen aus Silber nach Hattuşa brachte und in den Tempeln der heimischen Gottheiten aufstellen ließ. Dabei wird die Sonnengöttin an erster Stelle genannt. Das macht deutlich, daß sich die Große Mutter, wenngleich in einem anderen Sinn als nach ihrer ursprünglichen Bedeutung, auch im hethitischen Reich behauptet hat.

Sie ist nicht nur Staatsgöttin des Hethiterreiches, sondern, wie wir in einem hurritischen Text lesen, auch »Königin aller Länder«. Als solche entspricht sie der höchsten hurritischen Göttin Hebat. Offenbar sind Bedeutung und Ansehen der Sonnengöttin im Laufe der wechselvollen Geschichte des hethitischen Reiches immer mehr gewachsen. Das geht aus zahlreichen überlieferten Gebeten der Könige an die Göttin hervor, die um Hilfe und Schutz in schwierigen Situationen angefleht wird. Sie wird als die »Königin des Landes«, als die Göttin, »die im hethitischen Reich Königtum und Königinnentum« leitet, angesprochen. Vor ihr legt der Herrscher Rechenschaft ab über seine Taten in Krieg und Frieden. An sie wendet er sich – welch ein Wandel der ursprünglich mit ihr verbundenen Vorstellungen – zu Beginn der Schlacht.

Doch es gibt auch großartige Beispiele der Rückbesinnung auf ihre ganze, ursprüngliche Bedeutung. Der beste Beleg dafür ist der berühmte »Hymnus auf die Sonnengöttin von Arinna« – ein großartiges Stück hethitischer Dichtung, das von der führenden Rolle der Göttin im hethitischen Pantheon Zeugnis ablegt:

»Du, Sonnengöttin von Arinna, bist eine angesehene Gott-
Dein Name ist unter den Namen angesehen. [heit.
Deine Göttlichkeit ist unter den Göttern angesehen.
Groß auch bist du, Sonnengöttin von Arinna.
Es gibt keine and're Gottheit, mehr angesehen und größer
Gerechten Gerichtes Herrin bist du. [als du.
Über Himmel und Erde übst du gnädig die Königsherrschaft
Der Länder Grenzen setzest du. [aus.
Die Klagen erhörst du.
Du, Sonnengöttin von Arinna, bist eine milde Gottheit, du.
Mildheit übest du.
Der begnadete Mann ist dir, Sonnengöttin von Arinna, lieb.
Ihm gewährst du, Sonnengöttin von Arinna, Verzeihung.
Im Runde von Himmel und Erde bist du, Sonnengöttin von
[Arinna, die Leuchte.
In den Ländern bist du die gefeierte Gottheit.
Jedes Landes Vater und Mutter bist du.
Des Gerichtes begnadete Herrin bist du.
An der Stätte des Gerichts gibt es für dich kein Ermüden.
Unter den uralt-ewigen Göttern bist du die gefeierte.
Den Göttern bereitest du, Sonnengöttin von Arinna, die
Der uralt-ewigen Götter Anteil teilst du zu. [Opferriten.
Des Himmels Türe öffnen sie dir.
Und du stößt auf des Himmels Tor und schreitest hindurch.«

Der Wettergott, der als Gemahl der Sonnengöttin bezeichnet wird, steht als Wettermacher und Regenbringer sowohl dem Volk wie auch dem König näher als die ferne – auch zeitlich ferne – Sonnengöttin. Daß aber auch er aus der frühesten Zeit anatolischer Göttervorstellungen kommt, beweist die Tatsache, daß wir ihm in Hattuşa wie einst in Çatal Hüyük in Stiergestalt begegnen. Fanden wir dort vor allem seine Hörner, so sind es hier prachtvoll geformte Stierköpfe oder Stierfiguren. Zwei der schönsten, die man in Hattuşa ausgegraben hat, tragen noch die volle ockerfarbene Bemalung. Als heilige Stiere des Wettergottes sind sie wie zu einer Prozession aufgezäumt, in der sie wahrscheinlich dem Standbild des Gottes zugeordnet waren.

Der Wettergott wirkt auch als Nothelfer in der Schlacht. Er ist ein pragmatischer Gott, der aber trotzdem nie zum obersten Gott aufstieg. Doch gilt er als Vater des Sonnengottes. Das legt den Gedanken nahe, daß der Sonnengott eine spätere Umformung der Sonnengöttin ist. In ihr haben wir nicht nur die höchste, sondern auch die älteste Gottheit des hethitischen Pantheons. Sowohl der Wettergott als auch der Sonnengott folgen ihr nach und stehen ihr nach.

Was aber vielleicht im Gesamtzusammenhang anatolischer Religionsvorstellungen noch wichtiger ist: Sie überdauert all die anderen hethitischen Götter. Aus ihr wird die phrygische Kybele und die griechische Aphrodite. Aber auch an der Wiege der Artemis begegnen wir ihr wieder und in der Geburtsstunde des christlichen Marienkults.

DIE HETHITER, AHHIJAWA UND DIE ACHÄER

Über die letzten Tage des hethitischen Reiches schrieben wir, daß wir die Eroberer und Zerstörer nicht kennen. Trotzdem gibt es Thesen und Vermutungen. So lesen wir bei dem türkischen Archäologen Ekrem Akurgal: »Das Drama, das sich im anatolischen Raume zu jener Zeit abspielte, kann man sich folgendermaßen veranschaulichen: Nach dem Untergang der mächtigen troianischen Burg um 1240 durch die Achäer waren den nach kleinasiatischen Sitzen begierigen thrakischen Stämmen die Türen geöffnet. So besiedelten sie zuerst Teile des nordöstlichen Kleinasien und versuchten dann von dort aus, neue Sitze auf der Halbinsel zu gewinnen. Bei diesem Vorhaben sind sie bis nach Syrien und Assyrien vorgedrungen, ohne sich vorerst anscheinend mit dem noch mit letzter Kraft widerstehenden hethitischen Reich lange Zeit abgegeben zu haben. Sie ließen sich im östlichen und südöstlichen Anatolien nieder, da, wo sie uns von Hethitern und Assyrern bezeugt werden. Nachdem sie nun die Hethiter in der Zange hatten, erfolgte die Vernichtung des hethitischen Reiches.«

Was hier leichthin formuliert ist als möglicher Verlauf der größten Tragödie in der anatolischen Geschichte, hat unter Archäologen und Sprachwissenschaftlern zu einem noch immer nicht abgeschlossenen Streit geführt. Er betrifft die Frage nach dem ersten Auftreten griechischer Stämme in der Ägäis und nach den auslösenden Impulsen ihrer Kultur, wobei die Kontakte zwischen den Hethitern und Achäern – als den frühesten Griechen – eine besondere Rolle spielen.

Seit zwei Generationen schon dauert der Streit, der außer einem Minimum an Fakten und wenigen brauchbaren Argumenten nicht viel mehr gebracht hat als das beschämende Zeugnis einer sich an Nebensachen zerstreitenden Zunft von Fachwissenschaftlern, die im Eifer der Argumentation oft den Grad ihrer fachlichen Begrenztheit nicht mehr wahrzunehmen vermögen. Verfolgt man heute ihre in gelehrten Zeitschriften geführten Auseinandersetzungen, bleibt angesichts der Wirkungslosigkeit des Disputs die Frage nach dem Sinn solcher Unternehmungen. Doch plötzlich stößt man auf Äußerungen, die in den Zusammenhang jüngster Überlegungen passen, und fragt sich, ob das nicht alles der notwendige Humus war, auf dem neue Erkenntnisse wachsen können.

Von heute und jetzt aus gesehen sollte uns das freilich vorsichtig und bescheiden machen. Denn auch wir stehen nur auf einer Sprosse der endlosen Leiter, die der Entschlüsselung historischer Geheimnisse dient, von denen uns, wie wir wissen, die meisten noch verschlossen sind.

Allerdings müssen wir auch bemerken, daß Fachwissenschaftler raffinierte Unterdrückungsmechanismen geschaffen haben, die es eigenwilligen Kollegen – und damit natürlich oft gerade den genialen – schwermachen, mit ihrer Meinung gehört zu werden, geschweige denn durchzudringen. Da sind zum Beispiel die großen historischen Standardwerke und Handbücher. Sie sind seit ihrem Entstehen in festen Händen. Da muß sich ein Außenseiter schon über seine Lebzeiten hinaus bewähren, um einer Fußnote für würdig befunden zu werden.

Wir wollen das am schon angeklungenen Ahhijawa-Problem und an der Frage nach den umstrittenen Kontakten zwischen Hethitern und frühesten Griechen demonstrieren. Denn schließlich handelt es sich hier um den nächsten Fragenkomplex unserer »Ost-West-Drift«. Es ist, scheint mir, der heikelste, dem wir bisher begegneten.

Worum geht es? Das dritte vorchristliche Jahrtausend war in seiner letzten Phase im anatolischen Raum von Einbrüchen und Umbrüchen geprägt, die allerdings erst nach der Jahrtausendwende politische und vor allem militärische Auswirkungen zeigten. Wir meinen die Eroberungsfeldzüge der Hethiter und die Völkerbewegungen im anatolischen Westen. Dabei fällt auf, daß die im Nordosten des Landes konzentrierten Hethiter besonders an einer Ausdehnung ihres Machtbereichs nach Südosten – nach Syrien und Mesopotamien – interessiert waren. Über ihre Expansionsbestrebungen nach Westen sagen die befragten Keilschrifttafeln nur wenig aus.

So schwierig es ist, eine hethitische Ostgrenze zu beschreiben, unmöglich erscheint es, eine Westgrenze auszumachen, obwohl man in der Nähe der südwestlichen Mittelmeerküste hethitische Felsreliefs gefunden hat, die auf eine zumindest zeitweise Anwesenheit hethitischer Kräfte in diesem Raum hinweisen und die als Grenz- oder Siegeszeichen gedeutet werden.

Da wir in hethitischen Texten eine Anzahl von Ländernamen ohne nähere Ortsbestimmung finden, dürfen wir davon ausgehen, daß man in Hattuşa auch über die weitere Umwelt recht gut Bescheid wußte. Doch während wir die Grenzländer im Osten und Süden ziemlich genau kennen, bleiben für uns viele Länder- und Städtenamen im Südwesten und Westen unlokalisierbar.

Das gilt vor allem für Ahhijawa, von dessen geheimnisumwitterter Existenz schon im Hethiter-Kapitel die Rede war. Dieses in hethitischen Texten mehrfach erwähnte Land, zu dem es briefliche Kontakte der Hethiter-Könige gab, das aber auch hethitischen politischen Flüchtlingen Exil bot, jedoch kaum in feindliche Berührung mit Hattuşa geriet, konnte bis heute geographisch nicht geortet werden. Die Vermutungen reichen von der Südostküste Anatoliens über die gesamte Westküste bis nach Rhodos, zu den kleineren Inseln und zum griechischen Festland. Nachdem der Südosten als Möglichkeit ausgeschieden ist, verdichten sich die Lokalisierungsversuche auf Rhodos, die Westküste Anatoliens und auf das griechische Festland.

Zum Konflikt weitete sich das Problem durch das Eingreifen der Sprachwissenschaftler aus. 1924 veröffentlichte Emil Forrer einen aufsehenerregenden Bericht, in dem er aufgrund von Keilschrifttexten, die er allerdings zunächst nicht mit publizierte, den Ländernamen Ahhijawa mit dem Volksnamen der Achäer zu identifizieren versuchte. Für ihn war der bisher unbekannte

König von Ahhijawa nun der Großkönig der Achäer, das heißt der ältesten Griechen. Die Erklärung schien verblüffend und schlüssig, der historische Brückenschlag von Hattuşa zum Reich von Mykene und damit zum frühesten Griechenland gelungen. Doch schon bald meldeten sich Gegenstimmen. Die sprachliche Analogie zwischen Ahhijawa und den Achäern überzeugte nicht mehr, nachdem die von Forrer herangezogenen Texte veröffentlicht worden waren und sich ihre Fragwürdigkeit enthüllte.

Auch für die Existenz eines frühen griechischen Staates im Westen des hethitischen Reiches gab es keine schlüssigen Beweise. Doch Ahhijawa war aktenkundig und konnte nicht wegdiskutiert werden. Der Streit konzentrierte sich nun immer mehr auf die geographische Lokalisierung jenes mysteriösen Staates, der in den Texten wiederholt auftauchte, ohne daß einmal ein Hinweis auf seine Lage gegeben wurde.

So begegnen wir seit den dreißiger Jahren verhärteten, gegensätzlichen Standpunkten, die, betrachtet man sie genauer, durchaus miteinander zu vereinbaren wären, würde man nur das oben schon einmal empfohlene Sowohl-Als-auch anstatt des harten Entweder-Oder erwägen.

Bei Albrecht Goetze lesen wir in seiner verdienstvollen *Kulturgeschichte Kleinasiens* als Schlußfolgerung aus allen Disputen: »Nichts deutet darauf hin, daß das Land Ahhijawa außerhalb der kleinasiatischen Halbinsel zu suchen ist.«

Fritz Schachermeyr, der in seiner Studie *Hethiter und Achäer* bereits 1935 eine modifizierte Gegenposition zu Goetze vertrat, schreibt, daß »die Kleinasientheorie als unwahrscheinlich zu gelten hat«. Trotzdem kommt er dann zu dem mit dieser Bemerkung nicht ganz in Einklang zu bringenden Schluß, »daß zwar alle Varianten der Kleinasien- wie der Griechenlandtheorie noch als möglich zu gelten haben, daß aber die Kleinasientheorie in all ihren Spielformen als sehr unwahrscheinlich erscheinen muß und auch die Gleichung Ahhijawas mit achäischen Ansiedlungen in Kleinasien sich nicht zur Wahrscheinlichkeit erheben läßt«.

Schlüssige Beweise für ihre Thesen haben beide nicht. Goetze scheint bestimmter als Schachermeyr. Betrachtet man die diametral entgegengesetzten Standpunkte – und sie ragen kraft ihrer Kompetenz aus dem weiten Umfeld der seit mehr als einem halben Jahrhundert Streitenden heraus –, so muß man sie wohl auch aus der Situation ihrer jeweiligen Fachgebundenheit verstehen. Goetze ist Anatolien-Spezialist, Schachermeyr vertritt die Frühgeschichte der Ägäis. Dabei verdanken wir gerade ihm tiefe Einblicke in die ost-westliche Kulturdrift, für die so mancher Vertreter der klassischen Archäologie die Augen noch immer verschlossen hält. Kein Wunder also, daß Fritz Schachermeyr Möglichkeiten noch einräumt, wo Albrecht Goetze ausschließend reagiert.

Versuchen wir einmal, zwischen beiden Standpunkten die Möglichkeiten eines oben vorgeschlagenen Sowohl-Als-auch auszuloten: Wenn wir davon ausgehen, daß die Hethiter und die Achäer, zumindest in der hethitischen Großreich- und Spätzeit, im gleichen geographischen Raum zwischen Griechenland und Ostanatolien existiert und sich politisch wie kulturell entfaltet haben – was unbestritten ist –, dürfen wir für die Achäer aufgrund unserer Kenntnisse über ihre Frühgeschichte eine ähnliche Dynamik annehmen, wie sie uns von den Hethitern her gut bekannt ist. Das aber bedeutet, daß die uralte Verbindung zwischen Anatolien, der Ägäis und dem griechischen Festland im zweiten vorchristlichen Jahrtausend wahrscheinlich stärker ausgeprägt war als je zuvor. Auch wenn wir heute noch kaum Einzelheiten dieser achäischen Dynamik über den Kernraum Mykene hinaus kennen, so sagt das doch nichts gegen ihr Bestehen aus, zumal wir wissen, daß es achäische Händler und Siedler bis nach Zypern und Westsyrien gegeben hat. Denn es besteht kein Zweifel, daß die Achäer vom Westen her, ähnlich wie fünfhundert Jahre zuvor die Assyrer vom Osten aus, einen lebhaften Handel in weiten Teilen des Vorderen Orients betrieben haben.

Das alles scheinen mir gute Gründe dafür zu sein, weiträumige Aktivitäten der Achäer bis zu den Machtgrenzen der Hethiter hin anzunehmen. Was aber liegt dann näher als eine schrittweise Kolonisation, wie wir sie später entlang der Mittelmeerküste Anatoliens finden, auch schon für die Hethiter-Zeit anzunehmen? Dabei dürfte die starke kulturelle Beeinflussung, der die Westvölker schon immer von Anatolien her ausgesetzt waren, hier eine gewiß nicht geringe Rolle gespielt haben.

Westanatolien war für die frühen Griechen ein Land der Märkte, aber auch ein Land der Anregungen. Es war, wie wir noch sehen werden, die Brücke, über die vielfältige kulturelle Anregungen – von der Architektur bis hin zur Literatur – ins frühe Griechenland drangen und ganz wesentlich zu dem beitrugen, was wir griechische Kultur nennen.

Warum also sollte es nicht einen achäischen Brückenkopf in Kleinasien gegeben haben, der sich allmählich unter günstigen Umweltbedingungen zu einem Land Ahhijawa ausweitete? Ob ein solches unmittelbar zu einem Kernland auf der Peloponnes gehörte oder ob man ihm eine weitgehende Unabhängigkeit vom Mutterland unter achäischen Fürsten zutrauen darf, ist eine weitere Frage. Auszuschließen ist beides nicht. Wir wissen von den Hethitern, daß auch sie zeitweise verhältnismäßig unabhängig regierende Prinzen des Herrscherhauses als Vizekönige in Syrien eingesetzt haben. Das kann in beiden Fällen eine angesichts des unübersehbaren Herrschaftsgebiets auf praktische Erfordernisse zurückgehende Tendenz der Zeit gewesen sein.

Das bisher letzte Fazit in der Ahhijawa-Frage, das Gerd Steiner 1963 in einem Vortrag in Marburg gezogen hat, schließt gegenüber unseren Überlegungen negativ ab. Es kommt aufgrund der von Steiner interpretierten Quellenlage weder zu einer Lokalisierung noch zu einer Anerkennung von Ahhijawa, geschweige denn zu der Bestätigung, daß es sich hier um einen frühgriechischen Staat gehandelt haben könnte. Auch hethitisch-griechische Verbindungen werden weitgehend ausgeschlossen. Was an Steiners Schlußfolgerung sicher richtig ist, ohne daß sie ein Argument gegen andere Verbindungen darstellt, ist seine Betonung der Bedeutung des nördlichen Syrien für Kulturkontakte zwischen Orient und Okzident im späten zweiten Jahrtausend.

Nachdem er davon gesprochen hat, daß sich aus seiner Sicht die Möglichkeiten für einen direkten Kontakt zwischen Hethitern und mykenischen Griechen auf ein Minimum reduziert haben, fährt er fort: »Dem widerspricht auch nicht, daß in den letzten Jahrzehnten das hethitische Schrifttum mehr und mehr Beispiele für den Einfluß des Alten Orients auf die archaische griechische Mythologie und Literatur ergeben hat. Es handelt sich dabei im wesentlichen um hethitische Bearbeitungen ursprünglich churritischer Motive und somit nur um Parallelen, nicht um direkte Vorläufer. Die eigentlichen Quellen dafür sind, soweit dies jetzt schon möglich ist, im nördlichen Syrien zu lokalisieren, in dem Gebiet also, wo die politischen Interessen der Großmächte des zweiten Jahrtausends aufeinanderstießen und wo sich ägyptische, babylonische, assyrische und hethitische mit churritischen und autochthonen Elementen zu einer sehr heterogenen Kultur vermischt hatten. Hier fand die wirtschaftliche wie kulturelle Berührung zwischen der Welt der Ägäis und dem Vorderen Orient statt, und von hier ist auch die eigentliche griechische Schrift, das Alphabet, übernommen worden.«

Tatsächlich schälen sich Nordsyrien und die dort an der Küste aus uralten Siedlungen entstandene mächtige Hafenstadt Ugarit, deren Blütezeit ins zweite vorchristliche Jahrtausend fällt, mehr und mehr als Zentren ost-westlicher Handels- und Kulturbeziehungen heraus. Hier haben wir auch Ansatzpunkte für hethitisch-ägyptische Kontakte zu suchen, die zum Teil wohl über die Insel Zypern liefen.

Nicht weniger kompliziert als das Problem der politischen Strukturen Westanatoliens in der späteren Hälfte des zweiten vorchristlichen Jahrtausends stellt sich die Untersuchung der von Steiner eingeräumten Einflüsse aus dem hethitischen Machtbereich auf die Welt der frühgriechischen Ägäis dar. Und das um so mehr, als wir ja von einer unabhängigen, eigenständigen hethitischen Religion oder Kultur in keiner Phase des hethitischen Reiches sprechen können.

Volkert Haas, einer der besten Kenner hethitischer und hurritischer Religions- und Kulturgeschichte, bringt das zusammenfassend auf folgenden Nenner: »Sie [die Hethiter] paßten sich der kulturell weit überlegenen autochthonen Bevölkerung so gut wie vollkommen an und übernahmen deren gesellschaftliche Institutionen in dem Maße, daß sie nicht nur Begriffe wie Königtum, König und die Herrschertitel Tabarna und Tawananna aus den Substratsprachen übernahmen, sondern auch ihre eigenen Gottheiten zugunsten der einheimischen Götter und Kulte aufgaben.« Und er fährt mit Bezug auf den hethitischen Lichtgott Siusch, der uns bei der Eroberung Kaniş' durch den König von Zalpa begegnet ist, fort: »Auch der ererbte indoeuropäische Lichtgott Siusch (indoeuropäisch dieus), der zu Beginn der hethitischen Geschichte noch eine zentrale Rolle spielte, vermochte sich spätestens zu der Zeit, als Hattuşa die hethitische Residenz geworden war, nicht mehr gegen die dort verehrten großen Gottheiten des zentralanatolischen Raumes durchzusetzen.«

Hier ist zusammengefaßt, was wir bedenken müssen, wenn wir von Einflüssen sprechen, die in der Hethiter-Zeit von Zentralanatolien aus nach Westen wirkten. Sie sind hethitisch nur im Sinne einer Trägermacht, die sie formulierte und Text werden ließ. Das dahinterstehende geistige Element ist vielgestaltig und facettenreich. Es kann weder auf ein Volk noch auf eine Religion reduziert werden. Es ist anatolisch in einem das Landschaftliche weit überragenden Sinne, der heute noch nicht umfassend zu definieren ist, dessen Ausdrucksformen wir vom siebten vorchristlichen Jahrtausend an jedoch eindrucksvoll verfolgen konnten.

Was die anatolisch-ägäischen Kontakte zur Hethiter-Zeit betrifft, sind wir noch weit davon entfernt, sie alle zu kennen, geschweige denn, sie nachweisen zu können. Ihre Anfänge, die weit über Hethitisches hinausgehen, sollten wir weiträumig und zeitlich tief gestaffelt ansetzen, wenn wir der Wirklichkeit näherkommen wollen. Die Schwierigkeit des Problems liegt vor allem darin, daß wir es hier nicht allein mit kulturell faßbaren Einflüssen im Lebensbereich zu tun haben, sondern daß es auch um

Fragen des Mythos und der Mythenwanderung geht, denen wir in der literarischen Überlieferung des Vorderen Orients und des frühesten Griechenland nachgehen müssen.

Dabei ist Vorsicht geboten. Noch immer bestehen berechtigte Ressentiments, besonders unter Archäologen, Religionswissenschaftlern und Altphilologen, wenn die Frage nach einer östlichen Abhängigkeit der griechischen Religion aufgeworfen wird. Der Versuch zu Anfang unseres Jahrhunderts, den Ursprung aller Religionen vom astralen Weltbild der Babylonier abzuleiten, der zum längst widerlegten Panbabylonismus führte, wirkt hier verhängnisvoll nach und hat die wissenschaftliche Forschung auf diesem Gebiet lange behindert. Mißtrauen war an die Stelle der erforderlichen Aufgeschlossenheit getreten, und viele Versuche, textlich nachweisbare Zusammenhänge aufzuspüren, verfielen lange Zeit dem undifferenzierten Vorwurf eines Panorientalismus.

Bleiben wir deshalb zunächst, wie schon in den vorangegangenen Kapiteln, bei Beispielen der materiellen Kultur, deren Ost-West-Drift wir eindeutig nachvollziehen können, wenngleich auch da zuweilen mythische Bezüge walten. Hier ist an erster Stelle der Streitwagen zu nennen – ein militärisch-politisches Statussymbol jener Zeit. Man war lange Zeit der Meinung, er sei von Ägypten aus nach Griechenland gelangt. Doch Fritz Schachermeyr hat inzwischen schlüssig nachgewiesen, daß es die Hurriter und Hethiter waren, von denen das Kampf- und Repräsentationsgefährt jener Zeit in die Ägäis kam.

Wir hören von einer Begegnung zweier Streitwagenfahrer, die sich in einer Art mythologisch vorausgenommenem Kampfspiel als Konkurrenten gegenüberstanden. Es war ein Kampf zwischen Pelops, dem Sohn des Tantalos, und Oinomaos, dem König von Lesbos, der allerdings seinen Wagen – ein Göttergeschenk mit geflügelten Rossen – nicht selbst lenkte. An seine Stelle trat Myrtilos, sein Trainer, der wahrscheinlich ein Hethiter war.

Pelops, den sein Vater Tantalos einst geschlachtet und den Göttern als Festmahl kredenzt hatte, der aber von den Göttern wiederhergestellt worden war, griff dieses Mal selbst zu unlauteren Mitteln: Vor dem Wagenrennen, das über die ganze griechische Halbinsel bis zur Westküste führen sollte, ließ er seinem Gegner ein langsam wirkendes Gift geben. So gewann er die Fahrt. Mit dem hethitischen Stellvertreter war auch König Oinomaos besiegt. Seine Tochter Hippodameia, deren Name an Hippos – das Pferd – anklingt, wurde Pelops' Frau, und die Halbinsel, über die das Rennen führte, erhielt nach dem fragwürdigen Sieger ihren bis heute gültigen Namen: Peloponnes.

Hier sehen wir, wie das Faktische mit dem Mythologischen verknüpft ist – wie Wirklichkeit Mythos und Mythos Wirklichkeit werden.

Doch es gibt auch eine Fülle direkter Übernahmen aus dem materiellen Bereich. So können wir den griechischen Raupenhelm mit seinem Helmbusch – Schmuckstück und Stolz des frühgriechischen Kriegers –, der bis in unser Jahrhundert hinein zu den Paradeuniformen fast aller Armeen gehörte, aufgrund späthethitischer Relieffunde in Karatepe im südöstlichen anatolisch-syrischen Grenzgebiet eindeutig von seiner hethitischen Urform ableiten. Das gleiche gilt für viele andere Dinge aus dem Bereich der militärischen Ausrüstung und ihrem schmückenden Beiwerk.

Hans Erich Stier hat 1950 in einem Aufsatz »Probleme der frühgriechischen Geschichte und Kultur« eine Fülle von Beispielen zur Ost-West-Drift in fast allen Bereichen von Kunst und Kunsthandwerk bis hin zur Kleidung zusammengestellt, die fast noch einmal den Gedanken an den längst überwunden geglaubten Panorientalismus aufkommen lassen könnten. Und doch zeigt sich unabweisbar in der Ornamentik wie in den Motiven, in der Bildkomposition von Friesen wie in der Haltung archaischer griechischer Figuren, in Musikinstrumenten und Stelen, daß ein machtvoller Strom von Einflüssen und Anregungen aus dem östlichen Anatolien und seinem kulturträchtigen Hinterland zur ägäischen Küste und weiter über die Inseln zum griechischen Festland gelangte. Daß wir dabei einen der Hauptumschlagplätze des Waren- wie des Ideentransfers zwischen Kleinasien und Griechenland vor allem in späterer Zeit in Ugarit und in Zypern suchen müssen, ist unübersehbar.

Selbst Architekturformen, die sakrale, oft aber auch dekorative Bedeutung gehabt haben mögen, wanderten von Ost nach West. Ob wir es dabei mit einer Ideenübertragung durch Krieger und Kaufleute oder mit einer gewissen Mobilität von Handwerkergruppen zu tun haben, ist schwer zu sagen. Auch können wir von der Zeit des hethitischen Großreiches an, wo wir vom Briefwechsel zwischen dem Hethiterkönig und Fürsten im westlichen Kleinasien wissen, schriftliche Anregungen nicht ausschließen.

Ein berühmtes Beispiel der Motivübernahme sind die Torlöwen von Hattuşa, denen wir, anders gruppiert und doch in ähnlicher Haltung – stilistisch vergleichbar –, am Löwentor von Mykene wiederbegegnen.

Mehr aber noch als architektonische und skulpturale Einzelformen mag der Gedanke repräsentativen Ausdrucks in Architektur und Kunst seinen Weg zu den Königen des Westens gefunden haben. So, wie die Paläste Kretas ohne orientalischen Einfluß nicht denkbar sind, drückt sich auch in den mykenischen Burg- und Palastbauten ein Macht- und Gestaltungswille aus, der seinen Ursprung sicher in den Großbauten der Hochkulturen des Vorderen Orients hat. Diese Auffassung vertritt auch Fritz Schachermeyr, wenn er in seinem 1984 erschienenen, letzten Werk *Griechische Frühgeschichte* als Fazit seiner lebenslangen diesbezüglichen Studien schreibt: »Sowohl die minoische Gesittung wie auch die der mykenischen Welt standen durchaus im Zeichen der orientalischen Vorstellungen von dynastischer Macht- und Palastherrlichkeit.«

DIE SPUR DER GÖTTER UND TITANEN

Der Schritt vom Materiellen zum Spirituellen, von der Realität zum Mythos ist voller Tücken und Gefahren. Was dort greifbar und nachweisbar ist, geht hier ins Ungefähre, in eine schwer faßbare, vielschichtige Welt der Vorstellungen und der Imagination. Wir wissen nicht, woher sie kommen und wie sie entstanden sind. Ihre Spuren verlieren sich in einer Vergangenheit, die wir aufmerksam durchwandert haben, ohne von ihren Anfängen etwas wahrzunehmen. Und doch scheinen auch sie irgendwo im vorderasiatischen Raum ihre Wurzeln zu haben. Eines nur ist sicher: All diese Mythen und Geschichten von Göttern und Titanen sind jünger als der Kult der Großen Mutter. Sie spiegeln Lebensformen wider, denen Gewalt, Verschlagenheit und Bosheit nichts Fremdes mehr sind.

Wir begegnen einer Götterwelt mit betont gegensätzlichen Aspekten – mit der ganzen Palette von Hilfreich und Gut bis hin zu Böse, Grausam und Schlecht – erstmals im vierten vorchristlichen Jahrtausend in Mesopotamien. Dort scheinen sie aus den das Land beherrschenden vier Naturelementen hervorgegangen zu sein: dem endlosen, wechselvollen Himmel, der fruchtbaren Erde, dem stürmischen Wind und dem tosenden Wasser. Aus diesen vier Elementen entstanden bei den Sumerern vier Gottheiten: der Himmelsgott An, die Erdgöttin Uras oder Ki, aus der später Nintu und endlich Inanna wurde, die Göttin der Liebe und der Fruchtbarkeit, Enlil, der unberechenbare Herr des Windes, und Enki, der Gott des Wassers, den sie auch »Herrn der Erde« nannten.

Mit An erschien zum erstenmal eine männliche Gestalt an der Spitze des Pantheons. Doch seine praktische Bedeutung war gering. Ans Tochter Inanna dagegen gewann nicht nur die göttliche Vormacht im Land, sondern nach der listenreichen Verdrängung ihrer Vorgängerinnen Ki, Uras und Nintu auch den Platz an Ans Seite. Dem Himmelsgott in Blutschande verbunden, zeigt sie ein ganz anderes Gesicht als die Fruchtbarkeits- und Muttergöttin, der wir vorher in Anatolien begegnet sind. So wie sich die Menschen in der Auseinandersetzung um Besitz und Macht gewandelt hatten, wandelten sich auch die Götter in den Glaubensvorstellungen des Volkes.

Offenbar war das hurritische Reich von Mitanni im nördlichen Mesopotamien einer der späten Götterumschlagplätze zwischen der sumerisch-akkadischen Welt, die um 2000 v. Chr. untergegangen war, und dem Vorderen Orient, in dem die Hethiter ihre Vormachtstellung auszubauen begannen. Dabei hat kein unmittelbarer Kontakt zwischen dem späten Sumer und dem jungen Mitanni bestanden. Vielmehr war Nordsyrien das Tor, durch das sumerische Göttervorstellungen zu den Hurritern gelangten, die sie nun mit eigenen, angestammten Religionsformen kombinierten. So begegnen wir vielen Götternamen, die uns neu sind und die wahrscheinlich aus der kurdischen Heimat der Hurriter stammen.

Die wichtigsten Götter allerdings scheinen trotz ihrer hurritischen Namen Mischformen aus eigenen Gottheiten und mesopotamischen Göttern zu sein. Das gilt für den Wettergott Teschschup ebenso wie für Schawuschka, die höchste Göttin der Hurriter, die in der neuen nordmesopotamischen Heimat mit der babylonischen Göttin Ischtar (Istar) – der Nachfahrin Inannas – verschmolz. Hier handelt es sich offenbar um einen Vorgang, der sich später in Hattuşa wiederholt hat, wo Sonnengöttin und Wettergott ebenfalls an die erste Stelle traten. Allerdings steht Schawuschka den Menschen näher als die Sonnengöttin von Arinna. Sie ist die Göttin der Liebe und des Kampfes, sorgt für Fruchtbarkeit auf den Feldern wie in den Häusern und für den Sieg in der Schlacht.

Sieht man von diesen Hauptgöttern und ihren vielfältigen Funktionen ab, so sind es vor allem die in uralte Schöpfungsmythen verflochtenen Göttergenerationen und ihr dramatisches Schicksal, die uns interessieren. Dabei zeigen sich über mehrere Kulturkreise hinweg Ähnlichkeiten und Übereinstimmungen, die uns nachdenklich machen. So zählt der sumerische Schöpfungsmythos fünfzehn Göttergenerationen von je einem Götterpaar, an deren Beginn Abzu, »der Zeuger« als Urgott, und Tiamat, die Göttin, »die sie alle gebar«, stehen. Abzu ist identisch mit dem »Süßwasserozean«, Tiamat mit dem Meer. Hier im alten Mesopotamien kommt alles aus dem Wasser. Das Wasser ermöglicht und begrenzt das Leben, dessen Rhythmus von den beiden Strömen Euphrat und Tigris und vom südlich anbrandenden Meer bestimmt wird.

Auch bei den Griechen begegnen wir einem solchen, mit dem Wasser identifizierten Götterpaar am Anfang ihrer Mythologie: Okeanos und Tethys. Mag das auch noch eine zufällige Ähnlichkeit sein, so finden wir in der Abfolge der Göttergenerationen und ihrer zum Teil harten Schicksale Übereinstimmungen, die uns bei der Betrachtung der religiös-mythologischen Ost-West-Drift überraschen, zumal auch schriftliche Zeugnisse vorliegen.

In der hurritischen Liste der Göttergenerationen, die am Anfang stehen, begegnet uns ein althurritischer Gott von geringer Bedeutung namens Kumarbi, der unter Philologen und Religionswissenschaftlern eine weit über seinen Rang im Pantheon hinausgehende Beachtung gefunden hat. Das hängt mit einem Mythos zusammen, der im »Gesang vom Königtum im Himmel« die Göttergenerationen vor der Herrschaft des Wettergottes aufzählt und ihre Konflikte schildert. Leider ist die Tafel mit diesem, wie wir sehen werden, außerordentlich interessanten Text nicht vollständig erhalten. An der spannendsten Stelle bricht sie ab. Doch das, was wir besitzen, ist aufregend genug. Wir lesen:

»Vormals in uralten Zeiten war Alalu König im Himmel. Alalu sitzt auf dem Thron. Der starke Anu, der erste unter den Göttern, steht vor ihm. Zu seinen Füßen neigte er sich nieder, den Becher reicht er ihm zum Trinken.

Neun Jahre lang war Alalu König im Himmel. Im neunten Jahre lieferte Anu dem Alalu einen Kampf und besiegte den

Alalu. Und der floh vor ihm und ging hinab in die dunkle Erde. Hinab ging er in die dunkle Erde, Anu aber setzte sich auf den Thron. Anu sitzt auf dem Thron, der starke Kumarbi bedient ihn. Zu seinen Füßen neigt er sich nieder, den Becher reicht er ihm zum Trinken.

Neun Jahre lang war Anu König im Himmel. Im neunten Jahre ... lieferte Kumarbi dem Anu einen Kampf. Den Augen des Kumarbi hielt Anu nicht stand, er entschlüpfte den Händen Kumarbis und er floh, Anu. Und er flog zum Himmel, hinterdrein näherte sich Kumarbi, er faßte Anu an den Füßen, und vom Himmel herunter zog er ihn.

Seine Genitalien biß er ab, sein Sperma vereinigte sich wie Bronze mit dem Inneren Kumarbis. Als Kumarbi das Sperma des Anu heruntergeschluckt hatte, freute er sich und lachte. Anu wandte sich zurück zu ihm und begann zu Kumarbi zu sprechen: ›Du freust dich über dein Inneres, weil du mein Sperma geschluckt hast. Freue dich nicht über dein Inneres! Ich habe eine Last in dein Inneres gelegt. Zum einen habe ich dich mit dem schweren Wettergott geschwängert, zum zweiten habe ich dich mit dem Fluß Tigris geschwängert, der nicht auszuhalten ist, zum dritten habe ich dich mit dem schweren Gotte Tasmisu geschwängert, und zwei (weitere) furchtbare Götter habe ich als Last in dein Inneres gelegt. Du wirst dahin kommen, daß du am Ende mit deinem Haupt die Felsen des Gebirges schlägst!‹«

Hier bricht der zusammenhängende Text ab. Es folgen noch Bruchstücke, die allerdings trotz ihrer Lücken sehr aufschlußreich sind. Da heißt es: »Als Anu aufgehört hatte zu sprechen, ging er empor zum Himmel. Und er verbarg sich. Aus seinem Mund heraus spie Kumarbi, der kluge König. Aus dem Munde heraus spie er ... ineinandergemischt. Was Kumarbi nach oben spie ...«

Weiter ist nicht zu lesen. Doch es besteht kein Zweifel, daß der Bericht über den Angriff Kumarbis auf seinen Vater Anu mit dem Sieg des heraufkommenden Wettergottes über all die anderen Götter endet, die er, wie wir in einem weiteren Fragment lesen, »in die dunkle Erde trieb«.

Die Keilschrifttafeln, denen wir diese Texte verdanken, wurden im Archiv von Hattuşa gefunden, wo sie wahrscheinlich nach älteren Vorlagen 1350 v. Chr. niedergeschrieben worden sind.

Die Jahre, von denen hier die Rede ist, sind natürlich Äonen, Weltenjahre. Ohne Zweifel geht der Mythos auf sumerisch-akkadisch-babylonische Überlieferung zurück. Dem Kastrationsmotiv, nach dem der Sohn den Vater entmannt, begegnen wir hier zum erstenmal. Doch wir finden es Jahrhunderte später wieder in der berühmten *Theogonie* des griechischen Dichters Hesiod. Der berichtet von den ersten griechischen Göttergenerationen – von Okeanos und Tethys und vom Geschlecht der Titanen, das mit Gaia und Uranos beginnt. Von ihnen und ihren Kindern heißt es in der *Theogonie*:

»Und sie alle, die so von Gaia und Uranos stammten,
Waren gar schreckliche Kinder, verhaßt dem eigenen Vater
Gleich von Anfang. Sobald von ihnen einer geboren,
Barg er sie alle und ließ sie nicht zum Lichte gelangen,
Tief im Schoße der Erde, sich freuend der eigenen Untat,
Uranos. Aber es stöhnte im Innern die riesige Erde
Grambedrückt und sann auf böse, listige Abwehr;
Und sie formte sogleich ein graues Eisengebilde,
Eine gewaltige Sichel; den lieben Kindern zur Lehre
Sprach sie ermutigend so, bekümmert im eigenen Herzen:
›O ihr Kinder von mir und dem grausigen Vater, sobald ihr
Willig, mir zu gehorchen, so rächt an dem eignen Erzeuger
Schlimme Schmach; zuerst hat er ja selber gefrevelt.‹
Sprach's, und alle erfaßte Entsetzen, und keiner von ihnen
Redete; nur der große, der listenmächtige Kronos
Gab, vom Mute beseelt, der erhabenen Mutter die Antwort:
›Mutter, so will denn ich dir dies versprechen und möchte
Gern das Werk vollenden, denn unser verrufener Vater
Kümmert mich wenig, zuerst hat er ja übel gehandelt.‹
Sprach's; da freute im Herzen sich sehr die gewaltige Gaia,
Barg ihn im sichern Versteck und gab eine zahnige Sichel

Ihm in die Hände und lehrte ihn lauter listige Schliche.
Und es kam an mit der Nacht der gewaltige Uranos, sehnend
Schlang er sich voller Liebe um Gaia und dehnte sich endlos
Weit. Da streckte der Sohn aus seinem Verstecke die linke
Hand und griff mit der rechten die ungeheuerlich große
Schneidende, zahnige Sichel und mähte dem eigenen Vater
Eilig ab die Scham und warf im Fluge sie weit
Hinter sich; sie entflog nicht eitel und unnütz den Händen.
Denn die blutigen Tropfen, so viele sie niedergeronnen,
Sammelte alle die Erde; im Lauf der kreisenden Jahre
Schuf sie Erinnyen draus, gar starke und große Giganten.
Waffenleuchtende Riesen, die ragende Lanze in Händen,
Nymphen auch, melische nennt man sie auf unendlicher
[Erde.«

Die Nähe von Thema und Ausführung über weite Entfernung und die zeitliche Distanz von Jahrhunderten ist überraschend. Sie kann nicht zufällig sein. Doch erkennen wir auch, daß die Kulturdrift nicht immer in der unmittelbaren Abfolge von Gleichem oder Ähnlichem besteht, sondern daß wir es hier wohl mit bisher unbekannten Durchgangsstadien, vor allem aber auch mit langen Entfaltungszeiträumen zu tun haben. Ferner ist zu bedenken, daß hinter Mythen, wie wir sie hier zitiert haben, eine weit über das so persönlich gefaßte Göttererleben hinausgehende Symbolik steht, die wir nur zuweilen enträtseln können.

Den beiden Kastrationsberichten liegt nach übereinstimmender Auffassung führender Vertreter der entsprechenden fachwissenschaftlichen Bereiche der weitverbreitete Mythos der Trennung von Himmel und Erde zugrunde, dessen Ursprung im Vorderen Orient zu suchen ist. Dieser Mythos erst macht den Weg frei für die himmlischen Götter, aber auch für ein unbeschwertes Leben der Menschen auf dieser Erde. Die Gewalt der Urgötter und Titanen – sowohl Anu wie Uranos stehen für den Himmel – mit ihrer auf Mutter Erde lastenden Macht wird gebrochen.

Wir haben es hier wohl mit einer durch Krieg und Herrschaft ausgelösten Vorstellung von einem Durchgangsstadium zwischen der Zeit der Großen Mutter und einer Zeit veränderter, doch nicht mehr durch heraufziehende Gewalt in Schrecken erstarrender Wirklichkeit zu tun. Dieser Wandel wird durch einen gleichfalls im Vorderen Orient ausgelösten unverkennbaren Bedeutungszuwachs der Göttinnen bestätigt. Er hat, wie wir sehen werden, die Entfaltung weiblicher Kräfte im griechischen Pantheon wesentlich mitbestimmt. Allerdings sehen wir am Beispiel der Erdgöttin Gaia auch den Wandel weiblicher Grundhaltung in einer veränderten Umwelt.

Noch einem anderen Aspekt müssen wir bei der Betrachtung der Mythenwanderung Beachtung schenken. Während die Kastration bei den Griechen mit einer Sichel, das heißt geplant und bewaffnet, durchgeführt wird – ein heimtückischer Akt, will man es moralisch wägen –, geschieht die Handlung Kumarbis spontan, unter Einsatz der eigenen Kraft und Stärke.

Und doch geht, wie wir aus einem späteren Teil des Kumarbi-Mythos erfahren, die Sichel als Werkzeug zur Trennung von Himmel und Erde gleichfalls auf ein hurritisch-hethitisches Vorbild zurück, das zugleich die oben angedeutete Verbindung der Kastrationsmythen mit der Vorstellung von der Trennung von Himmel und Erde bestätigt. Diese Trennung von Himmel und Erde steht am Anfang einer bewohnbaren Welt mit dem Aufscheinen von Sonne, Mond und Sternen, mit der Entfaltung von Leben und dem Beginn der das Leben erhaltenden Fruchtbarkeit.

Können wir also in den beiden erschreckenden Kastrationsmythen eine symbolische Darstellung des Urbeginns allen Lebens sehen – einen Aufbruch –, dokumentieren die darauffolgenden Texte schon die Kämpfe und Auseinandersetzungen, die das Leben in seinen vielfältigen Erscheinungsformen provoziert und hervorbringt.

Als Kumarbi in einem späteren Mythos versucht, den Wettergott zu entthronen und seine verlorene Macht wiederzugewinnen, zeugt er mit einem Felsen den Steindämonen Ullikummi, den er auf die rechte Schulter des Himmel und Erde tragenden

Riesen Upelluri setzt. Ullikummi wächst auf der Schulter des Riesen zu so ungeheurer Größe heran, daß er bald den Himmel erreicht und zu einer Bedrohung für die Götter wird. Als einer der Götter Upelluri nach seinem Befinden angesichts der ständig wachsenden Last befragt, antwortet Upelluri: »Als man Himmel und Erde auf mir erbaute, merkte ich nichts. Als man dann Himmel und Erde mit einer kupfernen Sichel auseinanderschnitt, spürte ich nichts. Jetzt aber schmerzt meine rechte Schulter. Ich weiß nicht, wer der Gott dort oben ist.«

Nach dieser Rede spricht Aja, der Gott der Weisheit, als er den riesigen Stein auf Upelluris Schulter sieht: »Höret meine Worte, ihr vorzeitlichen Götter, die ihr die alten Worte kennt. Öffnet sie wieder, die ehrwürdigen, vaterzeitlichen, großvaterzeitlichen Siegelhäuser. Das Siegel der vorzeitlichen Väter soll man bringen und sie damit (dann) wieder versiegeln. Man soll auch die uralte kupferne Sichel wieder herausholen, mit der man Himmel und Erde auseinandergeschnitten hatte. Mit ihr soll man den Ullikummi, den Diorit, an den Füßen unten abschneiden – ihn, den Kumarbi gegen die Götter als einen Rebellen geschaffen hat.«

Hier soll die Sichel zur Erhaltung des Gleichgewichts zwischen Himmel und Erde, zwischen Göttern und Menschen aus ihrer unterirdischen Kammer hervorgeholt werden. Interessant ist dabei, daß nicht – wie bei den Griechen – die Erdgöttin als Hüterin der Sichel, der Leben bewahrenden Waffe, angerufen wird, sondern die »vorzeitlichen Väter«. Ob sich darin so etwas wie eine frühe Form des Geschlechterkampfes im wohl von Priestern geschaffenen Mythos ausdrückt, vermögen wir nicht zu sagen. Sicher aber ist, daß es im Kumarbi-Mythos genauso ums Überleben von Göttern und damit auch um den Fortbestand der sie verehrenden Menschen geht wie in Hesiods *Theogonie,* wo letztlich der grausame, seine Kinder verschlingende Kronos mit Hilfe einer List seiner Frau Rhea durch Zeus überwunden wird.

Zeus, das ist nun eine neue, man möchte sagen menschliche Dimension des Göttlichen. Die drückt sich vor allem in seinem

Verhältnis zu den Göttinnen, allgemeiner gesagt zur Frau aus. Für ihn gibt es das östliche Vorbild nicht. In ihm erkennen wir eine urgriechische Schöpfung, die wahrscheinlich schon von den ältesten indoeuropäischen Einwanderern als Vegetationsgott in die Ägäis mitgebracht wurde. Als ihre Gottheit war er dazu ausersehen, Göttervater im griechischen Pantheon zu sein. So wurde er, trotz seiner im Mythos bezeugten Geburt auf Kreta ein echter Achäergott, zum Hauptgott in der griechischen Mythologie und Theogonie, wie sie uns Homer und Hesiod hinterlassen haben.

GÖTTERWANDERUNG

Die nun entstehende Frage nach der Herkunft all der vielen Aspekte der griechischen Religion ist nicht leicht zu beantworten. Der Mythos bietet zwar Einblicke und Ansatzpunkte, aber keine Zusammenhänge. Vielfältig sind die Mythen, die sich um Götternamen und Götterschicksale ranken. Dabei stellen wir fest, daß die meisten Götter ihren Ursprung nicht bei den Griechen selbst haben. Wir begegnen ihnen unter verschiedenen Namen, die doch den gleichen Gott meinen, im weiten Umfeld, das wir durchschritten haben, zwischen dem Vorderen Orient, Südwestasien und dem Balkan, wo besonders das alte Thrakien – die Heimat des Dionysos – ein götterträchtiges Gebiet ist.

So dürfen wir im wahrsten Sinne des Wortes von Götterwanderungen sprechen. Darunter ist zweierlei zu verstehen: einmal die Wanderung der Völker, die von ihren Göttern begleitet wurden; zum zweiten aber auch die Wanderung von Göttern, die dort, wo sich Völker und Kulturen begegneten, ihre stärkste Wirkung zeigten und deshalb weitergegeben wurden als Träger besonderer magischer Kräfte und numinoser Stärke, als Helfer der Menschen, wie sie uns später im griechischen Mythos begegnen.

Allein drei Mythen vom Ursprung der Welt und des Lebens haben Eingang in die griechische Mythologie gefunden. Außer dem Beginn der Göttergenealogie mit Okeanos und Tethys ist es die bei Hesiod in der *Theogonie* stehende Geschichte vom Chaos, von der Erdmutter Gaia und Eros, »dem schönsten unter den todfreien Göttern«; ferner die in den orphischen Schriften überlieferte Erzählung von der Nacht, dem Ei und Eros.

In der Erdmutter Gaia scheint eindeutig die Große Mutter des

Vorderen Orients auf. Auch Eros, der Liebesgott, geht als kosmisches Element der Zeugungskraft auf früheste Vorstellungen zurück. Nur durch seine Gegenwart kommt es zur Begattung von Himmel und Erde, die das Geschwisterpaar Okeanos und Tethys zeugten. Der Geschlechtstrieb als eines der Urphänomene des Lebens erscheint hier als Gottheit, ohne die das Chaos nie überwunden worden wäre. Insofern gelten die Große Mutter und Eros, das männliche göttliche Prinzip, wie immer es sich auch im Laufe der Jahrtausende darstellt, als Anfang der Ordnung, als Beginn des Zeitlichen. Im Zeitlichen aber stellt der Mensch das Vergängliche, das Sterbliche dar.

Von ihm unterscheiden sich die Götter durch ihre Heraufkunft aus dem Zeitlosen und die ihnen dadurch geschenkte Unsterblichkeit. Trotzdem sind beide – Götter und Menschen – gleichen Ursprungs, wie wir bei Hesiod lesen. Doch auch diese Vorstellung entsprang keinem original-griechischen Gedanken. Sie entstand aus den Erlebnissen und Erfahrungen, die frühe Menschen mit dem Walten der Natur und ihrer oft unbegreiflichen Kräfte, vor allem aber mit dem ununterbrochenen Rhythmus von Geburt und Tod gemacht haben.

Damals schon ließ die menschliche Vorstellungskraft eine Fülle von Wesen zwischen den unsterblichen Göttern und den sterblichen Menschen entstehen, die jenes kosmische Spektrum bildeten, das in der späteren Terminologie von den Titanen und Giganten über Naturgeister und Dämonen bis zu den Kentauren, Gnomen, Nixen und Nymphen reichte.

Eine allbeseelte Welt des Sichtbaren und des Unsichtbaren, des Sterblichen wie des Unsterblichen beherrschte die Vorstellung der Menschen. Unterscheidendes und Differenzierendes war ihnen fremd. Für sie stand alles mit allem in Verbindung. Der Gedanke an logische Zusammenhänge, an Ursache und Wirkung menschlichen Tuns existierte nicht für sie. Das Leben des einzelnen war nur ein Aspekt des Ganzen, das zum überwiegenden Teil aus unsichtbaren Kräften, aus unbegreiflichen Erscheinungen und aus geheimnisvollen, unerklärlichen Abläufen bestand.

Um Erklärungen dafür zu finden, schuf man eine unübersehbare Fülle von scheinbar unzusammenhängenden, logisch nicht faßbaren Geschichten, die sich oft widersprechen und vor allem Götterreaktionen zuweilen ganz unverständlich erscheinen lassen. Eines aber ist ihnen allen gemeinsam – eben jener Allzusammenhang, um den der heutige Mensch nicht mehr weiß, und der, wie wir sehen werden, schon den Griechen allmählich verlorenging.

So wird verständlich, daß auch die Entstehung des Menschengeschlechts keine übereinstimmende Erklärung gefunden hat, wie wir sie etwa aus dem biblischen Weltschöpfungsbericht kennen. Die Fülle dessen, was an diesbezüglichen Vorstellungen noch lange bestand, spiegelt ein wenig das fast erheiternde Spiel mit Vermutungen wider, das der 235 n. Chr. in Rom verstorbene Kirchenlehrer Hippolyt in seiner *Zurückweisung aller Häresien* von der Entstehung des Menschen treibt. Dort lesen wir:

»Die Erde war es, die als erste den Menschen emporgesandt hat, eine schöne Frucht stiftend, da sie die Mutter nicht nur von fühllosen Pflanzen und unvernünftigen Tieren sein wollte, sondern auch eines zahmen und frommen Lebewesens. Es ist indessen schwer herauszufinden, ob Alalkomeneus in Böotien am Kopaissee als erster Mensch emportauchte; ob es die Idäischen Kureten waren, ein göttliches Geschlecht, oder die Phrygischen Korybanten, die der Sonnengott zuerst erblickte, als sie wie Bäume emporschossen; ob Arkadien den Pelasgos, der schon vor dem Mond da war, oder Eleusis den Dysaules, den Bewohner des Rharischen Gefildes, oder Lemnos den Kabiros als ersten Menschen gebar, einen schönen Knaben in unaussprechlichen Mysterien, oder Pallene den Phlegräischen Alkyoneus, den ältesten der Giganten.«

Da ist noch keine Rede vom biblischen Schöpfungsbericht der Genesis. Adam und Eva sind für Hippolyt in seinem Werk gegen die das Christentum in Frage stellenden Irrlehren noch kein Thema. So weit in die frühchristliche Zeit hinein, ja zuweilen noch bis in unser Mittelalter reicht die Nachwirkung dessen, was als uralte Überlieferung durch die Griechen lebendig geblieben war, weit über eine Gläubigkeit hinaus, die wir schon bei Homer schwinden sehen.

Wohl aber besteht bei Homer und auch später noch jene wichtige mythologische Brücke zwischen Göttern und Menschen, die eine Verbindung der beiden Welten nicht nur möglich macht, sondern sie als ein Stück mythologischer Wirklichkeit von dramatischer, oft auch tragischer Präsenz erscheinen läßt.

Wir meinen die Menschen, die von Göttern gezeugt oder von Göttinnen geboren werden. In ihnen repräsentiert sich jenes besondere Heldentum – eine griechische Eigenheit –, dem wir in den Epen Homers, aber auch in der griechischen Tragödie so eindrucksvoll, schicksalsträchtig begegnen.

Auch hier wird noch einmal jener Allbezug deutlich, der das Ganze verbindet, in dessen Zusammenhang nichts unmöglich, aber auch das vom Schicksal Verhängte nicht zu umgehen ist. Dabei bleibt manches Geheimnis. Und viele Ereignisse der frühesten Zeit werden vergessen, verwandeln sich in Mythos oder sinken ins nicht mehr Vorstellbare hinab.

So, wie die Herkunft der ersten Menschen aus griechischer Sicht nicht mehr lokalisierbar ist, hatte man auch die ältesten Ursprungsgeschichten der Götter schon früh durch neue Mythen ersetzt. Nur bei der Großen Mutter blieb das Bewußtsein ihres anatolischen Ursprungs erhalten. Doch die eine und einzige Göttin, als die man sie im Vorderen Orient lange verehrt hatte, war sie bei den Sumerern und später bei den Hurritern und Hethitern schon nicht mehr gewesen. Nach Griechenland hatte sie den Weg über Kreta gefunden. Doch treffen wir sie im ägäischen Raum auch nach dem Untergang der kretischen und der mykenischen Kultur vielgestaltig und funktionsreich wieder.

Als Gaia sind wir ihr bereits begegnet, als Rhea ist sie die große Göttermutter, die durch Kronos, den unersättlichen Kinderfresser, sechs Gottheiten zur Welt brachte, die überlebten: Zeus, Poseidon, Hades, Demeter, Hera und Hestia. Damit war die erste Generation der olympischen Götter samt ihrem Anführer geboren. Unter dem Namen Kybele war die Große Mutter auch im phrygischen Raum lebendig geblieben oder vielmehr wieder erweckt worden. Sie wird als phrygische Königstochter beschrieben. Ein anderer Mythos kennt sie als Göttin, die vom Himmel gefallen ist. Beide Überlieferungen weichen jedoch ab von der historisch nachweisbaren Herkunft Kybeles aus Syrien, wo sie um 1000 v. Chr. unter dem Namen Kubaba in Keilschrifttexten aus Karkemisch genannt wird.

In phrygischer Zeit begegnen wir ihr als stehender oder thronender Gottheit von ehrfurchtgebietender Majestät, aber auch als wilder Natur- und Berggöttin, die auf einem von Löwen gezogenen Wagen mit dämonischem Gefolge und kreischender Musik durch die Landschaft braust.

Einen anderen Aspekt der Großen Mutter – schon weit abgerückt von ihrer ursprünglich umfassenden Bedeutung – fanden wir in der babylonischen Ischtar. Deren zweiter Name – Aschtoret – klingt an Aphrodite an, die schaumgeborene Göttin der Liebe, die vor der zyprischen Küste als eine der fruchtbringenden Folgen der Entmannung des Uranos aus den Wogen des Meeres stieg.

Aphrodite ist in ihrer ursprünglichen Form die nackte Göttin mit betonter Vulva, die den alten Bildern der Großen Mutter ikonographisch am nächsten steht. Im griechischen Mythos wird die Göttin auf Zypern von den Horen, den Töchtern der Ordnung und Sitte verkörpernden Göttin Themis, empfangen – bekleidet, bekränzt und reich geschmückt. Hier erscheint zum erstenmal die verwandelnde Kraft des Sittlichen, der Geschlechtsmoral im griechischen Mythos.

Doch gibt es auch eine griechische Variante der Aphroditengeburt, die der Liebesgöttin ihre Nacktheit läßt. Es ist jene in der europäischen Kunst oft dargestellte Szene, in der Aphrodite einer Muschel entsteigt, mit der sie an der Küste der Insel Kythera gelandet war. Die Muschel galt, wohl im Hinblick auf ihre vaginale Form, als heiliges Tier der Liebesgöttin. Der große griechische Bildhauer Praxiteles hat im vierten Jahrhundert eine erste Statue der nackten Göttin, ohne Rücksicht auf das göttliche Sittengebot der Themis, für die Stadt Knidos an der anatolischen Küste geschaffen.

Es heißt, die Genehmigung für die Aufstellung dieses kühnen Bildwerks, das die nackte Göttin vor dem Bade zeigt, gehe auf eine anatolische Statue der Aphrodite zurück, die in Knidos im Mittelpunkt eines alten Aphrodite-Kults gestanden habe. Praxiteles hat die Nacktheit der Göttin zweifach modifiziert. Er stellt sie mit ihrem Gewand dar, das sie eben abgelegt hat und aus ihrer linken Hand über ein hohes, fein reliefiertes Wassergefäß gleiten läßt, während sie die Rechte schützend vor ihre Scham hält.

Auf der Insel Kos dagegen, für die Praxiteles zwei Statuen, eine bekleidete und eine unbekleidete, zur Auswahl geschaffen hatte, entschied man sich für Themis: die Ordnung.

Erst Jahrhunderte später, als die Beziehung zu den Göttern sehr viel lockerer geworden war, man ihre Darstellung wirklich nur noch als Kunstwerk begriff, variierten die Statuen von verführerisch nackt über eine Gewandung, die den Schoß eben noch bedeckt, bis hin zu einer über die Knöchel bekleideten Aphrodite, die jedoch in tänzerischer Pose verlockend ihre rechte Brust entblößt.

In einer Szene aus dem zweiten Jahrhundert, die sie, von einem neckischen geflügelten Eros umschwebt, mit dem gehörnten Gott Pan zeigt, verdeckt sie wie bei der knidischen Aphrodite des Praxiteles die Scham. In der erhobenen Rechten hält sie scheinbar zur Abwehr eine Sandale. Doch ihr dem Pan zugewandtes Gesicht spricht eine andere Sprache. Es ist voller Verlockung und Verheißung.

Am weitesten entfernt von ihrem betont erotischen, vorderasiatischen Ursprung, der in diesen Bildwerken deutlich wird, ist die Darstellung der Herkunft Aphrodites bei Homer, der die Göttin als Tochter des Zeus und der Okeanos-Tochter Dione vorstellt. Hier zeigt sich der Versuch, fremde Gottheiten von weither in den selbstgeschaffenen Mythos einzufügen, dem wir sowohl bei Homer wie bei Hesiod begegnen.

Kein Wunder, daß viele Verehrer des klassischen Griechenland mit dieser Dichtung und mit den Bildwerken, die der Mythos von der archaischen bis zur klassischen Zeit in edler Form hat entstehen lassen, auch die Religion als etwas im Lande

Gewachsenes, als einen Ausdruck griechischer Originalität sehen wollen.

Doch der bedeutende Erforscher griechischer Religion, Martin P. Nilsson, überschreibt einen Abschnitt seiner *Geschichte der griechischen Religion* mit »Eingewanderte Götter«. Und er nennt hier den Kriegsgott Ares und Hephaistos, den Gott der Schmiede, aber auch Aphrodite und Dionysos. Schließlich, und das mag unter Griechenland-Freunden die größte Überraschung auslösen, verweist Nilsson noch auf die asiatische Herkunft Apollons. Er schreibt jedoch in diesem Zusammenhang: »In bezug auf Apollon sind die Meinungen aufs schärfste getrennt.«

Auch Apollon erscheint im weitverzweigten griechischen Götterstammbaum der Olympier wie Aphrodite als Kind des Zeus, geboren auf der Insel Delos. Nilsson sieht jedoch gerade darin einen Beweis für den nichtgriechischen Ursprung Apollons, auch wenn dieser später geradezu zum Inbegriff des Griechischen in seiner reinsten, edelsten Form geworden ist.

Schon der Senior der griechischen Kultur- und Religionsgeschichtsschreibung, Wilamonitz-Moellendorff, hatte darauf hingewiesen, daß Apollon in der *Ilias* als Feind der Griechen und Beschützer der Trojaner sowie der Lykier auftritt. Er schließt daraus, daß Apollon ursprünglich kein griechischer, sondern ein vorderasiatischer Gott gewesen sein muß.

Apollons Hauptfunktion in dieser Frühzeit bestand in Reinigungs- und Sühnehandlungen. Sein Kult war mit Orakeln verbunden. Nilsson vermutet für diese Aktivitäten babylonische und hethitische Ursprünge, die mit kosmischen Vorstellungen und Kulthandlungen in Verbindung gestanden haben.

Auch unter den Griechen waren Apollons Hauptheiligtümer, neben der Geburtsinsel Delos, alte Orakelstätten: Delphi und das kleinasiatische Didyma bei Milet. Gewaltige Tempel von architektonischer, aber auch spiritueller Mächtigkeit sind über das ganze griechische Gebiet verstreut und bezeugen die numinose Wirkungskraft des Apollon, den wir neben Zeus als den wichtigsten und, über jenen hinaus, als den universalsten Gott Griechenlands sehen müssen. Daß er zugleich eine fortwirkende, bindende Kraft in der Zeit nachlassender Gläubigkeit war, macht seine besondere Bedeutung aus. Dies ist aber wohl auch ein später Hinweis auf seine anatolischen Wurzeln, die ihn mit jenen uralten religiösen Kräften verbinden, die zwischen Mesopotamien und dem Mittelmeer von vieltausendjähriger Wirksamkeit waren.

DAS GRIECHENTUM – VORSTELLUNG UND REALITÄT

Wenn wir hier von den Griechen sprechen, ist damit kein von Anfang an historisch zu bestimmendes, in beschreibbaren geographischen Grenzen lebendes Volk gemeint. Denn wir kennen weder Ursprung und Herkunft der unterschiedlichen griechischen Stämme noch den genauen Zeitpunkt ihrer Ankunft im ägäischen Raum. Es scheint, daß die Vorfahren der ältesten Indoeuropäer, die zwischen Thessalien und der Peleponnes gesiedelt haben, etwa zur gleichen Zeit auf dem griechischen Festland eintrafen wie die Hethiter in Anatolien – zu Beginn des zweiten vorchristlichen Jahrtausends.

Die große Völkerbewegung, die zu dieser Zeit Vorderasien und Südosteuropa erschütterte, mag auch hier der Grund für eine Überlagerung alter Kulturvölker durch Neuankömmlinge gewesen sein, die ohne eigenes kulturelles Erbe waren. Doch sie traten, soweit wir sehen können, nicht als vernichtende Eroberer auf. Sie waren vielmehr bereit, aufzunehmen und zu lernen. Eine gewisse Neugier mag ihnen eigen gewesen sein, aber auch ein Interesse an reicheren Lebensformen.

Es waren die Urväter jener Stämme, die von der Mitte des Jahrtausends an die mykenische Kultur schufen und um 1400 sogar das altprächtige Kreta unter ihre Macht brachten – allerdings auch hier, ohne die großartige kretische Kultur zu zerstören. Schon aus diesen wenigen Sätzen wird deutlich, daß sich im Westen, parallel zur hethitischen Entfaltung in Anatolien, eine Kultur entwickelt hat, deren Wurzeln nicht mehr, wie die der ägäischen Vorgängerkulturen, allein in Anatolien liegen. Vielfältig und zum Teil noch unauslotbar sind die Zusammenhänge, denen wir hier begegnen. Das hat verschiedene Gründe.

Die indoeuropäischen Stämme kamen aus den Weiten Südwestasiens und, in zweiter Etappe, aus den Bergländern Südosteuropas. Sie betraten eine karge, zerklüftete Landschaft, deren bestimmendes Element das umgebende wilde Meer war. Mit dieser ungewohnten Situation mußten sich die Neuankömmlinge genauso vertraut machen wie mit den Lebensgewohnheiten der hier seit langem siedelnden ägäischen Stämme. Hatten jene intensive Kontakte über die Kykladen mit Anatolien gepflegt, die über die assyrischen Handelsverbindungen bis nach Mesopotamien reichten, so brach diese Verbindung schon bald nach dem Eintreffen der Neusiedler durch das kriegerische Eingreifen der Hethiter ab. Es bestanden nur noch Verbindungen zu Westanatolien, wobei die mächtige Stadt Beycesultan auf einer Art östlicher Grenzlinie liegt.

Wahrscheinlich ist diese mit ihren Anfängen bis ins fünfte vorchristliche Jahrtausend zurückreichende Stadt um 2000 v. Chr. ebenfalls von indoeuropäischen Stämmen eingenommen, aber nicht zerstört worden. Im Gegenteil! In der Epoche, die wir hier betrachten, hat man in Beycesultan den größten und prachtvollsten Palast errichtet, den wir in Westanatolien kennen. Es ist nicht auszuschließen, daß wir hier, außerhalb des späteren hethitischen Reichsgebiets, eines jener Anregerbauwerke haben, das auf die kretische und dadurch auch auf die mykenische Architektur eingewirkt hat.

Doch haben wir nun auch mit verstärkten ägyptischen, kretischen und zyprischen Direkteinflüssen zu rechnen, die um so stärker wurden, je mehr die Hethiter den unmittelbaren Kontakt zur westlichen Mittelmeerküste behinderten. Das war auch der Grund für die wachsende Bedeutung Ugarits und seiner syrischen Umwelt für den Waren- und Ideentransfer zwischen Vorderem Orient und dem aufblühenden Mykene.

Von Griechenland und Griechentum ist zu jener Zeit noch lange nicht zu reden. Und doch stehen wir hier vor den Anfängen dessen, was später bei uns, weitgehend ohne Kenntnis dieser Anfänge, als Griechisch und im weiteren Sinne als Abendländisch verstanden werden sollte. Damit sind wir bei dem, was wir als Vorstellung vom Griechentum bezeichnen möchten und was einen so starken, durch die Jahrhunderte wirkenden Einfluß auf das europäische Geistesleben ausgeübt hat. Davon zeugt bis heute die Tatsache, daß an unseren humanistischen Gymnasien neben Latein noch immer Griechisch unterrichtet wird.

Mit der Betrachtung des Griechentums haben wir uns nun auch von der Mutter Europas, jenem anatolischen Nährboden früher Kulturen, ihrem ältesten Kind zuzuwenden, das zu jener Zeit im ägäischen Raum heranwächst. Und wir haben uns zu fragen, was noch, angesichts einer so stark gewandelten anatolischen Mutterzone, wirklich auf das Kind einwirkt und seine Entwicklung prägt.

Die Antwort auf diese Frage wird in humanistisch gebildeten Kreisen Europas manche Emotionen auslösen und sicher auch Widerspruch hervorrufen. Und doch muß hier gleich einleitend gesagt werden, daß die bei uns noch immer weitverbreitete Vorstellung von einem autochthonen Griechentum in den Bereich idealistischer Verklärung gehört und mit den historischen Realitäten nichts zu tun hat.

Bewunderung und Verehrung des Griechentums in der gesamten abendländischen Welt sind nicht von den griechischen Stämmen und ihrer Geschichte ausgelöst worden. Sie beziehen sich auf drei Phänomene der griechischen Kultur – Dichtung, Kunst, Philosophie – und haben ihren letzten Grund in einem Bedeutungswandel von Weltanschauung und Kunst, der sich seit Homer, Aischylos und Platon in Griechenland vollzogen hat. Es ist der Wandel vom »Mythos zum Logos«, wie ihn der Althistoriker Wilhelm Nestle in seinem gleichnamigen Buch tiefschürfend gedeutet hat. Er bezeichnet den Vorgang, um den es hier geht, als »Selbstentfaltung des griechischen Denkens«.

Tatsächlich steht mit dem Auftreten des Epikers Homer, des Tragikers Aischylos, des Sängers Pindar und der frühen griechischen Philosophen sowie der Architekten und Bildhauer der klassischen Zeit etwas Einmaliges vor uns, das so weder vorher noch später in Erscheinung getreten ist. Es ist ein Vorgang ohne Beispiel, wie außerhalb der Geschichte, und doch werden wir sehen, daß er ohne seine geschichtlichen Voraussetzungen und Hintergründe weder zu erklären noch zu verstehen ist.

Wir stoßen hier unversehens auf den Schlüssel zu unserem Thema. Anatolien als die Mutter Europas ist freilich nur die eine Seite dieses Themas. Ohne Griechenland und das Griechentum wäre der Vorgang weder erkennbar noch in seiner Bedeutung sinnfällig zu machen. Ein idealisiertes, stilisiertes Griechenbild, wie es weite Teile unserer Griechenliteratur bis heute beherrscht, hilft da nicht weiter, kann der Wahrheit ebensowenig dienen wie das analytische Vorgehen, das im vorigen Jahrhundert so weit führte, dem Dichter Homer seine historische Existenz abzusprechen.

Wenden wir uns deshalb wieder der geschichtlichen Realität zu. Noch einmal bricht etwas Gewaltsames über die Ägäis herein. Wie schon um 2000 v. Chr., als die griechische Halbinsel und Anatolien Ziel der ins Gebiet der Ägäis und nach Vorderasien vorstoßenden ersten indoeuropäischen Stämme waren, trifft der sogenannte Seevölkersturm um 1200 ebenfalls beide Gebiete als Zentren eines vom Umsturz bedrohten Raumes, der von Italien bis Mesopotamien und von Ungarn bis nach Ägypten reicht.

Unter den Völkern, die damals von der ungarischen Tiefebene bis zum südlichen Balkan in Bewegung kamen, sind vor allem die Illyrer und die uns bereits begegneten Thraker zu nennen. Die Thraker werden von einigen Historikern als die Zerstörer von Troja VI angesehen, obwohl seit Blegens Ausgrabungen an einem Untergang durch Erdbeben kaum noch zu zweifeln ist.

Durch den Druck der nach Nordgriechenland einbrechenden Illyrer sind die dort siedelnden Dorer weiter nach Süden abgedrängt worden, wo sie ins mykenische Gebiet einfielen. Die »Dorische Wanderung«, wie man diese Stammesbewegung genannt hat, führte in einem Zeitraum von wohl mehr als hundert Jahren zu einer allmählichen, weiträumigen Veränderung der frühgriechischen Welt, in deren Verlauf auch die bereits angeschlagene mykenische Kultur endgültig zerfiel.

Am Ende dieser Völkerwanderung stand nicht nur eine ethnisch völlig neu strukturierte Ägäis, sondern auch ein nach der Zerstörung Hattuşas umgeformtes, nun wieder nach Westen orientiertes Anatolien.

Die Dorer dominierten nach ihrem Einbruch ins griechische Gebiet bald nicht nur das Festland, sondern auch die Inselgruppen der Kykladen und Sporaden. Sie eroberten Kreta und faßten Fuß an der kleinasiatischen Küste, die in den folgenden Jahrhunderten von Abydos bis Milet griechisches Kolonialgebiet werden sollte. Doch zunächst kommt es noch einmal zu einer Epoche des Versiegens aller historischen Quellen. Damit hüllen sich auch die Anfänge dessen, was wir griechische Geschichte nennen, in ein undurchsichtiges Dunkel. Das ist um so bedauerlicher, als es sich um jene Zeit handelt, in der die ersten griechischen Städte an der kleinasiatischen Küste entstehen oder, wie Milet, endgültig griechisch werden.

Mit der Besiedlung der anatolischen Mittelmeerküste wachsen auch wieder die Einflüsse der beharrlichen, schnellem Wechsel widerstehenden angestammten altanatolischen Kultur, die sich besonders im religiösen Bereich zeigen und auf Glauben und Kult der Kolonisten einwirken. Es kommt zu jener lang anhaltenden Durchdringung der Lebens- und Religionsformen des griechischen Menschen mit überkommenem anatolischem Glaubensgut. So entsteht aus der schöpferischen Auseinandersetzung mit den uralten kulturellen und religiösen Traditionen des Vorderen Orients das, was wir als die archaische Kultur Griechenlands bezeichnen. Es ist ein europäischer Zweig am asiatischen Stamm.

Die Kolonisierung der westlichen Mittelmeerküste war weder ein schneller noch ein einheitlicher Vorgang. Sie hat wahrscheinlich schon vor 1000 begonnen. Alle griechischen Stämme haben sich daran beteiligt. Dabei kam es zu Rivalitäten einzelner Stammesgruppen, so besonders zwischen Äolern, Dorern und Ioniern. Es ging vor allem um die der Küste vorgelagerten Inseln sowie um die Mimas-Halbinsel und das Stadtgebiet von Phokaia und Smyrna.

Im achten Jahrhundert kam es zwischen den ionischen Volksgruppen zu einem politischen Zusammenschluß unter einem gewählten Führer und damit zur Gründung des für die Stabilität des kleinasiatischen Kolonialgebiets wichtigen Ionischen Bundes. Mit dessen Entstehen betreten wir wieder verläßlicheren historischen Boden.

Ein erstes Schlaglicht auf die west-östliche Bewegung der griechischen Stämme wirft das Geschehen der im achten Jahrhundert entstandenen *Ilias*. Ob sie nun einen historischen Vorgang dichterisch gestaltet oder einfach die griechische Landnahme an der anatolischen Küste Epos werden läßt, spielt dabei keine Rolle. Ohne Zweifel spiegelt hier vollendete Dichtung ein Stück früher Geschichte und ihrer Einbettung im Mythos wider.

Auf alle Fälle hat die griechische Landnahme in Anatolien ganz wesentlich zur Ausbildung eines Gemeinschaftsgefühls unter den Siedlern geführt. Doch auch die Übernahme oder Gründung von Städten in einem Gebiet, das von anderssprachigen Menschen bewohnt war, hat wesentlich zur Entwicklung der griechischen Lebensart und ihres Zentrums – der *polis,* der Stadtgemeinde – beigetragen. Diese für das Griechentum so entscheidende Phase seiner Entfaltung ist ohne den Einfluß der umgebenden angestammten Bevölkerung – ihrer Lebensformen, ihrer Religion, ihrer Kultur – gar nicht denkbar.

Die Erinnerung an mykenische Burgen und Städte war nach einem halben Jahrtausend bei Menschen, die keinerlei Beziehungen mehr zur Altkultur ihres Mutterlandes hatten, der sie auch als Stamm nicht verbunden waren, sicher völlig erloschen. In der neuen anatolischen Heimat dagegen war, wie wir am Beispiel Trojas und des frühen, vorgriechischen Milet sehen, das städtische Vorbild gegeben, an dem man sich orientieren konnte.

So empfingen die griechischen Kolonisten von ihrer Umwelt die Anregung zum Bau von Städten, die für sie gleichzeitig Schutz waren gegen Bedrohungen aus der Umwelt. Diese stellte eine ständige Gefahr für den Bestand der griechischen Küstenstädte dar. Auch deutet die Tatsache, daß es den Griechen zunächst nicht gelang, erfolgreich ins Innere Anatoliens vorzudringen, darauf hin, daß die freiheitsliebende Altbevölkerung des Landes sich heftig gegen eine Ausbreitung griechischen Einflusses über die befestigten Küstenstädte hinaus zur Wehr setzte.

Hier haben wir einen der Gründe, daß es in Griechenland niemals zur Ausbildung einer Staatsidee gekommen ist. Isolierte griechische Städte, wie sie zwischen 1000 und 800 v. Chr. an der kleinasiatischen Küste entstanden sind, wie sie aber auch anatolischem Lebensstil entsprachen, waren nicht geeignet, eine Staatsidee aufkommen zu lassen oder gar eine Staatsform auszubilden. Der Geist, der die Griechen in früher Zeit in ihren Kolonialstädten bestimmte, sollte auch das politische Denken der klassischen Epoche des Griechentums dreihundert Jahre später entscheidend prägen.

Gemessen am griechischen Festland, wo eine bäuerliche Bevölkerung auf kargen Böden nur das Nötigste erzeugen konnte, stellten die kleinasiatischen Pflanzstädte bald einen Magnet dar, der immer neue Gruppen nach Osten aufbrechen ließ. So kann es auch nicht erstaunen, daß die großen griechischen Kulturleistungen der Frühzeit ihre Wurzeln nicht auf dem Festland, sondern in den anatolischen Kolonien haben. Dort waren es nicht nur die eigenen konzentrierten Bemühungen um kulturelle Entfaltung und Selbstbehauptung, sondern auch die ständige Berührung mit der uralten angestammten Kulturwelt des Vorderen Orients und mit einer neu auftretenden Kraft, die starke zivilisatorische Impulse vermittelte: den Phöniziern.

Sie hatten sich nach dem Niedergang der kretisch-mykenischen Kultur im östlichen Mittelmeerraum von der syrisch-palästinensischen Küste aus als See- und Handelsmacht ausgedehnt. Dieser begegnen wir in der *Ilias* wie in der *Odyssee* in Gestalt von »kühnen Seefahrern, verschlagenen Handelsleuten und listigen Menschenräubern«. Sie waren aber auch die Vermittler einer in Nordsyrien ausgebildeten Buchstabenschrift an die Griechen, die daraus als älteste reine Lautschrift das griechische Alphabet entwickelten – neben den homerischen Epen die erste kulturelle Großtat der Hellenen.

Das historische Geschehen verlagerte sich damals mehr und mehr an die Küsten. Doch gab es auch zwei wichtige Staaten, die in dieser Zeit der griechischen Küstenkolonisation das anatolische Hinterland beherrschten: Phrygien im Norden und Lydien im Süden.

Während Phrygien nach reicher Blüte bereits zu Beginn des siebten vorchristlichen Jahrhunderts dem Einbruch eines aus Südrußland vorstoßenden Volkes, der Kimmerier, erlag, wurde Lydien mehr und mehr zum Vermittler zwischen anatolischer Tradition und hellenistischem Fortschritt. Herrschernamen wie Gyges und Kroisos spielten damals eine bedeutende Rolle, sind aber nur in legendärer Form in die griechische Geschichte eingegangen. Trotzdem dürfte eine Erscheinung wie Kroisos – des letzten lydischen Königs – bereits von sehr ausgeprägten hellenischen Zügen bestimmt gewesen sein. Schon vor seiner Herrschaft war der griechische Einfluß nach dem früheren inneranatolischen Widerstand immer stärker geworden und hatte das Leben am lydischen Hof entscheidend mitbestimmt.

Es ist die Zeit, in der Anatolien von zwei Seiten her bedrängt und schließlich beherrscht wird: von den Griechen und von den Persern. Damit endet der politische, vor allem aber auch der kulturelle Einfluß Alt-Anatoliens auf das Abendland. Doch zeigt sich, daß er unterschwellig noch vielgestaltig nachwirkt, ohne daß er unmittelbar zu erkennen ist. Vieles, was man immer als autochthon griechisch angesehen hat, enthüllt sich nach und nach als anatolischen Ursprungs. Das gilt vor allem für den religiösen Mythos und seine Erscheinungen im Griechentum. Und das nicht nur im Bereich der ältesten Göttergeschlechter – der Titanen –, sondern auch, wie sich zeigte, bei den späteren olympischen Gottheiten.

DER MENSCH ENTDECKT SICH SELBST

Seinem Ursprung und seiner Bestimmung nach ist der Mensch ein kosmisches Wesen. Von dieser Vorstellung beherrscht, durchlebte er die sogenannten geschichtslosen Jahrtausende. Seine Allverwobenheit hat er damals als Schicksal, aber auch als Schutz angenommen. Er kam aus der Finsternis, aus dem Schoß der Mutter wie die Pflanze aus dem Dunkel der Erde, zu der sie wieder zerfiel, so wie auch er in sie zurückkehrte.

Der Mensch erfuhr Leben, erfuhr Dasein als Intervall von Licht und Finsternis, als täglichen Wechsel, in den er eingebunden war bis zum Augenblick seiner eigenen Rückkehr ins Dunkel, in die Erde, die man als universalen Mutterschoß begriff. In ihn versenkte man den Verstorbenen, damit er wiedergeboren werden konnte zu neuem Leben.

Das ist in kurzen Worten das Fazit der Anfangskapitel dieses Buches, das uns dann in jenes Gebiet geführt hat, in dem sich am frühesten und deutlichsten das entfaltete, was wir kulturelle Entwicklung und Fortschritt nennen. Es ist die Welt des Vorderen Orients mit Anatolien als ältestem Glied, und es ist Europa, das von dort empfing und schon früh – mit Griechenland und Rom – zum Zentrum weitergehender Entwicklung und erkennbaren Fortschritts wurde.

In der Geburtsstunde des Griechentums scheint es, als sei der Strom versiegt, der so lange von Osten nach Westen floß. Doch der Schein trügt. Wenn auch der Umbruch, der sich zwischen 1200 und 800 v. Chr. im anatolisch-ägäischen Raum – in der nun so geschichtsträchtigen Welt des östlichen Mittelmeergebiets – vollzogen hat, zu den gewaltigsten geistigen Eruptionen der Menschheit zählt, so waren die Wurzeln doch noch nicht abgestorben, aus denen sich selbst das scheinbar ganz Neue, das ganz Andere nährte.

Wir sahen das an alten Mythen und ihrem Fortwirken unter den Griechen, an ihren Göttern und deren Herkunft, vor allem aber an Zeus und seinen Wandlungen, die ihn – einen alten Vegetationsgott – zum Göttervater der Griechen werden ließen. Viele der olympischen Götter sind, wie wir gesehen haben, seine leiblichen Kinder. Doch sie sind eben auch, was wir nicht vergessen dürfen, Geschöpfe einer vieltausendjährigen Entfaltung, die in Anatolien ihren Ursprung hatte.

Hier liegt der Bruch zwischen der Welt des Ursprungs und dem, was wir griechische Religion nennen – eine Religion mit uralten orientalischen Wurzeln, die sich uns durch Zeus neu und scheinbar voraussetzungslos darstellt. Denn die Götter, die Zeus so mannigfaltig gezeugt hat, sind nicht zu vergleichen mit ihren asiatischen oder thrakischen Vorbildern. Für den Griechen werden sie im Wandel seines Denkens, der etwa um 800 v. Chr. einsetzt, auch ihrem Wesen nach bald etwas anderes. Sie sind nun nicht mehr Gestalten eines fernen religiösen Mythos, sondern Wesen, mit denen man umgeht, in denen man sich spiegelt.

Dieses Spiegeln in Gott hängt mit einer spezifisch griechischen Entdeckung zusammen: der Entdeckung des Ich und der Individualität. Zu dieser fundamentalen Veränderung des Bildes, das sich der Mensch von sich selbst macht – wie es vielleicht vorher nur ein König kannte –, gehören Name und Selbstbewußtsein. So kann es nicht verwundern, wenn der Mensch nun als Individuum erscheint, seinen Namen nennt und dieser Name Geschichte macht: Geistesgeschichte, Literaturgeschichte, Kunstgeschichte. Hier beginnt der Prozeß der schöpferischen Individualität und der thematischen Differenzierung. Homer und Hesiod sind solche Namen des Anfangs – Namen, die ein neues Bewußtsein vom Menschen, aber auch eine neue Vorstellung von Leben, von Geschichte, von Religion entstehen lassen.

Doch wo kommen sie her, die Ströme, die ins Individuelle münden, die Bilder, die der Dichter Wort werden läßt, die Vorstellungen, die einen Kosmos entstehen lassen, ganz anders als jenen frühen, in den der Mensch eingebunden war aufgrund der Allverwobenheit, an die er glaubte?

Das neue Gesetz heißt Vielfalt, heißt Differenzierung, heißt Logos. Doch im Hintergrund stehen noch immer die alten Götter. Sie haben zugenommen an festlicher Präsenz, an Bildhaftigkeit und repräsentativer Wirkung, abgenommen aber an Kraft, an Einfluß, an Glaubwürdigkeit. Sie sind keine transzendenten Götter mehr, sondern recht besehen nur noch Götterbilder. So erscheinen sie nun, unübertrefflich ausgeführt, in der klassischen Kunst. Sie sind Gegenstand dichterischer Verklärung, aber auch deutlicher Vermenschlichung.

Schon bei Homer erscheinen sie nicht mehr abgehoben und unnahbar wie in den alten, oft grausamen und in ihren Zusammenhängen nur schwer verständlichen Mythen. Die Götter werden zu Gefährten, zuweilen freilich auch zu Gegnern des Menschen. Man geht mit ihnen fast um wie mit seinesgleichen. Die Schwäche des Fleisches ist den Gottheiten nicht fremd.

Zeus wird immer wieder schwach angesichts vieler schöner Frauen, denen er begegnet. Kein Trick ist ihm ausgefallen genug, um sie zu verführen. Und die Kinder, die solchen Schäferstündchen entsprossen, sind unzählbar.

Doch auch irdische Männer fühlen sich oft von Göttinnen fasziniert. Es gibt so manche Geschichte vom Belauschen, aber auch vom gewaltsamen Besitzergreifen, die uns zeigt, wie nahe sich in der Vorstellung der frühen Griechen Götter und Menschen schon gekommen waren: hautnah. Allerdings blieben heimliche Blicke auf göttliche Nacktheit und versuchte oder vollzogene Vergewaltigung von Göttinnen meist nicht ungestraft.

Wir kennen aber auch die Verführung sterblicher Männer durch Göttinnen. Das berühmteste Beispiel ist die Liebe der Aphrodite zum Kuhhirten Anchises, der am Gipfel des Berges Ida seine Kühe hütete und dem die Göttin Aeneas, den legendären Gründer Roms, gebar. Es heißt, Zeus selbst habe seiner Tochter die Liebe zu dem Hirten ins Herz gelegt, als sie einmal damit prahlte, in wie vielen Göttern und Sterblichen sie schon unwiderstehliche Liebesglut entfacht habe. Zeus reagierte darauf mit einem Liebeszauber, um sie nicht überheblich werden zu lassen gegen Götter und Menschen. Aphrodite, die dem Anchises als schönes, reines Mädchen entgegengetreten war, offenbart sich ihm nach der Liebesvereinigung und gebietet ihm, nicht über die Begegnung zu sprechen, da ihn sonst der Blitz des Zeus treffen werde. Doch Anchises kann nicht schweigen, und Lähmung befällt ihn.

In all diesen Geschichten, deren Entstehung zeitlich kaum zu fixieren ist, mischen sich Elemente des Ursprünglichen mit der griechischen Lust an der Vermenschlichung der Götter, aber auch an einer gewissen Vergöttlichung des Menschen. Man empfindet Nähe und demonstriert sie in der Dichtung.

Bei Homer sind die Götter für die meisten Menschen noch unsichtbar. Und es bedarf göttlicher Gnade, um sie den Gott erkennen zu lassen. Doch vollzieht sich damit gleichzeitig der erste Schritt zur Selbsterkenntnis. Der Mensch entdeckt sein Ich, indem er sich der Nähe der Götter bewußt wird. Er weiß nicht nur von den Göttern, er erlebt sie auch. So entsteht ein neues kosmisches Bewußtsein, ganz anders als das der Frühzeit. Es ist ein Bewußtsein der Stärke, das zugleich, folgen wir den Texten jener Zeit, Schwäche erkennbar macht, die der Mensch allerdings nur selten beherrscht, geschweige denn zu überwinden vermag. Das begann damals bei den Griechen und blieb so bis heute: ein abendländisches Erbe, das sich schnell über die ganze Welt verbreitete. Dabei ist erstaunlich, daß die Männer, die solches Selbstbewußtsein erweckten, wenig Ansehen im Volke genossen; es waren die Sänger.

Sie saßen, wie uns zeitgenössische Berichte erzählen, bei den Bettlern an der Tür und warteten darauf, von den Herren ins Haus gebeten zu werden, um ihre Epen und Gedichte vorzutragen. Erst mit der Nennung des Sängernamens erfolgte langsam ein Wandel. Zum erstenmal verband man auf dieser Erde ein Gedicht mit einem Namen. So stehen Homer und Hesiod am Anfang einer Entwicklung, die sich von der ionischen Küste Anatoliens über ganz Griechenland und schließlich über das Abendland verbreitete.

52 Tongefäße in der Ruinenstätte von Akrotiri auf Thera (Santorin).

53–55 Vielfältige Formen von Tongefäßen mit geometrischen Mustern aus den Ausgrabungen von Akrotiri auf Thera.

56 *Oben*: Wandmalerei mit der realistischen Darstellung junger Boxer aus den Ausgrabungen von Akrotiri auf Thera, um 1600 bis 1500 v. Chr. (Foto: National Archaeological Museum, Athen)

58–59 *Rechts*: Frauendarstellungen aus den Ausgrabungen von Akrotiri auf Thera, um 1600 bis 1500 v. Chr. (Foto: National Archaeological Museum, Athen)

57 *Links*: Gesamtansicht des Raumes mit den Boxern und Tierdarstellungen in Akrotiri. (Foto: National Archaeological Museum, Athen)

60 *Unten*: Bild eines Fischers mit reichem Fang. Fresko in Akrotiri. (Foto: National Archaeological Museum, Athen)

61 *Rechts*: Szenen mit spielenden Affen. Freskomalerei aus Akrotiri auf Thera. (Foto: National Archaeological Museum, Athen)

62 *Rechts unten*: Schwalbenpaar und Blüten. Fresko in Akrotiri, um 1600 bis 1500 v. Chr. (Foto: National Archaeological Museum, Athen)

65 *Rechte Seite unten links*: Neolithische Mutterstatuette aus Sesklo (Thessalien), um 3000 v. Chr.

66 *Rechte Seite unten rechts*: Profil des linken Boxers. Detail des Freskos in Akrotiri auf Thera. (Foto: National Archaeological Museum, Athen)

63 *Links*: Das sogenannte Frühlingsfresko in Akrotiri auf Thera. (Foto: National Archaeological Museum, Athen)

64 *Unten*: Einfahrt einer minoischen Kriegsflotte in den Hafen. Detail eines Freskos in Akrotiri. (Foto: National Archaeological Museum, Athen)

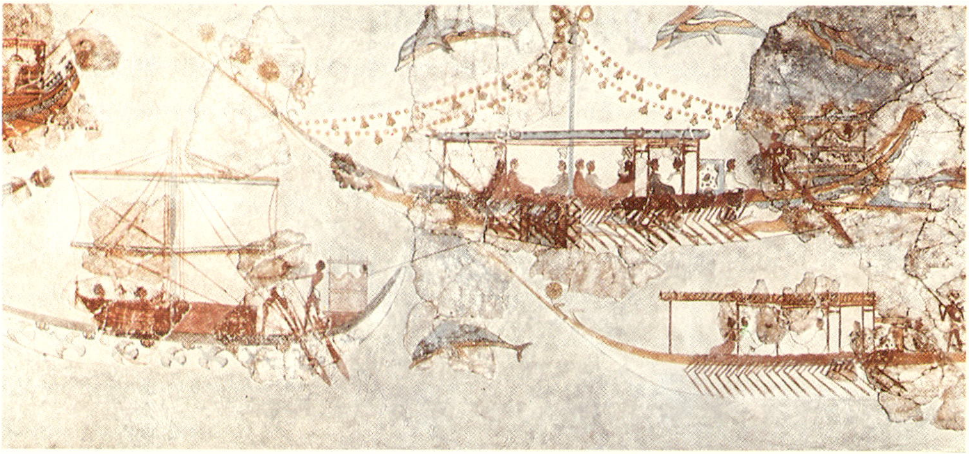

67 Dreibeiniges Opfergefäß mit Delphinen aus Akrotiri, Thera. (Foto: National Archaeological Museum, Athen)

68 Flache Schale (Kymbe), mit fliegenden Schwalben bemalt, aus Akrotiri. (Foto: National Archaeological Museum, Athen)

69 Tonrhyton in Gestalt eines Stieres aus Akrotiri, Thera. (Foto: National Archaeological Museum, Athen)

70 *Links*: Eine Augenkanne aus Ton mit Gerstenähren von Akrotiri auf Thera, um 1600 bis 1500 v. Chr. (Foto: National Archaeological Museum, Athen)

71 *Unten*: Amphore mit stilisiertem Papyrus. Kreta um 1500 v. Chr.

72 Doppelhenkelige attische Amphore mit geometrischem Dekor. Die Henkel suggerieren ein Widdergehörn. Griechenland, um 900 v. Chr.

73 Zwei Goldbecher aus einem Gräberfund der Burg von Mykene. Um 1600 v. Chr.

74 Die kretische Südküste ist steil, schwer zugänglich und ohne Hafen.

75 Die kretische Nordküste ist sanft abfallend, bildet viele Buchten und eignet sich zur Ansiedlung.

76 *Oben*: Das Löwentor von Mykene,
Peloponnes. (Foto: Klaus Thiele, Bavaria Bild-
agentur GmbH, Gauting bei München)

77 *Rechte Seite*: Erdgöttin mit zwei Schlangen
in der Tracht kretischer Palastdamen.
Aus dem Palast von Knossos, Kreta. Um 1600 v. Chr.
(Foto: Nic. Stournaras, Photogreka, Athen)

78 *Linke Seite*: Amphore mit dem kretischen Motiv der Doppelaxt. (Foto: Chroma, Athen)

79 *Oben*: Gefäß mit floralen Ornamenten und dem Motiv der Doppelaxt. Kreta.

80 *Unten*: Stierspringer aus Elfenbein. Aus dem Palast von Knossos, Kreta. Um 1550 v. Chr. (Foto: Nic. Stournaras, Photogreka, Athen)

81 Göttin der Fruchtbarkeit und des Heilens, sogenannte Mohngöttin. Kreta. (Foto: Nic. Stournaras, Photogreka, Athen)

Es ist die Entstehung der Individualität als Ausdruck des Selbstbewußtseins und der Leistung hervorragender einzelner. So, wie Homer eine Vielzahl von Helden namentlich benannt und damit in Götternähe gerückt hat, bekamen nun auch die Namen lebender Helden sowie von Dichtern und Künstlern etwas von jenem Glanz, der in der Vorstellung des Griechen alles Großartige, alles Besondere umgab.

Der »ich«-sagende, schöpferische Mensch war geboren und gewann neben Herrschern, Feldherren, Aristokraten und Kaufleuten eine eigene Bedeutung. Denn er war es, der das rasante Geschehen der Zeit mit seinen vielfältigen Erscheinungsformen verdeutlichte und dem Menschen ins Bewußtsein und damit auch ins Gedächtnis brachte. Dieser Zuwachs an Bedeutung und Ansehen der Künstler, Dichter und Philosophen, die nun immer mehr in Erscheinung traten, hing nicht zuletzt mit der progressiven wirtschaftlichen Entwicklung an der ionischen Küste zusammen.

Eine Stadt wie das einst von Kreta aus gegründete Milet verfügte im siebten Jahrhundert v. Chr. über mehr als achtzig Pflanzstädte in der Ägäis. Die Zeit bis zur Eroberung Ioniens durch die Perser im Jahre 545 v. Chr. war geprägt durch intensiven Handel zwischen Anatolien und der griechischen Ägäis, wobei Milet als Hauptwarenumschlagplatz fungierte. Von hier aus wurden wertvolle Güter aus dem Osten – Metallarbeiten, kunstvoll gefertigte Waffen, Schmuck, Keramik und edle Gewebe, aber auch Sklaven – zum griechischen Festland und den Inseln verschifft. Der Luxus des Vorderen Orients war in den ionischen Städten ebensosehr begehrt wie auf dem griechischen Festland. Orientalische Formen waren modern, kostbare Produkte aus dem Osten galten als Ausdruck von Vornehmheit und Reichtum.

Die Herrschaft der Städte, die nach der Abschaffung des frühen Königtums in den Händen des Adels lag, war von einer gewissen Liberalität geprägt, wenn auch gesellschaftliche Spannungen zwischen arm und reich nicht zu übersehen sind. Doch dem Wettbewerb der vielen – das gesamte griechische

Siedlungsgebiet war seit dem siebten vorchristlichen Jahrhundert hoffnungslos übervölkert – stand nichts entgegen, außer der Zahl der Menschen, die ein Vorwärtskommen besonders in der Mittelschicht – bei Handwerkern und Händlern – sehr erschwerte. Neben einem Leben in Reichtum und Luxus gab es auch Not und Elend. Man weiß von der Aussetzung Neugeborener im damaligen Griechenland. Und schon Hesiod empfahl dem Volk die Ein-Kind-Ehe.

Vielleicht aber war es gerade diese Spannung zwischen Reichtum und Armut, zwischen Macht und Ohnmacht vieler einzelner, die außer dem wirtschaftlichen Aufschwung, an dem freilich nur wenige teilhatten, auch jene geistige und künstlerische Blüte förderte, die wir jetzt beobachten. Denn neben der Ausbreitung von Handel und Gewerbe entfaltete sich, zum Teil durch die Wirtschaft begünstigt, das geistige und künstlerische Leben.

Doch so wie im Geschäft zeigt sich mit dem Auftreten des Individuums als Dichter, als Künstler auch im kulturellen Leben schon bald ein neuer Aspekt menschlicher Beziehung: die Rivalität.

Stärker noch als im politischen, wirtschaftlichen, geistigen und künstlerischen Bereich erscheint sie im Kampf und im Sport. Der Wettkampf, der später – bei den Olympischen Spielen – zu einer nationalen Euphorie wird, führt zu jenem typisch griechischen Streben nach Superlativen: der Stärkste, der Beste, der Geschickteste sein zu wollen. Das Leistungsprinzip ist genauso griechisch wie die Vorstellung der Perfektion. Erfolg und Fortschritt gelten von nun an als Maßstäbe menschlicher Entwicklung. An ihnen werden Persönlichkeiten und Leistungen gemessen.

Schon Friedrich Nietzsche hat 1872 in der Vorrede zu einem ungeschriebenen Buch, *Homers Wettkampf*, auf dieses Phänomen hingewiesen. Vom Ehrgeiz, um jeden Preis der Beste zu werden – im Beruf, im Sport, im Kampf –, bis zum Neid auf den Erfolgreicheren spannt sich die Skala egoistischer Regungen und Gefühle, die den Griechen – und seither viele Menschen –

beherrschen. Selbst die ersten griechischen Denker, denen man tiefere Einsicht in das Wesen des Menschen zutrauen möchte, sind von solchem Kampfgeist besessen. Jeder Künstler leidet Qualen unter Beispielen einer besseren Leistung, die der Kollege vollbracht hat. Neidisch, das lehrt uns griechische Dichtung, können selbst die Götter sein.

So hat der Weg des Menschen zu seiner Selbstentdeckung – zum Ich – zwei Seiten. Die eine, die er als Fortschritt versteht, ist Leistungsansporn, Mühe um Selbstentfaltung und Selbstverwirklichung. Die andere, die sich aus dem Vorhandensein von Rivalen, oft von Besseren ergibt, zeigt für unsere Einschätzung negative Eigenschaften, schlechte Charakterzüge. Dazu würden wir Neid und Mißgunst rechnen. Für den Griechen waren sie etwas Selbstverständliches, etwas Positives im Sinne von Leistung und damit von Fortschritt.

Die hier beschriebene Stunde des individuellen Aufbruchs, der Entdeckung des Ich, hätte für die Menschheit noch schlimmere Folgen haben können, als wir sie in zweitausendachthundert Jahren erlebt haben. Doch sie war eben zugleich der Beginn eines systematischen, die Natur, den Menschen und seine Existenz hinterfragenden Denkens, dem wir neben fundamentalen Erkenntnissen auch die Entwicklung ethischer Maßstäbe verdanken. Es sind die Anfänge der Philosophie. Auch sie entstammt, wenngleich von Griechen formuliert, anatolischem Boden. Und es war sicher kein Zufall, daß griechisches Denken seinen Anfang an der kleinasiatischen Küste nahm, wo sich nicht nur weitgreifende Handelsverbindungen in die ganze damalige Welt, sondern auch eine kritische Haltung gegenüber angestammten Lebens- und Denkformen entwickelt hatten. Der mobile Mensch jener Zeit – vital und aktiv – war sich seiner selbst und seiner Möglichkeiten bewußt geworden. Das brachte, wie wir gesehen haben, nicht nur positive Ergebnisse. Der erhoffte Aufbruch in eine bessere Zukunft, den viele erwartet hatten, blieb für die meisten aus.

Die Zeit, die mit dem siebten Jahrhundert v. Chr. anbrach, war eine Epoche der Gegensätze und der Widersprüche – die

Zeit eines geistigen und kulturellen Umbruchs. Es kam zu einer Trennung zwischen der sich langsam herausbildenden Elite, die nicht mehr nur aus Aristokraten bestand, und der breiten Masse. Das Leben der Mehrheit zeigte einen Trend zum Anspruchsvollen, aber auch zur Oberflächlichkeit, zu billigen Vergnügungen und leichtfertiger Lebensart. Das stürzte viele Menschen in schwere persönliche Konflikte. Die Mittel reichten zur Befriedigung der zahlreichen Wünsche nicht aus. Viele gerieten in Not und dadurch in tiefe Depression.

Die Anfänge dieser Entwicklung liegen allerdings viel früher. Wir finden sie in der Zeit Homers. Schon in seinen Epen hatte sich die Abwendung von der menschenbeherrschenden Götterwelt vollzogen. Damit waren ein Stück Lebensangst, aber auch ein Stück Lebensgeborgenheit verlorengegangen. Der Mensch, der über sein Schicksal nachdachte, sah sich als ein Ausgesetzter. Sein Leben lag nicht mehr, wie all die Jahrtausende zuvor, in der Hand der Götter. Es war auseinandergefallen in eine irdische und in eine nur noch in Dichtung und Kunst präsentierte göttliche Hälfte, die keinen Einfluß mehr auf das Schicksal hatte. Das muß manchen Menschen als Befreiung, vielen aber auch als schwere Belastung erschienen sein. Das in jener Zeit aufkommende Gefühl der Freiheit, der religiösen Ungebundenheit war erlangt worden durch einen Verlust an bewahrender Bindung. Das empfand offenbar die Masse der Menschen besonders stark. Das Bewußtsein der Vergänglichkeit des Lebens, der kurzen Dauer allen Glücks erfaßte die meisten. Für viele war es nur ein dumpfes Angstgefühl, für manche aber auch schon ein Grund zu tieferem Nachdenken über den Sinn des Lebens. Da kommt selbst bei Homer schon Melancholie auf, wenn er schreibt:

»Gleichwie die Blätter der Bäume,
so sind die Geschlechter der Menschen.«

Weiter noch geht der große Dichter, wenn er Zeus angesichts der unsterblichen Rosse des Achilles in der *Ilias* ausrufen läßt:

»Wahrlich, von allem, was da sich reget
und atmet auf Erden,
gibt's kein bejammernswerteres Wesen
ja doch als den Menschen.«

Hier liegen in der ältesten Epik auch schon die Anfänge eines Nachdenkens über den Sinn des menschlichen Lebens, die weit über alles hinausreichen, was wir vorher an Daseinsäußerung kennen. Der »ich«-sagende Mensch hat die tragende, im Gemeinschaftsgefühl wurzelnde Gruppe verlassen und ist durch seine Selbsterkenntnis an die Grenzen des individuellen Seins gestoßen. Das war der Schritt zu sinnsuchendem Denken – zum Philosophieren; für viele aber auch der Schritt in ein disparates, der Vergnügung und Zerstreuung hingegebenes Leben, dessen unbefriedigender Ablauf oft in Lebensüberdruß und Verzweiflung mündete. Hier liegt auch der Ursprung des auf Taten und Leistung ausgerichteten Daseins, das im Streben nach Erfolg und Sieg seine Erfüllung finden möchte. Daß selbst am Ende eines solchen Lebens Enttäuschung, ja Verzweiflung stehen kann, haben nicht nur viele Griechen erfahren müssen. Daran hat sich, wie wir wissen, bis heute nichts geändert.

Die Entlassung des einzelnen Menschen in seine Selbständigkeit, die sich zwischen dem achten und dem siebten Jahrhundert vollzogen hat, schafft neben den gesellschaftlichen Unterschieden, die schon immer bestanden haben, auch Unterschiede in der Lebenshaltung. Vereinsamung setzt ein, wie man sie vorher nicht gekannt hat. Neben dem optimistischen Streber finden wir den zu Depressionen neigenden Erfolglosen.

Diese Entwicklung hätte wahrscheinlich schon früh zur Katastrophe für viele geführt, wenn nicht Spätformen der Religion sich in erneuerten Kulten und Festen niedergeschlagen hätten, die nach wie vor ein großes Publikum anzogen. Dessen Motivierung zur Teilnahme mag allerdings sehr unterschiedlich gewesen sein.

Wir haben es bei diesen religiösen Erneuerungen noch einmal mit nichtgriechischen Einflüssen auf die hellenische Welt zu tun, die zum Teil auf alte Glaubensformen und Kulte des Vorderen Orients, zum Teil aber auch auf thrakische Urformen zurückgehen. Die Anfänge des Philosophierens bei den Griechen sind zweifellos eine Antwort auf diese religiösen Erneuerungsbewegungen gewesen. Ohne solche Impulse sind sie in der Form, wie wir sie leider nur aus Fragmenten kennen, kaum vorstellbar. Allein die Tatsache, daß sich philosophisches Denken zuerst dort entfaltete, wo die traditionellen anatolischen Einflüsse nach wie vor am stärksten waren – an der kleinasiatischen Küste –, ist dafür ein sicherer Beweis.

Doch die Auseinandersetzung zwischen sich neu konstituierender Religion und aufkommendem philosophischem Denken war nicht der einzige Konflikt in dieser von Krisen beherrschten Zeit. Auch das gesellschaftliche Leben wurde in Ionien von Umwälzungen erschüttert.

Auf die Adelsherrschaft folgten nach harten Kämpfen die ersten demokratischen Regierungsformen, was mancherorts zu einer vorübergehenden Tyrannenherrschaft führte. Aus Lydien übernahm man anstelle der uralten Naturalien- und Tauschwirtschaft das Münzwesen. Der Geldverkehr erleichterte zwar die internationale Handels- und Wirtschaftsentfaltung, führte aber auch bald zu ersten Verschuldungen. Reichtum galt nun mehr als Macht und persönliches Ansehen. Die Bedeutung des Adels und der alten Geschlechter schwand immer mehr dahin. Dagegen stieg im Lande der Ruf der Politiker, Denker, Dichter und Künstler ohne Ansehen ihrer Herkunft.

So beklagt der vornehme Kritias angesichts des wachsenden Ruhms eines Dichters wie Archilochos – des Sohnes einer Sklavin – das Eindringen der Plebejer in die Literatur. Vieles, was Archilochos uns hinterlassen hat, ist Fragment. Doch selbst in diesen Resten von Fabeln und Gedichten erkennen wir den gesellschaftskritischen Ton dieses Dichters des siebten vorchristlichen Jahrhunderts, der viel geschmäht worden ist – auch von den Philosophen. So möchte ihn Heraklit »samt Homer und Hesiod mit Peitschenhieben aus den musischen Vorträgen verjagt sehen«. Hier wird deutlich, wie sich die geistig-künstlerische Auseinandersetzung schon sehr früh zuspitzt und in giftigen Angriffen und bösen Kommentaren eskaliert.

Für viele Einzelheiten der harten Kontroversen jener Zeit fehlen uns die Zeugnisse. Wir müssen davon ausgehen, daß so mancher Bericht parteiisch ist und das schmäht, was man selber nicht meinte vertreten zu können. Von einer geistigen Demokratie war man in dieser Zeit der frühen Polis noch weit entfernt. Die Götter verkamen in vielen Dichtungen der Zeit zur Karikatur, waren Themen der Satire und Burleske.

Dem setzten die religiösen Erneuerer mit großem Eifer ihre Glaubensvorstellungen und ihre neugeschaffenen Kulte entgegen. Dabei spielen offenbar die gesellschaftliche Liberalisierung, die Lust am Genußleben und am frivolen Spiel sowie die Zügellosigkeit der Sitten als Auslöser eine entscheidende Rolle. Denn bei den neuen Kulthandlungen geht es vor allem um Sühne und Reinigung. Die Katharsis, die später als Sinn und Ziel des Tragödiengeschehens angesehen wurde, hat hier ihren Ursprung.

Bei wichtigen Göttern wie Apollon und Aphrodite vollzieht sich ein Bedeutungswandel in diese Richtung. Dabei kommt ein altorientalischer Brauch wieder zur Anwendung: das Schlachten eines Sündenbocks anstelle möglicher früherer Menschenopfer zur Entsühnung von Städten, Tempeln und Menschen.

Das alles zeigt, wie der sich selbst entdeckende, »ich«-sagende Mensch in eine Konfliktsituation gerät zwischen kritischer Einschätzung der Wirklichkeit und Sehnsucht nach einer neuen Zuflucht, die viele allein in den religiösen Kulten meinten finden zu können. Die Folge des Konflikts ist eine Spaltung der Gesellschaft in solche, die ihr Glück in erneuter Hinwendung zu den schon totgeglaubten Göttern suchen, und in die wenigen, die mit dem voraussetzungslosen Nachdenken über Natur und Leben Ernst machen. Dazwischen existiert die Vielzahl der Menschen, die allein dem Erfolg, dem Reichtum und dem Genuß nachjagen. In ihrem Schatten finden wir die Zahllosen, für die das Leben nichts als Last bedeutet. Für sie ist der Weg zur Religion oft ein letztes Stück Hoffnung.

DIONYSOS UND ORPHEUS – IM BANNE EKSTATISCHER KULTE

Zwei Schlüsselfiguren gibt es für die religiöse Erneuerung in der Ägäis: Dionysos und Orpheus. Während sich die Wissenschaftler um den Ursprung des Gottes Dionysos und seiner Kulte noch streiten, erscheint Orpheus, der mythische Sänger, in der religiösen Vorstellungswelt Kleinasiens zum erstenmal gegen Ende des siebten Jahrhunderts – zu Beginn jener Zeit des Umbruchs, in der sein Kult dann eine bedeutende Rolle gespielt hat.

Doch wenden wir uns zunächst Dionysos zu. Kein anderer Gott der Griechen hat seit den Romantikern, später vor allem bei Nietzsche und dessen Freund Erwin Rohde, so unterschiedliche Interpretationen erfahren wie er. Und in der Tat paßt dieser Gott schlecht in das überkommene Bild kulturell autochthonen Griechentums, wie es noch immer an unseren Gymnasien vermittelt wird. Nun, man kann sich damit trösten, daß er mit Sicherheit kein Gott griechischer Herkunft war. Drei Heimatländer werden für ihn in Anspruch genommen: Thrakien, Phrygien, in das thrakische Stämme eingewandert waren, und Lykien, das als Hinterland der kleinasiatischen Küste für den anatolisch-griechischen Kulturaustausch eine große Rolle gespielt hat.

Doch auch über die Ankunft des Dionysos bei den Griechen streitet man sich. Die einen nennen ihn einen frühen, die anderen einen späten Gott. Seine Bedeutung und ihre Auswirkung auf die Menschen – vor allem auf die Frauen – werden unter deutlichem Einfluß christlicher Moralvorstellungen und bürgerlicher Prüderie, denen wir bei vielen Gelehrten noch immer begegnen, falsch oder doch einseitig interpretiert. Das hat Fehlurteile zur Folge, die sich bis in die jüngste Dionysos-Literatur erhalten haben oder dort neu auftauchen. Wieder ist es die uns schon häufig begegnete, wohl durch das analytische Forschen und Denken der modernen Wissenschaft begründete, Gegensätze konstruierende Haltung, die zu solcher Darstellungsweise führt. Man spricht zwar oft vom kosmischen Denken und Handeln der Alten, doch man nimmt diese, zum Verständnis früher Geschichte notwendige Geisteshaltung kaum in die eigenen Überlegungen auf.

Eines ist sicher: Man kann Dionysos mit keiner der anderen griechischen Gottheiten vergleichen. Doch steht er mit seinen Kulten in unmittelbarer, allerdings kontroverser Beziehung zur Großen Mutter. Wenn er auch als Fruchtbarkeitsgott, wie ihn manche bezeichnen, viel zu klein gedacht ist, so gehören doch die uranfänglichen Vorstellungen von Zeugung, Geburt und Tod, von Werden und Vergehen zu seinem Erscheinungsbild. Sie bestimmen, wenn auch oft in schwerverständlicher Weise, seine Kulte.

Bevor wir uns der Betrachtung dieser Kulte, ihrer Herkunft und ihrer Bedeutung zuwenden, wollen wir die Schwierigkeiten aufzeigen, die angesichts der Überlieferung einer Darstellung im Wege stehen.

Homer erwähnt Dionysos am Rande: ein Gott außerhalb des Olymps. Im Geschichtswerk des Herodot – dreihundert Jahre später – finden wir nur noch legendäre Hinweise auf die alten Götter. So drückt er die verbreitete Meinung seiner Zeit aus, wenn er von den Götterstatuen, die sich zu seinen Lebzeiten noch überall finden, schreibt: »Edelbürtige seien die Urbilder aller dieser Statuen gewesen, aber keineswegs Götter.« Von den Mythen um Dionysos spricht er als Sagen und verweist ihre Herkunft in ferne Länder wie Ägypten oder Äthiopien.

Bei Herodots Zeitgenossen Thukydides, der in der Einleitung zu seiner *Geschichte des Peloponnesischen Krieges* zwar noch des Trojanischen Krieges als eines weit zurückliegenden Ereignisses gedenkt, lesen wir keine Götternamen mehr. Hier hat sich bereits jener Wandel zur Sachlichkeit vollzogen, die von nun an eine wichtige, wenn auch nicht die alleinige Rolle im griechischen Geistesleben spielt. Allerdings ist das nicht der Teil griechischer Geschichte, der, keineswegs zufällig, in der deutschen Romantik wiederentdeckt wurde: der Mythos. Schelling, K. O. Müller und Georg Friedrich Creuzer waren es, die vor allem griechischem Götterglauben und seinen mythischen Wurzeln nachspürten.

In seinem ab 1810 erschienenen vierbändigen Werk *Symbolik und Mythologie der alten Völker, besonders der Griechen* ist Creuzer dem Ursprung von Religion und Kult mit großer Gelehrsamkeit, aber ohne die Einseitigkeit vieler späterer Wissenschaftler nachgegangen. Das hat schon zu seinen Lebzeiten zu harter Kritik vor allem der Philologen geführt, unter denen sich besonders der Homer-Übersetzer Johann Heinrich Voß hervortat. Und noch Martin P. Nilsson weiß in seiner *Geschichte der Griechischen Religion* nicht mehr über Creuzer zu sagen, als daß er ein Vertreter »jener im 19. Jahrhundert weit verbreiteten Ansicht gewesen sei, daß sich unter der krausen Hülle der griechischen Mythen und Kulte eine hohe, dem Orient entlehnte Weisheit verberge«.

Mag vieles an Creuzers Symbolik heute überholt sein, so muß man doch seine umfassende Hellsichtigkeit in der Beurteilung der Mythen und ihrer Hintergründe bewundern. Bei ihm scheinen Lebendigkeit und Vielschichtigkeit des kultischen Geschehens auf. Er weiß zu differenzieren zwischen ursprünglichen Kulthandlungen und volkstümlichen Festen, hinter deren Trubel die wahre Bedeutung längst in Vergessenheit geraten war.

Doch zeigt sich seit Creuzer, nicht zuletzt in der harten Konfrontation der Meinungen, die wachsende Verständnislosigkeit gegenüber Glaubensinhalten und davon ausgelösten Ritualen. Immer stärker erweisen sich die Interpreten von ihrer Zeit oder – schlimmer noch – von ihren intellektuellen Vorurteilen beherrscht. Das gilt sogar für Nietzsches *Geburt der Tragödie aus dem Geiste der Musik,* so viel durch dieses Jugendwerk auch für das Verständnis des Künstlerischen im frühen Griechentum gewonnen worden ist.

Nietzsches Zeitgenosse Johann Jakob Bachofen, dessen Werk über das Mutterrecht heute so umstritten ist wie zu seinen

Lebzeiten, bietet ein typisches Beispiel für den verhängnisvollen Zwiespalt zwischen Befangenheit in zeitbedingten bürgerlichen Vorurteilen und einer zeitweise durchbrechenden Klarsicht, die man heutigen Interpreten wünschen möchte. So lesen wir bei Bachofen, dessen Texte zum Teil deutlich von einer begrenzten bürgerlich-moralischen Betrachtungsweise der Geschichte bestimmt sind, in der Vorrede zu seinem *Mutterrecht,* daß »die Verbreitung der dionysischen Religion eine neue Wendung und einen der ganzen Gesittung des Altertums verderblichen Rückschlag herbeiführte«.

Herkunft und Tendenz solchen Denkens sind in der zweiten Hälfte des neunzehnten Jahrhunderts unübersehbar. Sie zeigen in der gesellschaftlich-bürgerlichen Bindung gerade auch der Akademiker – Bachofen war Jurist – den Rückschritt gegenüber der Klassik-Romantik mit ihrer weltoffenen Haltung in allen Lebensfragen, so auch in der Beurteilung und Darstellung ältester Vergangenheit. Daß Bachofen trotz seines Verhaftetseins im offiziellen Denken und in den Vorurteilen der Zeit dem Geist der vorangegangenen Epoche noch tief verbunden war, läßt eine Erklärung erkennen, die er in der gleichen Vorrede, nur zwei Abschnitte später, dem Dionysos und seinem Kult widmet.

Da lesen wir: »Die zauberhafte Gewalt, mit welcher der phallische Herr des üppigen Naturlebens die Welt der Frauen auf neue Bahnen fortriß, offenbart sich in Erscheinungen, welche nicht nur die Grenzen unserer Erfahrung, sondern selbst die unserer Einbildungskraft hinter sich zurücklassen, die aber in das Gebiet der Dichtung zu verweisen geringe Vertrautheit mit den dunkeln Tiefen der menschlichen Natur, mit der Macht einer die sinnlichen und die übersinnlichen Bedürfnisse gleichmäßig befriedigenden Religion, mit der Erregbarkeit der weiblichen, das Diesseitige und Jenseitige so unlösbar verbindenden Gefühlswelt, endlich aber ein gänzliches Verkennen des unterjochenden Zaubers südlicher Naturfülle an den Tag legen würde. Auf allen Stufen seiner Entwicklung hat der dionysische Kult denselben Charakter bewahrt, mit welchem er zuerst in die Geschichte eintritt. Durch seine Sinnlichkeit und die Bedeutung, welche er dem Gebote der geschlechtlichen Liebe leiht, der weiblichen Anlage innerlich verwandt, ist er zu dem Geschlechte der Frauen vorzugsweise in Beziehung getreten, hat seinem Leben eine ganz neue Richtung gegeben, in ihm seinen treusten Anhänger, seinen eifrigsten Diener gefunden, auf seine Begeisterung all seine Macht gegründet. Dionysos ist im vollsten Sinne des Wortes der Frauen Gott, die Quelle aller ihrer sinnlichen und übersinnlichen Hoffnungen, der Mittelpunkt ihres ganzen Daseins, daher von ihnen zuerst in seiner Herrlichkeit erkannt, ihnen geoffenbart, von ihnen verbreitet, durch sie zum Siege geführt.«

Hier scheint ein Wissen, oder sollen wir sagen ein Ahnen, auf, das spätere Darstellungen der Dionysos-Kulte vermissen lassen. Bei Bachofen wird klar ausgedrückt, was viele Autoren mit Worten wie Wildheit, Raserei, Orgiasmus umschrieben haben, ohne der Frage nach den Ursprüngen und dem Sinn des Dionysos-Kults auf den Grund zu gehen.

Die Schwierigkeit rechten Verstehens, der wir hier noch mehr als bei der Betrachtung anderer Götter und ihrer Mythen begegnen, liegt in der Fremdheit und Abseitigkeit des Dionysos für die Griechen der Zeit, in der er unter ihnen auftritt – so scheint es. Doch müssen wir uns vergegenwärtigen, daß dieser Gott etwas spiegelt, das allen Menschen und ihren Kulturen in Vergangenheit und Gegenwart eigen war und ist. Mit Dionysos aber löst es sich zum erstenmal aus dem uralten Gesamtzusammenhang, in den es eingebettet war als Prinzip der Vitalität, als männlicher Eros, aber auch als weibliches Lustverlangen, als Sphäre des Sinnlichen und der Vereinigung. All das war lange Zeit integrierter Bestandteil des Lebensganzen gewesen.

Nun trat es gesondert, herausgelöst, ekstatisch hervor. Es war plötzlich stärker präsent als in der Vergangenheit, wurde aber zugleich und vielleicht gerade wegen seines nun so betonten Erscheinens in eine Tabuzone verwiesen. So konnte es, zeitlich begrenzt, zu gewissen Festen hervortreten und verblieb ansonsten in einen Intimbereich verbannt, aus dem jeder Ausbruch bei vielen Menschen Angst und Schrecken hervorrief.

Dazu trat die unter Menschen immer stärker werdende Scham, die ekstatische Eruptionen den orgiastischen Feiern vorbehielt, wo sich nicht der einzelne, sondern die Masse exhibitionierte.

Nun sind das alles Kennzeichen eines Wandels, der sich in der Zeit des Übergangs religiöser Lebensformen aus ihrer anatolischen Ursprungswelt auf die indoeuropäischen Neuankömmlinge und die Stämme des europäischen Festlands vollzog. Dionysos ist in diesem Prozeß der vieldeutige Name einer Gottheit, der wir in einem aufschlußreichen phrygischen Ursprungsmythos begegnen. Doch dürfen wir sicher sein, daß dieser Gott mit dionysischen Eigenschaften, wie immer er früher auch geheißen haben mag, sehr viel älter ist. Das geht schon allein aus der Tatsache hervor, daß es viele Geburtsmythen des Dionysos gibt, die von Thrakien bis Ägypten reichen.

Wir wollen hier nur jener einen nachgehen, die den Weg des Gottes vom anatolischen Phrygien zu den Griechen in einem sinnfälligen Mythos verdeutlicht. Nach dieser wohl verhältnismäßig späten Version der Geburt des Dionysos ist er ein Sohn des Zeus wie Apollon, was vielleicht auch seine spätere Nähe zu diesem Gott im Heiligtum von Delphi erklärt.

Zeus verliebt sich in Semele, die Tochter des Königs Kadmos von Theben. Als Semele von ihm schwanger wird, erscheint er in einem feurigen Streitwagen und schleudert seinen Donnerkeil gegen die Geliebte. Semele verbrennt in den Flammen des Zeus, der ihr das ungeborene Kind entreißt und es in seinen Schenkel einnäht. Semele aber darf von den Toten auferstehen und als Göttin in den Olymp einziehen. Oder genauer gesagt: Sie wird als Sterbliche noch über ihren Sohn Dionysos – den Gottessproß – erhoben, der ja nicht zu den olympischen Göttern gehört.

Zeus, der das Kind nach neun Monaten aus seinem Schenkel zur Welt bringt, verwöhnt den Knaben in jeder nur möglichen Weise. Das erzürnt seine Gemahlin Hera, die den Titanen befiehlt, das Kind umzubringen. Mit kostbarem Spielzeug, darunter die goldenen Äpfel der Hesperiden, locken sie den kleinen Dionysos zu sich, reißen ihn bei lebendigem Leibe in Stücke, werfen seine Glieder in einen Kessel mit kochendem Wasser und fressen sie auf. Als Zeus von dieser Schreckenstat erfährt, vernichtet er die Titanen und erweckt das Kind zu neuem Leben.

Wir dürfen davon ausgehen, daß dieser Geburtsmythos den griechischen Versuch darstellt, den fremden Gott ins eigene Pantheon zu integrieren. Deshalb erscheinen hier bereits Züge, die seinem Kult eigentümlich sind, wie etwa das Zerreißen und Aufessen kleiner Kinder. Auch Tod und Wiedererweckung gehören in diesen Kreis – sowohl für den Knaben Dionysos als auch für seine Mutter Semele. Die Frau, die in den Armen des Zeus ein göttliches Kind empfangen hat, kann nur durch den vom Gott erlittenen Tod selbst Göttin werden. All das gehört in einen kosmischen Zusammenhang, der viele Deutungen erfahren hat, aber von der modernen Wissenschaft nicht mehr in seiner Dasein klärenden Totalität verstanden wird.

Zu dieser Totalität gehören die zum Teil schockierenden, zum Teil irritierenden Erscheinungsformen des Dionysos und seiner Kulte. So erscheint er im Mythos als Stier, wie wir ihn aus ältester anatolischer Vergangenheit kennen. Wir sehen den Bock als Opfertier in seiner Begleitung, Wein und Efeu in ihrer Bedeutungsgegensätzlichkeit – Leben und Tod symbolisierend – sind seine heiligen Pflanzen.

Aus weiten Teilen Anatoliens – aus Phrygien, Lykien und Ionien –, aber auch vom griechischen Festland und den Inseln her kennen wir Schilderungen orgiastischer Feste, bei denen Dionysos mit den Mänaden – rasenden Frauen –, in Rehkalbsfell gekleidet, tanzend und musizierend in die Berge zieht. Dort entfaltet sich dann ein wildes, nirgendwo in Einzelheiten faßbares Treiben, dessen Sinn eine Art Selbsterlösung aus der Enge des nicht mehr als ganzheitlich empfundenen, durch Gebote und Gesetze eingeengten Lebens ist. Ein später Nachklang solcher Empfindungen tönt aus den Versen Gottfried Benns:

»Gebete und Gebote
haben beschnitten
uns und klein gemacht.«

Die dionysischen Feste sind Erinnerungen an eine offene Vergangenheit, an die verlorene Freiheit. In letzter ekstatischer Übersteigerung zerreißen schwärmende Frauen ihre Kinder und essen sie auf – eine Symbolhandlung zum Dionysos-Schicksal. Der Aufbruch der zunächst widerstrebenden, doch vom Gott unwiderstehlich angezogenen Frauen, die Haus und Familie verlassen, in Selbstvergessenheit dahinstürzend Tiere und Kinder zerreißen, das rohe Fleisch in sich hineinschlingen, sind von Dionysos Besessene. In ihrem Verhalten drückt sich eine veränderte Welt, eine gestörte Beziehung zueinander aus, der es zu begegnen, die es auszugleichen gilt.

Hier wird – in späterer Zeit – die alte griechische Ordnung durchbrochen, um sie dadurch wiederherzustellen und so zu erhalten. Es ist ein rettender Gedanke vom asiatischen Ufer, um das gefährdete Ganze auf komplizierte Weise in Balance zu halten. Dazu gehören die geheimnisvollen Mächte, die Menschen aneinanderbinden. Sie sind in Dionysos und seinem wilden Gefolge gegenwärtig. Männliches Begehren und weibliche Hingabe steigern sich angesichts des dem Dionysos heiligen Phallos, der in Priapos, dem Sohn des Dionysos, zur Symbolfigur wird, ins Unermeßliche. Wenn wir dazu bei Nilsson lesen, »obgleich der Phallos für den Kult des Dionysos besonders auszeichnend ist, sind sexuelle Beziehungen oder Phallosdienst in den Orgien nicht nachgewiesen worden«, so muß das als ein naives Fürwahrnehmen dessen gelten, was in Wirklichkeit nur ein verständliches Verschweigen war.

Zwischen 700 und 500 v. Chr. haben sich die dionysischen Feste ganz erheblich verändert. Was früher reiner, wenn auch ekstatischer Gottesdienst war, trat allmählich ins Zwielicht der Profanierung. Die Menschen begingen ein weltliches Fest in den uralten Masken der Dionysos-Feiern, ohne noch vom Geist des Gottes erfüllt zu sein. Davon lesen wir in zwei Fragmenten des Heraklit, der Dionysos nur noch als Vorwand sieht. Da heißt es:

»Denn wäre es nicht Dionysos, dem sie den Umzug machen und das Lied singen vom Phallos, sonst ist es ganz schamloses Treiben.«

Und an anderer Stelle lesen wir: »... die bei den Menschen üblichen Mysterien werden unheilig gefeiert.«

Es ist schwer zu entscheiden, ob Heraklit als Philosoph und Außenseiter zu diesem harten Urteil kommt, oder ob wir schon im sechsten Jahrhundert wirklich von einer totalen Verweltlichung der Mysterien sprechen können. Und was heißt Verweltlichung? Ist hier womöglich schon der Maßstab, den Heraklit anlegt, ein falscher? War nicht für den früheren Menschen das Leben ein Ganzes, in dem von besonderer Heiligung genausowenig gesprochen werden kann wie von Verweltlichung? Es gehörte eben alles zusammen.

Was wir in dieser Zeit im Bereich der Ägäis erleben und was auch in Heraklits Worten zum Ausdruck kommt, ist das Auseinanderfallen des Lebens in zwei Seinshälften mit zahllosen Übergängen. Zwischen dem Religiösen und dem Weltlichen gibt es ja schon seit Homer zahllose Brücken, aber auch unüberwindbare Abgründe, die den Menschen verunsichern und ihn etwas entdecken lassen, womit man trotzdem leben kann: den Schein.

Für Dionysos war es noch die Maske. Und es ist ein klares Zeichen für das Gespaltene jener Zeit, das ja zur Spaltung menschlichen Daseins auch in der Zukunft führte, wenn die Maske als Symbol erhalten bleibt und aus dem Geist ihres Trägers Dionysos etwas Neues entstehen läßt: die Tragödie.

In der Tragödie ist die drohende Verweltlichung, der Zusammenbruch der überkommenen, längst gefährdeten Ordnung noch einmal aufgehalten durch das dichterisch bedeutsame Wort und das erschütternde Spiel. Hier zeigt sich, wie der Grieche das Fremde zu verwandeln und zu einem Stück eigener, großartiger Kultur zu machen versteht.

Das gilt auch für die griechische Kunst, deren bildnerische Ausdruckskraft vom unverwandelten Übernommenen bis zu den zahllosen Beispielen erster selbständiger abendländischer Stilgestaltung reicht. In ihr begegnen wir neben Menschen und olympischen Göttern auch der fremden Welt des Dionysos. Sie spiegelt seine Mysterien vielfältig und unzweideutig im Bild. In Tonreliefs und Vasenmalereien sehen wir den auf einem Maultier reitenden Gott mit zwei Satyrn: Maultier und Satyrn mit erigiertem Phallos. Reliefs in Tonlampen oder auf Tonvasen zeigen Darstellungen des Koitus bei dionysischen Feiern. Wir kennen ihre vordionysischen anatolischen Vorbilder aus Hacılar, wo sie in schon vollendeter plastischer Gestaltung bereits im fünften vorchristlichen Jahrtausend auftreten. Vasenscherben aus dem Museum von Delos erinnern in ihren Liebesszenen an jene frühen Darstellungen aus Hacılar.

Doch Dionysos ist nicht nur mit Leben und Liebe, sondern auch mit dem Tod verbunden. Das Schicksal seiner frühesten Kindheit ist ihm zum Lebensschicksal geworden. Unter den Unsterblichen ist Dionysos ein sterbender, doch immer wieder auferstehender Gott. Wir kennen sein Grab im heiligen Bezirk von Delphi. Doch es ist das Grab eines Auferstandenen.

Mit Dionysos ist das alte Fruchtbarkeitsmysterium vom Sterben und Wiedergeborenwerden – ein Urmysterium der Menschheit – zu den Griechen gekommen. Eine Verwandtschaft zum sumerischen Tammuz, dem Geliebten der Inanna, scheint hier zu bestehen. Und tatsächlich gibt es in Athen eine von Dionysos gefeierte Heilige Hochzeit noch in später Zeit. Aristoteles berichtet darüber.

Es geschah nach des Dionysos jeweiliger Wiederkunft aus dem Reich der Schatten – aus dem Hades, dem heiligen Haus der Göttin Persephone –, daß er zu Schiff über das Meer kam. Das mag für die Griechen ein sich ständig wiederholender Hinweis auf seine asiatische Herkunft gewesen sein. In Athen wurde dann, stellvertretend für den angekommenen Gott, ein Bild des Dionysos auf einem Schiffskarren zu seinem Heiligtum gefahren.

Am gleichen Tag, an dem der Gott als Seefahrer in der Stadt eintraf, geleitete man ihn in Gestalt seines Bildes ins Bukolion, dem Amtssitz des Archon Basileus – des höchsten Jahresbeamten Athens –, mit dessen Frau er, so wie einst der sumerische König mit der Priesterin der Muttergöttin, die Heilige Hochzeit vollzog.

Dionysos, der Herr über alle Frauen, über Leben und Tod, tritt hier ein in die alten Rechte des Königs. Der Archon Basileus war dann sein Stellvertreter beim Vollzug des heiligen Aktes. So weit reichen uralte Glaubensvorstellungen des Vorderen Orients und ihre kultischen Vollzugshandlungen hinein in die historische Zeit Griechenlands und seiner geistigen Hauptstadt Athen.

Im Zusammenhang mit dem Kult des Dionysos hatte sich vielerorts in Ionien wie auch auf dem griechischen Festland eine ekstatische Weissagepraxis entwickelt, mit der Propheten und Prophetinnen hervortraten, die als »vom Gott Ergriffene« in Trance die Zukunft verkündeten. Diese neuen Formen der Einweihung in die Geheimnisse des Seins stellten eine unübersehbare Konkurrenz dar für die angestammten griechischen Orakel. Offenbar waren sie in ihren Enthüllungen dem Volke näher und darum erfolgreicher als die Vertreter der altgriechischen Zeichenwahrsage mit ihren mysteriösen Sprüchen.

Eine neue Vorstellung vom Kosmos und seiner Bedeutung für das menschliche Dasein entsteht in den Besten dieser prophetischen Geister, unter denen andererseits sicher auch Scharlatane gewesen sind. Im Bewußtsein der gespaltenen alten Ordnung versucht man mit Hilfe des Wissens, aber auch der Glaubenskräfte der Zeit zu einer Erklärung des früher Selbstverständlichen – des Kosmischen – zu kommen. Unter diesem Gesichtspunkt hat Aristoteles recht, wenn er in diesen frühen »Theologen« die Vorläufer der Philosophen sieht.

Der mythische Begründer dieser sich von Dionysos herleitenden Bewegung war Orpheus. Auch er ist, wie wir gesehen haben, keine Erscheinung griechischer Herkunft. Der Geist, der seine Kosmogonie erfüllt, ist Geist des Alten Orients. Doch der gleichzeitige Einfluß griechischen Denkens ist unverkennbar. So begegnen wir in den orphischen Lehren zum erstenmal dem Begriff der Ananke, der im Göttlichen gründenden Naturnotwendigkeit als dem überall herrschenden Weltgesetz. Hier ist, wenn auch noch in Anerkennung göttlicher Kräfte, der erste Schritt zu einer philosophischen Erklärung des Kosmos getan.

Doch wann überhaupt, so darf man andererseits fragen, ist das Göttliche ganz aus der Welterklärung verschwunden? Mögen es auch nur noch die Namen der Götter oder des Gottes sein, wir begegnen ihnen selbst bei den Philosophen immer wieder, besonders aber bei denen des Anfangs – den Vorsokratikern.

Daneben erfahren wir Umdeutungen der alten Götterwelt, so, wenn wir in einem Spruch der Orphiker die Einheit des Göttlichen aus der Vielfalt der Götter abgeleitet finden:

»Eins ist Zeus, eins Hades, eins Helios
eins Dionysos,
Ein Gott wohnet in allen. Wie sollt' ich
getrennt ihn benennen?«

Der zerrissene Mensch sucht hier das Heil in der Einheit des Göttlichen. Das, was einmal die Große Mutter war, in der sie sich alle eins wußten, ist nun die Idee vom kommenden Gott, als den auch die Orphiker Dionysos sahen, was seine besondere Bedeutung in dieser Zeit des Übergangs noch einmal erkennen läßt.

Mit ihm hängt nach orphischem Glauben auch die Entstehung des Menschengeschlechts zusammen. Die Menschen, so heißt es im orphischen Mythos, sind aus der Asche der von Zeus mit seinem Blitzstrahl verbrannten Titanen entstanden, die Dionysos zerrissen und verschlungen haben. Für die Orphiker war als Mutter des Dionysos an die Stelle der Semele Persephone getreten, die Herrin des Totenreichs. Damit wurde die zweifache Gestalt des Gottes – als Auferstandener und als Hinabsteigender, als Ewiger und Sterblicher – symbolisiert. Und daraus leitete die orphische Lehre die Gespaltenheit des Menschen ab.

Zum erstenmal war hier von Körper und Geist, von Leib und Seele die Rede, wobei der Körper als das Vergängliche, die Seele dagegen als das Ewige, als das Unsterbliche gesehen wurde. Das war der Ansatz für die Übernahme einer uralten Vorstellung von der Unsterblichkeit des Menschen: der Seelenwanderungslehre.

Wir begegnen diesem Glauben an die Wiedergeburt der Seelen in neuen Körpern erstmals dichterisch gefaßt in den indischen *Upanishaden.* Doch kann man davon ausgehen, daß er zum ältesten Glaubensgut der Menschheit überhaupt gehört und seinen Ursprung in der frühen menschlichen Beziehung zur

Großen Mutter hat. War er dort aber Bestandteil eines kosmischen Gefühls der ewigen Wiederkehr, das keine Wertung des jeweiligen Zustands enthielt, wird Seelenwanderung bei den Orphikern zu einem leidvollen Kreislauf der Geburten. Dabei wird der Körper als Gefängnis der Seele angesehen, was auch wieder auf die menschliche Zerrissenheit hindeutet.

Hier haben wir den Aufbruch eines Zwiespalts, der den Menschen von seiner natürlichen Ganzheit abbringt. Der Mensch und sein Dasein werden nicht mehr als Einheit empfunden. Das Leid im Leben, Not und Angst gewinnen die Oberhand, was natürlich auch mit der beschriebenen gesellschaftlichen Situation jener Zeit eng zusammenhängt. Pessimismus wird nun auch zu einer religiösen Grundstimmung, der man nur durch orphische Kulthandlungen und Askese – besonders durch Enthaltsamkeit und Verzicht auf fleischliche Nahrung – begegnen kann.

Als Ziel wird, ähnlich wie im Buddhismus, der Zustand des nicht mehr leiblichen Wiedergeborenwerdens angestrebt – ein Eingehen in die körperlose Region des Göttlichen und damit in eine neue, die Wiedergeburten hinter sich lassende Form der Unsterblichkeit.

VOM BEGINN DES PHILOSOPHIERENS

Seit dem siebten vorchristlichen Jahrhundert beobachten wir im ägäischen Raum eine eigenartige Veränderung des Verhältnisses der Menschen zu ihrer Religion, die sich vor allem in Ionien nachweisen läßt. Während wir einerseits eine immer stärkere Vermenschlichung der Götter feststellen – Götter, die schon seit Homer viel von ihrer ursprünglichen Bedeutung eingebüßt hatten –, erleben wir andererseits den besonders in den orphischen Kulten aufkommenden Versuch, die Vielzahl der Götter auf das eine Göttliche – das heißt auf die überirdische Kraft schlechthin – zurückzuführen.

Aus dieser Gegenbewegung haben sich zwei Formen späterer Religionsauffassung entwickelt, die wir sehr grob und allgemein als naive Gläubigkeit und Glauben an eine überirdische göttliche Macht unterscheiden können. Dabei ist die naive Gläubigkeit offensichtlich eine späte Haltung, wohingegen der Glaube an überirdische Kräfte in den kosmischen Vorstellungen der Alten wurzelt. Er ist es, der künftigen Religions- wie Geistesentwicklungen die ersten Impulse gegeben hat. Denn aus ihm haben sich die philosophischen Systeme genauso entwickelt wie die späteren Hochreligionen, deren älteste – Hinduismus, Buddhismus, Konfuzianismus, Taoismus, Zoroastrismus – fast zeitgleich mit den ersten Ansätzen griechischer Philosophie entstanden sind.

Trotz dieser in Ionien plötzlich auftretenden Hinwendung zum Rationalen ist die religiöse Bindung des Menschen weltweit nie abgerissen, wenn auch gerade die das Göttliche vermenschlichenden Religionsformen – wie die griechische – untergingen. Ihre in Äußerlichkeit und Oberflächlichkeit mündende Abkehr vom Mythos und seiner kosmischen Verwurzelung hat Praktiken hervorgebracht, die sich in vordergründigem Festgepränge erschöpften. Auch im Bereich der orphischen Mysterien kam es zur Ausbildung sehr verschiedenartiger Kultformen. Während die eine Gruppe von Gläubigen – die kleinere – einer mystisch anmutenden Versenkung entgegenstrebte, nahm die andere, weitaus größere nur den äußeren Schein – die Umzüge, die Maskentänze und die Prophezeiungen – wahr. Für sie ist Religion in dieser Epoche zu einer Art Unterhaltung und Lustbarkeit geworden, die jeder tieferen Bindung entbehrte.

Doch begegnen wir im vorderasiatischen Raum unter Altansässigen und Griechen zur gleichen Zeit eben auch jener erneuten Hinwendung zu tieferer religiöser Bindung, die nicht nur in den orphischen Kulten, sondern in einer weitgespannten Erneuerung der religiösen Kultur des gesamten Gebiets ihren Ausdruck fand.

Bei den Griechen entstand daraus oder daneben – der Ursprung ist schwer zu bestimmen – die Hinwendung zu einer uns rational anmutenden Betrachtung der Natur und des Menschen, wobei das Göttliche nur noch als höchstes Prinzip galt. Hier liegen die Anfänge der Philosophie – zugleich aber auch die Scheidung der Menschheit in eine geistig-religiöse Elite und eine indifferente Masse. Schon früh empfinden das Vertreter jener ältesten geistigen Elite und geben ihrem Überlegenheitsgefühl deutlich Ausdruck. Gleichzeitig erkennen sie aber auch, daß sie mit ihrer philosophisch-esoterischen Lebenseinstellung die Massen kaum erreichen werden.

Von Xenophanes, einem kleinasiatischen Griechen des sechsten Jahrhunderts, der zu den großen Geistern seiner Zeit zählt, ist eine Auseinandersetzung mit den vom Volk bejubelten Athleten überliefert, von denen er sagt, sie seien »nicht so würdig« wie er. Neid und Überheblichkeit sind bei den ersten Philosophen nicht selten, da sie zu gleicher Geltung gelangen möchten wie die Krieger und Sportler, deren Lob nach einem Sieg in aller Munde ist. Xenophanes, der sich nicht nur als Denker, sondern auch als Kämpfer für eine Vorrangstellung des Politischen und des Geistigen begreift, sagt dazu: »... durchaus willkürlich ist dieser Brauch, und nicht ist es recht, Stärke höher zu schätzen als nützliche Weisheit.«

Hier wird deutlich, daß die frühen Philosophen, die keineswegs weltabgewandte Einzelgänger waren, nicht »mit ein paar Schülern in der Ecke flüstern wollen«, wie Platon sagt, sondern daß es ihnen um Mitreden und Einflußnahme geht, was oft zu Spannungen und vor allem zu Enttäuschungen führte.

Viele Philologen und Philosophiehistoriker waren und sind der Meinung, daß wir es bei den vorsokratischen Philosophen mit Vertretern einer originär griechischen Geistesentwicklung zu tun haben. Nun ist dem aber einfach die Tatsache entgegenzuhalten, daß die ersten Philosophen in Ionien geboren wurden und manche von ihnen, vor allem die ältesten, dort auch ein Leben lang Eindrücke empfangen und gewirkt haben.

Einige, wie Pythagoras, Parmenides und auch Xenophanes, sind unter dem Druck der politischen Verhältnisse in den Westen – nach Sizilien – ausgewandert. Das griechische Festland dagegen hat auf die frühen Philosophen offenbar keine Anziehungskraft ausgeübt. Erst mit Sokrates und Platon wurde Athen zu einem Zentrum der Philosophie.

Tatsächlich ist also Anatolien – zumindest geographisch – auch die Wiege jener als ganz abendländisch empfundenen Denkweise, die wir philosophisch nennen. Man bezeichnet sie im allgemeinen als rationalistisch, vergißt dabei aber, daß sie durchaus auch irrationale und kosmologische Züge trägt, die auf eine vorderasiatische Herkunft der Auslöser und Anstöße philosophischen Denkens hinweisen.

Die rationalen Tendenzen, die wir bei den ersten Philosophen mehr oder weniger deutlich erkennen – besitzen wir doch keine Originaltexte, sondern nur fragmentarische Zitate –, mögen jener Eigenart griechischer Geistesentfaltung entstammen, die ihre Wurzeln im hier erwachten Individualitätsbewußtsein hat. Es gipfelt im berühmten Homo-mensura-Satz des Sophisten Protagoras, eines älteren Zeitgenossen des Sokrates: »Der Mensch ist das Maß aller Dinge.« Zwischen diesem Ausdruck übersteigerten Selbstbewußtseins und der alle Dinge hinterfragenden Bescheidenheit des Sokrates spannt sich die ganze Weite frühen philosophischen Denkens.

Als ältester der ionischen Philosophen gilt Thales. Er wurde um 624 v. Chr. als Sohn eines karischen Vaters und einer griechischen Mutter aus vornehmer Familie in Milet geboren. Entdeckungen und Erkenntnisse auf mathematischem, geometrischem, astronomischem, aber auch auf geographischem und geologischem Gebiet werden ihm zugeschrieben. Danach könnte man ihn für den ersten uns namentlich bekannten Naturwissenschaftler halten. Doch hat Thales auch eine Aussage über den Urgrund der Dinge gemacht, die ihm den Ruf eines Philosophen einbrachte. Für ihn kommt alles Leben aus dem Wasser – ist auf Wasser zurückführbar. Allerdings wissen wir um diese Urgrund-Theorie des Thales nur aus einem Kommentar des Aristoteles in seiner *Metaphysik*. Dort lesen wir:

»Von denen, die zuerst Philosophie trieben, haben die meisten geglaubt, allein stofflich geartete Urgründe seien die aller Dinge; denn woraus alle seienden Dinge sind und woraus sie als Erstem werden und wohinein sie als Letztes vergehen, während das zugrunde liegende Wesen bleibt, nur in seinen Zuständen wechselt, dies nennen sie Element und dies Urgrund der seienden Dinge und deshalb glauben sie, nichts werde und nichts gehe zugrunde, da das so beschaffene eigentliche Wesen immer erhalten bleibe. Was jedoch die Anzahl und die Form des so beschaffenen Urgrunds angeht, so sagen nicht alle dasselbe, vielmehr behauptet – im Gegensatz zu anderen (Späteren) – Thales, der eigentliche Begründer dieser Art Philosophie, es sei Wasser – weshalb er auch erklärte, die Erde schwimme auf Wasser; vielleicht gewann er diese Annahme daraus, daß er sah, die Nahrung aller Wesen ist feucht und das Warme selbst entsteht aus ihm und lebt von ihm – das aber, woraus alles entsteht, das ist eben Urgrund von allem; also darum gewann er diese Annahme und auch weil der Same aller Dinge von feuchter Natur ist; das Wasser aber ist der natürliche Urgrund für die feuchten Dinge.«

Obwohl die Darstellung der ältesten Philosophie durch Aristoteles bei den Historikern auf viel Skepsis gestoßen ist und manche Kritik erfahren hat, steht hier doch soviel Wesentliches über die Hintergründe jener These des Thales, alles komme aus dem Wasser, daß sie eine gute Basis für die richtige Einschätzung des Milesiers bietet. Auf alle Fälle scheint mir der Vorwurf der Primitivität seines Denkens, dem wir noch in jüngsten Kommentaren begegnen, nicht gerechtfertigt. Schon Nietzsche ist solcher Einschätzung des Thales in seiner Schrift über *Die Philosophie im tragischen Zeitalter der Griechen* mit drei wohlbedachten Gründen entgegengetreten. Da heißt es:

»Die griechische Philosophie scheint mit einem ungereimten Einfalle zu beginnen, mit dem Satze, daß das Wasser der Ursprung und der Mutterschoß aller Dinge sei: ist es wirklich nötig, hierbei stille zu stehen und ernst zu werden? Ja, und aus drei Gründen: erstens, weil der Satz etwas vom Ursprung der Dinge aussagt, und zweitens, weil er dies ohne Bild und Fabelei tut; und endlich drittens, weil in ihm wenngleich nur im Zustande der Verpuppung der Gedanke enthalten ist: alles ist eins. Der erstgenannte Grund läßt Thales noch in der Gemeinschaft mit Religiösen und Abergläubischen, der zweite aber nimmt ihn aus dieser Gesellschaft und zeigt ihn uns als Naturforscher, aber vermöge des dritten Grundes gilt Thales als der erste griechische Philosoph.«

Wenn wir, Nietzsche folgend, davon ausgehen, daß Thales als erster den Schritt von der Naturwissenschaft zur Philosophie getan hat, und wenn wir die Bemerkungen des Aristoteles zum Urgrund Wasser ernst nehmen, so eröffnet sich uns ein Weg zum tieferen Verständnis des Thales.

Warum, so fragen wir uns, sollte die These vom Urgrund Wasser aus anderen Beobachtungen hervorgegangen sein als die zahlreichen naturwissenschaftlichen Erkenntnisse des Thales? Sie beruhen unverkennbar auf einer Kombination aus überkommenem Wissen und kritisch-analytischer Betrachtung aller Erscheinungen. Daraus ergibt sich das Weltbild des Thales. Es setzt sich zusammen aus traditionellen Vorstellungen, wie sie im mythischen anatolischen Glauben überliefert sind, und aus neuen geistigen Impulsen, die der scharfe Beobachter der modernen, weltoffenen Entwicklung von damals verdankte. Dabei geht gerade die Urgrund-Theorie des Thales trotz ihrer philosophischen, also im Sinne jener Zeit modernen Schlußfolgerungen auf uralte anatolische Weisheit zurück. Es ist Weisheit aus dem Schoß der Großen Mutter. Denn neben der alltäglichen Feuchtigkeit in Gestalt der Meere, Seen, Flüsse, Bäche, Wasserfälle, Sturmfluten, Niederschläge gibt es auch jene subtileren Formen von Feuchtigkeit, die das Element alles Lebendigen sind: Blut, Lebenssaft, Samen – wie schon von Aristoteles erwähnt –, aber vor allem auch das Fruchtwasser, das Voraussetzung jeder Geburt ist, so daß der ganzheitlich denkende Beobachter auf die Herkunft des neuen Lebens aus dem Wasser schließen durfte.

Die Muttermilch ist dann das nächste lebensnotwendige Feuchte im kosmischen Kreislauf des Daseins von Mensch und Tier. Damit sind wir wieder bei den aus der Vorstellung der Großen Mutter kommenden Lebenskräften. Ohne deren Kenntnis und Anerkennung wären Thales sowie seine philosophierenden Zeitgenossen in ihren Positionen und geistigen Voraussetzungen nicht vorstellbar.

Sage niemand, zwischen diesen Vorstellungswelten erstreckten sich Jahrtausende. Denn noch zu Zeiten der ionischen Philosophen lagen die Heiligtümer der mit den alten Mutter- und Fruchtbarkeitskulten verbundenen Gottheiten – vor allem von Dionysos und Artemis – an Gewässern oder in sumpfigem Gelände. Bachofen deutet diese Lokalisierung richtig, wenn er schreibt: »Aus dem Schlamm, der Durchdringung von Erde und Wasser, sprießt Röhricht wild empor, ohne alles menschliche Zutun, sich ewig erneuernd, wachsend und absterbend, ohne daß gesät oder geerntet würde.«

Etwas vom Gedanken der Urzeugung aus dem Wasser klingt hier an, dem wir auch bei Aristoteles begegnen. Wie also könnten wir Thales gerecht werden, ohne diese Zusammenhänge zu bedenken und aus ihnen die Lehre des Milesiers als eine bis in die Uranfänge zurückreichende Betrachtungs- und Deutungsweise zu verstehen?

Es bedürfte einer eigenen Studie, um die Abhängigkeit der ionischen Philosophen von der anatolischen Vorstellungswelt der Großen Mutter und damit von ältesten kosmischen Zusammenhängen noch weiter zu erhellen. Tatsächlich begegnen wir ihr in all den spärlichen Fragmenten, die uns aus jener Zeit überliefert sind und oft eilfertig als das ganz Neue, Voraussetzungslose interpretiert werden.

Auch Anaximander, der wohl um eine Generation jüngere, zweite große ionische Philosoph, stammt aus Milet. Von ihm kommt die erste wörtlich überlieferte Aussage der griechischen Philosophie. Sie lautet: »Ursprung und Urgrund der seienden Dinge ist das Grenzenlos-Unbestimmbare. Woraus aber die Dinge entstehen, da hinein vergehen sie auch wieder mit Notwendigkeit. Denn sie leisten einander Genugtuung für ihre Ungerechtigkeit nach der Ordnung der Zeit.«

Der Sinn dieses Satzes ist dunkel. Das Grenzenlos-Unbestimmbare – Apeiron – ist das Unvergängliche, das Ewige. »Es ist«, wie Walther Kranz sagt, »ohne Tod und ohne Untergang.«

Auch hier wieder stehen wir einem vor allem naturwissenschaftlich interessierten Geist gegenüber, der sich zeit seines Lebens mit Fragen der Astronomie, der Geographie, der Meereskunde beschäftigt und komplizierte Berechnungen auf diesen Gebieten angestellt hat. Der oben zitierte Satz entstammt seiner im übrigen verlorengegangenen Schrift *Über die Natur.*

Es kann kein Zweifel sein, daß auch die Gedanken des Anaximander über das Ewige, das Unvergängliche der Welt der Großen Mutter als der ewigen Gebärerin, als der ständig alles Sein Erneuernden entstammen.

Der neue Ansatz des Anaximander besteht darin, daß er die bildhaften, kosmischen Vorstellungen der Alten, wie sie uns seit Çatal Hüyük so vielfältig erschienen sind, auszudrücken, zu formulieren versucht.

Sein um eine Generation jüngerer Nachfahre Anaximenes, ebenfalls ein Bürger Milets, geht noch einen Schritt weiter. Für ihn ist die Luft, der Äther das Allumfassende, Allseiende. Durch den Atem ist der Mensch damit unlösbar verbunden.

Von hier aus ist es zu einer kosmischen Ganzheitslehre, wie sie ein uns namentlich unbekannter alt-ionischer Denker formuliert hat, nicht mehr weit. Er gründet seine Thesen auf die sichtbaren und bei genauer Beobachtung berechenbaren Erscheinungen im Weltall. Dabei tritt jene wohl bereits in Mesopotamien entstandene, geheimnisvolle Zahlenkombinatorik auf, die dann von Pythagoras und seiner Schule weiter ausgebildet worden ist. Wir können es nicht als Zufall nehmen, daß hier eine Brücke besteht zu den orphischen Kulten, denen besonders die späteren Pythagoräer anhingen. Das dabei zutage tretende kosmische Denken geht weit über seine frühen Ursprünge hinaus. Und doch ist es ohne das ganzheitliche Bewußtsein der früheren Menschheit, wie wir ihr so vielgestaltig im vorderasiatischen Raum begegnet sind, nicht vorstellbar.

Ein Abschnitt aus dem erhaltenen Text des unbekannten Alt-Ioniers, den Walther Kranz bekanntgibt, macht das deutlich: »Alle Lebewesen und Pflanzen auf der Erde haben eine Natur, die dem Kosmos ähnlich ist, die kleinsten wie die großen – notwendigerweise müssen ja, da alles ähnlich ist, auch die Glieder des Kosmos diesem ähnlich geformt sein –, denn sie bestehen aus Gliedern, die an Zahl gleich und an Gestalt ähnlich dem Kosmos sind.«

Wahrscheinlich wäre den früheren Vertretern einer ganzheitlichen Kosmologie, die wir ja nur in Architektur, Skulptur und Bildern ausgedrückt, nicht aber niedergeschrieben finden, eine solche Formulierung bereits zu konkret, zu »materiell« gewesen. Begriffen sie doch nur das Lebensganze und nicht seine unterscheidbaren Teile. Diese grundsätzliche Differenz zwischen altmesopotamisch-altanatolischem und frühgriechischem Denken hat auch die Philosophiegeschichte in ihrer Beurteilung der ionischen Denker beeinflußt.

Viele Interpreten der ältesten griechischen Philosophen waren der Meinung, deren Hauptverdienst läge darin, die Materie entdeckt und erklärt zu haben. Sie konnten nicht verstehen, daß

Wasser oder Luft in jener Zeit nicht als Bestandteile eines materiellen Zusammenhangs, sondern als lebensbedingende Ursachen des kosmischen Seins begriffen wurden. Selbst Aristoteles, der das Denken und Wirken der Vorsokratiker als erster zusammenhängend beschrieben hat, vertrat bereits diese Ansicht, wenn er im ersten Buch seiner *Metaphysik* schreibt: »Von denjenigen, die zuerst philosophiert haben, hielten die meisten die materiellen Prinzipien ausschließlich für die Prinzipien aller Dinge.«

Hier zeigt sich, wie früh sich im abendländischen Denken die Trennung zwischen Geist und Materie vollzogen hat. Doch sie war eben nicht, wie Aristoteles meint, von Anfang an gegeben. Schon er hat trotz einsichtiger Darstellung, wie wir ihr bei seiner Beschreibung der Lehre des Thales begegnet sind, die kosmischen Verbindungen im Denken der ionischen Philosophen nicht mehr begriffen. Wir müssen deshalb annehmen, daß bereits seine Thales-Interpretation weitgehend auf einem Mißverständnis beruht, wenn wir ihm auch eine bewußte Fehldeutung, wie sie ihm von vielen unterstellt worden ist, nicht zutrauen wollen.

In der Lehre des oben zitierten anonymen Alt-Ioniers haben wir die erste griechische Niederschrift einer Vorstellung vom Makro- und Mikrokosmos, der wir etwa gleichzeitig auch in Indien – so in den Reden Buddhas – begegnen. Es kann kaum ein Zweifel sein, daß wir es dort ebenso mit einer ihrem Ursprung nach vorderasiatischen Einsicht in Lebenszusammenhänge zu tun haben, von denen erst unsere jüngste Naturwissenschaft wieder etwas zu ahnen beginnt.

Mit Heraklit, dem bedeutendsten der vorsokratischen Philosophen, betreten wir die Stadt Ephesos, wo er, als königlicher Sproß um 530 v. Chr. geboren, sein angestammtes Priesteramt an den Bruder abgab, um frei zu sein für die nach seiner Meinung edelste Aufgabe des Menschen: das Philosophieren. Sein Denkwerk, wie wir es wohl nennen sollten, hat er nicht an auserwählte Schüler, aber auch nicht an die ganze Menschheit gerichtet. Er hat es der Göttin Artemis geweiht und in ihrem Tempel zu Ephesos an geheiligter Stelle niedergelegt. Auch

Heraklits Werk ist uns nur in Fragmenten und Berichten erhalten. Doch das Überlieferte reicht aus, um ihn nicht nur als bedeutenden Denker, sondern auch als den großen Verstehenden der Situation seiner Zeit wie der Menschheit überhaupt auszuweisen.

Im Gegensatz zu allen späteren Philosophen hat er die Grundfragen des Lebens und die Befindlichkeit des Menschen in kurzen Sprüchen definiert. Daraus ist ihm später der Vorwurf des »Dunklen«, des Unverständlichen gemacht worden. Dabei ist schon der Anfang seines Buches von unverkennbarer Klarheit, einer Klarheit allerdings, der sich damals wie heute die meisten verschließen, weil sie die darin enthaltene harte, kritische Aussage über den Menschen nicht wahrhaben wollen.

Der Text geht um das Verhältnis des Menschen zum Logos, wobei wir den vieldeutigen Begriff, der im vorphilosophischen Sprachgebrauch die Bedeutung von Aufzählung, Berechnung, Rechenschaft, Rechtfertigung, später aber auch von Rede, Wort, Erklärung, Beweisführung hat, einfach als Sinn verstehen wollen, als Sinn, der dem Kosmos wie dem Einzelwesen zugrunde liegt. Ihn zu erfassen, ist dem Menschen der Geist gegeben. Dazu Heraklit am Anfang seiner Schrift:

»Diesem Logos gegenüber, der in Ewigkeit gilt, erweisen sich die Menschen als unverstehend, gleichermaßen bevor sie davon hören wie nachdem sie bereits gehört haben. Denn während alles gemäß diesem Logos vor sich geht, sind sie doch wie solche, die ihn nie erlebten, und leben doch in Worten und Werken solcher Art, wie ich sie hier darlege, indem ich ein jegliches nach seiner Natur auseinanderlege und angebe, wie es sich verhält; den anderen Menschen aber bleibt alles, was sie im Wachen tun, ebenso unbewußt wie alles, was im Schlaf ihrem Bewußtsein entfällt.«

Hier werden die Uneinsichtigkeit, die Dumpfheit, die Oberflächlichkeit des Menschen angesprochen, all jene Eigenschaften, die es vielen unmöglich macht, den Sinn – den Logos – des Lebens zu erfassen und das eigene Dasein in seinem Werden und Wandel danach einzurichten. Wenn Heraklit in seinem

Werk trotzdem den Versuch unternimmt, den Logos zu erklären, so sieht er darin seine ihm vom Schicksal gestellte Aufgabe, die er erfüllt, obwohl er weiß, daß er die Menschen mit seiner Wahrheit nicht erreichen wird.

Es gibt einen anekdotischen Bericht aus dem Leben des Heraklit, der diese Einstellung gegenüber seiner Umwelt treffend charakterisiert. Als Heraklit von seinen Landsleuten, den Ephesern, aufgefordert wurde, ihnen Gesetze zu geben, lehnte er das mit der Begründung ab, die Stadt stünde ja völlig unter dem Einfluß ihrer schlechten Verfassung. Dann zog er sich in den Artemis-Tempel zurück, wo er mit Kindern das beliebte Knöchelspiel begann. Als ihm die Bewohner der Stadt erstaunt zusahen, sagte er: »Was staunt ihr? Ist es nicht besser, mit den Kindern zu spielen als mit euch den Staat zu lenken?«

Heraklit war offenbar davon überzeugt, daß die Menschheit nicht auf den rechten, den sinnvollen Weg des Lebens zu bringen sei. Dabei stellt sich die Frage, ob er mit dieser Meinung die Menschen überhaupt oder nur die seiner Zeit gemeint hat.

Lesen wir in Heraklits Sprüchen, so stoßen wir auf einen Zusammenhang, der von ihm zwar nicht erklärt, wohl aber in seinen Texten erkennbar wird. Es ist der Zusammenhang von Logos und Kosmos, von Sinn und Universum. Oder anders gesagt: Im Ganzen erkennt Heraklit, verstehen wir ihn richtig, die Bedeutung des einzelnen. Aus dem Makrokosmos, wie ihn Ionier schon vor Heraklit begriffen, entstehen in unausgesetzter Folge Mikrokosmen. Das ist der tiefste Sinn des Heraklit-Wortes: Alles fließt. An ihm haben sich endlose philosophische Dispute bis in die Gegenwart entzündet. Seine Bedeutung können wir einem anderen Spruch des Heraklit entnehmen, in dem er den kosmischen Allzusammenhang und die Einbindung des Menschen in dieses Bezugssystem darstellt. Da heißt es: »Der Seelen Tod ist, Wasser zu werden, Wassers Tod, Erde zu werden; aus Erde aber gewinnt Wasser Leben und aus Wasser die Seele.«

Erkennen wir Heraklit hier nicht als einen, der die Worte des Thales aufnimmt und sie weiterführt – auch weiter zurück in den Verständnisbereich der Alten, der Wissenden, die im Vorderen Orient eine große Tradition hatten? Das geht auch aus einem weiteren Spruch hervor, der die eben erwähnte Seele – jenes für Heraklit Geheimnisvollste im Menschen – zurückführt auf den grenzenlosen Kosmos als ihren Ursprung. Heraklit schreibt dazu: »Der Seele Grenzen kannst du nicht ausfindig machen, auch wenn du alle Wege abwanderst – so tief ist ihr Logos.«

Mit seinen Äußerungen – sie lassen sich in solchem Zusammenhang trotz des geringen Umfangs des von Heraklit Überlieferten beliebig vermehren – wurzelt Heraklit ganz ohne Zweifel in tiefsten Schichten überkommener Weisheit, so revolutionär seine Aussagen den Griechen und allen Späteren geklungen haben und noch immer klingen mögen.

Insofern meint Heraklit mit seiner Menschheitskritik sicher die Menschheit aller Zeiten. Denn er hat erkannt, daß der Mensch trotz scheinbarer Fortschritte und Entwicklungen im Laufe seiner Geschichte nicht einsichtiger, nicht klüger und nicht klarer wird. Im Gegenteil, er spürte deutlich, wieviel von der alten Weisheit verschüttet und vom Wissen um die Allzusammenhänge vergessen worden ist. Daß er mit seinen kosmischen Vorstellungen weit hinter das zu seiner Zeit und ihrer jüngeren Vergangenheit Geglaubte zurückging, zeigt ein Text, der an altorientalisches astronomisches Wissen anschließt und zu einer Schlußfolgerung kommt, die eine Ahnung von dem erkennen läßt, wozu moderne Naturwissenschaft allmählich wieder durchstößt. Dort heißt es:

»Diese Weltordnung hier hat nicht der Götter noch der Menschen einer geschaffen, sondern sie war immer und ist und wird sein: immer-lebendes Feuer, aufflammend nach Maßen und verlöschend nach Maßen. Feuers Wende: zuerst Meer; des Meeres eine Hälfte Erde, die andere flammendes Wetter ... Das Meer zerfließt und erfüllt sein Maß nach demselben Sinn, der auch galt, bevor es Erde wurde.«

Hier wird noch einmal deutlich, daß es sich auch bei Heraklit nicht um einen Denker voraussetzungslosen Anfangs handelt. In seinen Texten ist uraltes, im Mythos überkommenes Wissen des Vorderen Orients Logos – Aufzählung, Erklärung, Bericht – geworden. Um das nachzuprüfen, kann ich meinen Leserinnen und Lesern nur die Lektüre der Sprüche des Heraklit empfehlen, die in mehreren guten Übersetzungen vorliegen. Die Umsetzung von Urweisheit in Logos geht bei Heraklit so weit, daß wir sein Werk aufgrund der erhaltenen Fragmente als Sprache, als Logos gewordenen Kosmos begreifen können.

Das Verhältnis der Menschen zu seiner Erkenntnis- und Darstellungsweise sowie ihren Hintergründen beschreibt Heraklit so: »Was die Menschen mit Augen sehn und mit Händen greifen, werfen sie weg, ohne es sich begreifend anzueignen; und die eigentlichen Wirklichkeiten, in denen und aus denen sie ihr Dasein führen, die sie an sich tragen wie Läuse im Hemd, bekommen sie nie vor die Augen und in die Finger. Sie erfassen nicht das, womit sie sich befassen; was sie haben, besitzen sie nicht. Denn sie verstehn den Logos nicht, demgemäß alles geschieht.«

Vielleicht ist diese Verständnislosigkeit eine Folge dessen, was in Heraklits Zeit und Umwelt als modern galt. Hier mag die Abwendung von den Göttern in ihrer ursprünglichen Bedeutung eine genauso große Rolle spielen wie das Nicht-mehr-Begreifen der kosmischen Zusammenhänge. Das Leben war disparat und äußerlich geworden. Sein Ablauf bestand in zufälligen Ereignissen und Begegnungen, hatte kein sinnvolles Fundament mehr. So jedenfalls sah es Heraklit, für den die Wirklichkeit auch disparat, gegensätzlich war, wie es in vielen seiner Sprüche zum Ausdruck kommt. Doch ihm war, ihm blieb der Zusammenhang mit dem Kosmos bewußt.

Im Kosmos aber heben sich die Gegensätze auf, aus denen alles Leben besteht. Hier haben sie ihre verborgene Harmonie, von der man, betrachtet man die archäologischen Funde, schon vor Jahrtausenden wußte. Insofern ist Heraklit der geniale Brükkenbauer zwischen asiatischer Vergangenheit und griechisch-archaischer Gegenwart um 500 v. Chr. – zwischen Mythos und Logos.

Was er dabei außerdem entdeckt hat, ist die Relativität im Bereich unserer sinnlichen Wahrnehmung. So schreibt er im

Zusammenhang mit der oben zitierten Äußerung über die Grenzenlosigkeit der Seele von der Anschauung: »Die Sonne hat die Breite eines Menschenfußes.« Dabei denkt er an einen im Liegen gegen die blendende Sonne ausgestreckten Fuß, der den glühenden Ball ganz bedeckt: zwei Betrachtungsweisen – zwei Erfahrungsweisen. Der Grenzenlosigkeit des Alls, dem wir mit unserer Seele angehören, wird hier die Relativität unserer Anschauungen gegenübergestellt.

Den Gipfel seines Relativismus erreicht Heraklit mit einem einzigen Satz, der wie ein Vorausschauen auf spätere Weltbefindlichkeit und das sich daraus ergebende menschliche Schicksal von heute wirkt. Er lautet: »Für die Menschen wäre es nicht gut, wenn ihnen alles gelänge, was sie vorhaben.« Diesen Gedanken Heraklits dürfen wir als spezifisch abendländisch ansehen. Für ihn gibt es nichts Vorgedachtes in der vorderasiatischen Tradition. Und die Skepsis, die den Geist dieses Satzes bestimmt, wurde zu einem wesentlichen Element europäischen Denkens.

Auch der zweite große, um 500 v. Chr. wirkende griechische Philosoph – Parmenides – weist mit seiner Grundthese vom Sein als dem Wesen des Ganzen in die Zukunft. Er ist der Begründer der Ontologie und des metaphysischen Denkens. Parmenides stammt aus der 540 v. Chr. von kleinasiatischen griechischen Flüchtlingen gegründeten süditalienischen Stadt Elea, in der er als junger Mann offenbar eine bedeutende politische Rolle gespielt hat. Seine begüterte Familie war wie viele Griechen unter dem Druck der Perser nach Italien gekommen. Doch sein in wichtigen Teilen erhaltenes Lehrgedicht über das Sein wie sein daraus zu erschließender Lebensstil lassen erkennen, daß auch seine geistigen Wurzeln im Vorderen Orient zu suchen sind.

Wie Heraklit war er ein Mann des Übergangs, der, von der geistig-mythischen Welt Asiens geprägt, mit seinen Aussagen zu neuen Ufern aufbrach. Parmenides war mit den orientalischen Geheimlehren vertraut und rühmte sich übernatürlichen Wissens. Es scheint, daß er seine Erkenntnisse in Stunden meditativer Versenkung und Erleuchtung gefunden hat.

Sein berühmtes Lehrgedicht enthält die Beschreibung einer mysteriösen geistigen Reise zur Weisheitsgöttin Dike. Der Text erinnert an die Berichte über Geisterreisen, die uns von schamanischen Zauberpriestern Zentralasiens überliefert sind. Parmenides beginnt:

»Die Pferde, die mich fahren, so weit nur der Wille dringt,
zogen voran, da sie mich auf der Göttin vielkündenden Weg
gebracht hatten, der den wissenden Mann durch alle Städte
[führt.
Auf diesem Weg fuhr ich; denn dort fuhren mich die
[kundigen Pferde,
den Wagen fortreißend; und Mädchen lenkten die Fahrt.«

Nach eingehender Schilderung der Reise ins Reich der Dike, jener Göttin, die den Schlüssel zur Weisheit verwahrt, steht Parmenides unvermittelt vor der Geheimnisvollen. Diese Begegnung beschreibt er so:

»Und freundlich empfing mich die Göttin, ergriff meine
Rechte, redete mich an und sagte das Folgende:
Jüngling, Gefährte unsterblicher Lenkerinnen,
der du mit den Pferden, die dich fahren, zu unserm Haus
[gelangt bist,
Heil dir! Denn kein schlechtes Geschick sandte dich
auf diesen Weg – er liegt wahrlich abseits vom Wandel
[der Menschen –,
sondern die Mächte des Angemessenen und Notwendigen.
Du sollst aber alles erfahren,
sowohl der überzeugenden Evidenz unerschütterliches Herz
wie auch die Eindrücke der Menschen, die ohne evidenten
[Beweis sind;
gleichwohl wirst du auch das hören, wie das Geltende
notwendigerweise gültig sein mußte durch alle Zeiten.«

Der Offenbarungscharakter der Aussagen, die im Text folgen, geht im kosmologisch-astronomischen Teil des Lehrgedichts auf asiatische Denkansätze zurück. Doch auch da ist ein Satz – der Grundsatz des Parmenides –, der in die Zukunft weist. Er lautet: »Erkennen und Sein sind dasselbe.«

Diese Aussage wurde zur Grundlage der abendländischen idealistischen Philosophie, nach der das Bewußtsein unser Sein und nicht, wie Karl Marx dem entgegengehalten hat, das Sein unser Bewußtsein bestimmt.

In den überlieferten Sätzen des Parmenides wie des Heraklit wird der geistige Umbruch deutlich, der sich um 500 v. Chr. in der griechischen Welt vollzogen hat und im Denken von Sokrates, Platon und Aristoteles zu einem ersten abendländischen Geistesgipfel führte. Es ist der Weg aus der kosmisch-mythischen Vorstellungswelt Asiens zu ersten Ansätzen rationalen, aber auch spekulativen Denkens mit dem Ziel einer widerspruchsfreien Erklärung der Wirklichkeit – ein Weg, der noch einmal die Brückenfunktion Anatoliens für die Anfänge abendländischen Denkens verdeutlicht, aber auch erkennen läßt, wo die Wiege dieses Denkens gestanden hat.

DIE GROSSE MUTTER LEBT: ARTEMIS VON EPHESOS

Es ist sicher kein Zufall, daß Heraklit sein Werk im Tempel der Artemis von Ephesos niederlegte und Parmenides sein Lehrgedicht mit der Vision einer Traumreise zur Göttin der Weisheit beginnt. Beides sind Beweise dafür, daß die Große Mutter in vielen göttlichen Erscheinungsformen auch noch im sechsten und fünften vorchristlichen Jahrhundert unter den Griechen lebendig war, wenngleich sie bis dahin viele Wandlungen durchgemacht hatte. In Ephesos tritt sie uns mit unverkennbarer Mächtigkeit als Artemis entgegen. Mehr als tausend Jahre war sie dort stadtbeherrschende Göttin, die zu ihren im Rhythmus der Jahreszeiten gefeierten Festen zahllose Pilger aus allen Teilen der orientalisch-mediterranen Welt anzog.

Hier tritt, soweit wir sehen, die Große Mutter ein letztes Mal als archaische Universalgöttin, als zentrale Gestalt einer sich in viele Kultformen spaltenden Spätreligion auf. Weder die Anfänge der Stadt Ephesos noch der Beginn des dort früh ansässigen Artemis-Kults, für den später als Heiligtum am Wasser das weltberühmte Artemision entstand, sind historisch belegbar.

Die Legende sieht in der Stadt eine Gründung der Amazonen, der kampftüchtigen Töchter des Kriegsgottes Ares. Auch die ältesten uns zugänglichen Nachrichten über die Artemis-Ephesia sprechen von Gewalttat und Tötung. Doch sie betreffen sicher nicht ihren Ursprung. Das bezeugen allein schon die verschiedenartigen Deutungen des Namens, die von der Blutopfer fordernden Herrin über Leben und Tod bis zur Vorstellung einer Reinheit und Jungfräulichkeit verkörpernden Göttin reichen. Mit Sicherheit finden hier sehr verschiedene Mythen ihren Ausdruck. Sie lassen erkennen, wie sich auch im Falle dieser wohl populärsten und am meisten verehrten Göttin, nicht nur bei den Griechen, schon früh ein Bedeutungswandel und eine Aufspaltung ihrer verschiedenen, ursprünglich universal verstandenen Funktionen vollzogen hat.

Die Artemis-Literatur ist unübersehbar. Kein Aspekt, kein Anschein von Zusammenhängen mit der komplexen Erscheinung der Göttin blieben unberücksichtigt und ungedeutet. Das hat zu einer Einschätzung der Artemis geführt, die ihrem eigentlichen Ursprung und ihrem religiösen Wesen kaum noch gerecht wird. Müssen wir doch gerade in ihr jenen Ausdruck kosmischer Ganzheit sehen, jene letzte Epiphanie der Geburts- und Todesgöttin, für die beides – Leben und Sterben – noch eins sind.

So blieb sie auch in der griechischen Dichtung bis hin zur Zeit Alexanders des Großen eine kosmische Erscheinung, eingefügt zwar in das hellenistische Weltbild, und doch jene Spätzeit überstrahlend mit ihrem Ruhm, wie er in der berühmten Artemis-Hymne des Kallimachos seinen Niederschlag gefunden hat. Hier kommt in den Tagen, als das Artemision von Ephesos längst zu einer machtvollen Institution weltlicher Repräsentanz geworden war – der Tempel beherbergte die Weltbank jener Zeit –, das Allgegenwärtige der Großen Mutter in einer nun schon als enzyklopädisch zu verstehenden Dichtung zum Ausdruck.

»Artemis! Jungfrau du! Des Tityos Töterin! Golden
Sind deine Waffen, dein Gürtel, und einen goldenen Wagen
Schirrtest du, fügtest den Hirschen, o Göttin, goldene Zügel.
Aber wohin entführte zuerst dich der hürnene Vorspann?
Auf das thrakische Haimos, von wo der Nordwind [herabstürmt
Mit dem widrigen Frost für die, die des Mantels entbehren.
Schnittest die Fackel dir wo, die welche Glut dir entfachte?
Auf dem Olymp im mysischen Land; du warfst auf die Fackeln
Feuer der ewigen Glut, die verstrahlen die Keile des Vaters.
Göttin, wie oft versuchtest du deinen silbernen Bogen?
Auf eine Ulme zuerst, dann eine Eiche, ein Tier dann
Schossest du, aber zum viertenmal nicht wieder auf Eichen;

Sondern auf eine Stadt von Frevlern, die viele Verbrechen
Untereinander sowohl wie gegen die Fremden begangen.
Schändliche! Denen knetetest du deinen mächtigen Zorn ein.
Ihre Herden verschlingt die Pest, der Reif ihre Felder;
Greise scheren das Haar um der Söhne willen. Die Frauen
Sterben getroffen bei der Geburt, und wenn sie entrinnen,
Bringen sie Kinder zur Welt, die schwanken auf krummen
[Gelenken.
Welchen du aber leuchtest voll Gnade und lieblichen
[Lächelns,
Denen tragen die Äcker Frucht in Fülle. Des Vierbeins
Junge gedeihen; es mehrt sich das Gut, und nimmer
[zum Grabe
Gehen sie, außer wenn sie ein Hochbejahrtes bestatten.
Keine Zwietracht verwundet die Sippe, so wie sie auch
[Häuser
Schädigt, die wohl bestehen. An einer Tafel des Festes
Lassen die Frauen der Brüder, die Männer der Schwestern
[sich nieder.
Herrin! Es zähle zu diesen, wer mein wahrhaftiger Freund
[ist,
Auch ich selber, o Fürstin, und pflegte ich stets des Gesanges!
Letos Hochzeit wird darin stehen und vieles von dir auch,
Phoibos Apollon sodann, und alles, was du geleistet,
Deine Hunde und Bogen und deine Wagen, die leichthin
Dich, die Herrliche, tragen, sooft du zum Hause des Zeus
[fährst.«

In einer Zeit, in der die Götter für die meisten Menschen keine Glaubensrealität mehr darstellen, wird in diesen Versen noch einmal Göttliches als wirklich und unumgänglich beschworen. Wie immer wir Kallimachos mit seinem mehr als achthundert Bände umfassenden Lebenswerk als Polyhistor seiner Epoche einschätzen mögen, in seinen Hymnen steht, was aus ältester Vergangenheit als kosmische Vorstellung in die Gegenwart des dritten vorchristlichen Jahrhunderts herüberragt.

Der göttliche Horizont, der hier in Gestalt der Artemis als Allzusammenhang aufscheint, hat in Ephesos jenen kultischen und damit auch institutionellen Niederschlag gefunden, ohne den ein Gedicht wie das des Kallimachos im dritten Jahrhundert in dieser Form wahrscheinlich nicht mehr möglich gewesen wäre. Es scheint also, daß die Vorstellung von einer allumfassenden, weit in die mythische Vergangenheit zurückreichenden Großen Göttin die olympische Götterwelt an Plätzen wie Ephesos nicht nur überragt, sondern auch zeitlich überdauert hat.

Im Zusammenhang mit den vielen tausend Pilgern, die alljährlich nach Ephesos kamen, erhebt sich die Frage, ob wir in unserem heutigen Geschichtsbild von der Antike nicht dem Volksglauben jener Zeit und der fortdauernden Rolle des Mutter- und Fruchtbarkeitskults in weiten Teilen Vorderasiens wie auch Griechenlands und des Balkans eine viel zu geringe Bedeutung beimessen. Denn wir dürfen davon ausgehen, daß der Kult der Artemis-Ephesia bis weit in die christliche Zeit hinein, das aber heißt über mehr als ein Jahrtausend hinweg, den Glauben und das Denken zahlloser Menschen zwischen Vorderem Orient und Mittelmeer bestimmt und beherrscht hat.

Wir wissen von Artemis-Tempeln an der französischen Rhône-Mündung, an den Küsten Ostspaniens und in Karthago. Wie weit diese Kultmächtigkeit auf das Heiligtum von Ephesos direkt zurückzuführen ist, vermögen wir nicht mit Sicherheit zu sagen. Das Artemision jedenfalls war ein weltweit bekanntes Zentrum des Artemis-Kults, das in späteren Jahrhunderten eine Art artemisischer Vatikan gewesen ist.

Das hohe Maß an Heiligkeit und Anerkennung seiner Herrin in der damaligen Welt zwischen Persien und Westeuropa wird auch dadurch bestätigt, daß der Perserkönig Dareios auf seinen Feldzügen die Artemis-Heiligtümer Kleinasiens genauso schonte wie Hannibal die der Göttin geweihten Tempel in Spanien. Es muß sich also um einen für jene Zeit globalen Einfluß der Göttin und ihres zahlreichen Gefolges von Priesterinnen und Priestern gehandelt haben, der weit über die Bedeutung anderer religiöser Bewegungen, vor allem auch frühchristlicher Gruppen hinausging. Das hängt wohl nicht zuletzt damit zusammen, daß der Göttin und ihrem Gefolge eine dominierende Kraft nachgesagt wurde. An die Übertragung solch göttlicher Kraft auf die eigene Persönlichkeit vertraute wohl selbst Alexander der Große, wenn er anläßlich eines prachtvollen Festes im persischen Ekbatana in der Maske der Artemis auftrat.

Wir haben uns deshalb zu fragen, worin die nachwirkenden Kräfte zu suchen sind, die weit über das ursprüngliche Wesen der Großen Mutter und ihrer Kulte hinaus mächtig waren und mächtig blieben bis in eine Zeit, in der Götter und Götterdienst weithin nur noch Nebenerscheinungen waren.

In der historischen Artemis, wie sie in Ephesos verehrt wurde, begegnen wir sehr unterschiedlichen Zügen der Göttin, die sich nur als Teilaspekte eines ursprünglich untrennbar zusammengehörigen Ganzen verstehen lassen. Zu diesen Aspekten gehören die Fürsorge für Mensch und Tier, vor allem für das neugeborene und heranwachsende Leben. Dabei kommt den Tieren eine ganz besondere, auf den ersten Blick widerspruchsvoll erscheinende Bedeutung zu. Artemis ist Hegerin, aber auch Jägerin. In ihrer späteren römischen Form – als Diana – ist sie vor allem die Göttin der Jagd. Im Artemision von Ephesos treten noch beide Erscheinungsformen deutlich hervor. Der Kult der Fruchtbarkeit, des Gebärens und des Ernährens, wie er hier zelebriert wurde, erforderte Opfer.

Das waren in frühen Zeiten nicht nur Tier-, sondern entsprechend dem Spektrum der Lebensganzheit auch Menschenopfer. Im schlimmsten Fall war es die Forderung, die eigenen Kinder zu opfern. Hierher gehört das von Artemis befohlene Opfer Iphigenies, der Tochter des Agamemnon. Dieser hatte die Göttin tief beleidigt, weil er in ihrem heiligen Bezirk einen Hirsch gejagt und getötet hatte. In diesem berühmten Beispiel tritt der Zusammenhang zwischen Jagd, Jagdtabu und Opfer besonders deutlich zutage.

Bei Ausgrabungen im ältesten Teil des Artemisions sind 1975 Menschenknochen gefunden worden, die Menschenopfer an dieser heiligsten Stätte der Artemis wahrscheinlich machen. Der im sechsten Jahrhundert v. Chr. in Ephesos lebende Schriftsteller Hipponax – ein gesellschaftskritischer Dichter der Armen und Rechtlosen – schreibt von einer Prozesssion am 6. Mai, dem Geburtstag der Artemis, bei der ein Mann nach uraltem Brauch als Sündenbock durch die Straßen geführt und anschließend gesteinigt oder verbrannt wurde. Man denkt hier unwillkürlich an ähnliche altasiatische Kulte, aber auch an den Aspekt der Artemis als Todesgöttin – als Gorgo Medusa.

An die Stelle der Menschenopfer traten später Geißelungen in der Prozession, die den gleichzeitig auf Sühne und Fruchtbarkeit zielenden Doppelaspekt der Göttin als Herrin über Leben und Tod symbolisierten. In Artemis sind die Gegensätze aufgehoben, so wie früher im Erscheinungsbild der Großen Mutter. Sie verkörpert beides: das Leben und den Tod, das Empfangende und das Zeugende. Das wird auf eine freilich nur schwer zu interpretierende Weise anschaulich in jenen Artemis-Statuen, die, in ihrer Bedeutung noch immer umstritten, die Göttin nicht nur über Leben und Tod, sondern auch über den Gegensatz der Geschlechter triumphieren lassen.

Neben vielen Darstellungen der Artemis seit der archaischen Zeit bis in die ersten nachchristlichen Jahrhunderte, die einen Teilaspekt der Göttin – als Jungfrau, als Jägerin, als Herrin der Tiere, als Musikantin – wiedergeben, begegnen wir im Artemision von Ephesos jener Rätsel aufgebenden Statue der Göttin, die wahrscheinlich den Schlüssel zu ihrem letzten Geheimnis enthält.

Allein die Tatsache, daß wir es hier mit einem in uns unbekannte Anfänge zurückreichenden, aber bis in die Zeit des Kaisers Hadrian immer wieder neu geschaffenen zentralen Bild der Göttin für ihr wichtigstes Heiligtum zu tun haben, gibt dieser Statue, die 1956 im Artemision ausgegraben wurde, ihre besondere Bedeutung. Sie dürfte die in Marmor umgesetzte, einst aber mit kostbaren Symbolgewändern bekleidete Holzfigur wiedergeben, von der die Legende berichtet, sie sei in ältester Zeit vom Himmel gefallen und habe so den Platz des Artemisions bestimmt.

In ihrer Haltung entsprechen die späteren Kultstatuen den überlieferten archaischen Vorbildern. Sie stehen, im Gegensatz zu noch früheren, durch deutlich hervorgehobene Geschlechtsmerkmale als Große Mutter zu identifizierenden Göttinnen, streng frontal, mit geschlossenen Beinen und angelegten Armen – Symbole jener unzugänglichen Jungfräulichkeit, die Artemis repräsentiert. Da diese Bilder gleichzeitig als Göttinnen der Fruchtbarkeit verehrt wurden, haben hier viele Interpreten einen unaufklärbaren Widerspruch sehen wollen.

Betrachten wir nun das Marmorbild aus dem Artemision genau, so scheint es gewisse Hinweise zur Aufklärung dieses scheinbaren Widerspruchs zu geben. In ihrer Haltung entspricht die Göttin ganz den älteren Darstellungen. Doch ist die gesamte Gestalt entsprechend der früheren kultischen Einkleidung der Holzstatue in Tücher und Binden gehüllt, die von Symbolfiguren und mehrdeutigen Attributen bedeckt sind. Das gibt dem Bild ein zugleich herrscherlich statuarisches, aber auch mumienhaftes Aussehen. Das könnte auf den gleichzeitigen Bezug der Göttin zu Leben und Tod hindeuten.

Das eng um den Körper geschlungene Gewand, das nur die Füße freiläßt, trägt Tierzeichen vom Löwen bis zur Biene sowie eine Fülle stilisierter Fabelwesen – Greifen, Sphinxe –, ferner die Tierkreiszeichen, was wohl insgesamt Hinweise auf Artemis als Göttin des Tierreichs, aber auch auf ihre astronomische und damit kosmische Bedeutung sind.

Da die Göttin von zwei Tieren begleitet wird, ist die Verbindung zu ältesten Darstellungen der Muttergottheit, wie wir sie aus Çatal Hüyük und Hacılar kennen, nicht zu übersehen. Von daher ist auch die allgemein übliche Interpretation der den Oberkörper der Figur bedeckenden Buckel als Brüste verständlich. Erst 1978 hat Dr. Gérard Seiterle vom Antiken Museum in Basel eine andere Deutung vorgeschlagen, indem er auf die Ähnlichkeit dieser zwischen Brust und Nabel der Göttin hervorquellenden Rundungen mit Stierhoden hingewiesen hat. In der Tat hat der Stier, wie wir vielfach feststellen konnten, in der vorderasiatischen Religion von Anfang an eine bedeutende Rolle gespielt – auch und besonders im Zusammenhang mit der Muttergöttin, als deren befruchtendes Pendant er erscheint.

Nun fragt man sich allerdings, welchen Sinn es haben sollte, Artemis als kosmische Göttin der Tiere und damit des gesamten Lebens in den Mittelpunkt eines Kults zu stellen, der nach wie vor – bis in die christliche Zeit hinein – als Fruchtbarkeitskult und damit als symbolischer Urgrund allen Lebens gefeiert wurde, wenn ihr wesentlicher zweiter Doppelaspekt – der des Männlichen und des Weiblichen – dabei nicht in Erscheinung tritt?

So stellt sich mir bei der Betrachtung der Statue der Artemis-Ephesia, wie sie uns als zentrales Bild im Allerheiligsten des Artemisions erscheint, die Frage, ob nicht gerade die als Blickfang auffallenden Rundungen am Oberkörper der Göttin ihrer tiefsten Bedeutung nach ebenfalls zweierlei symbolisieren: die weibliche Brust als Spenderin der nährenden Milch und den Hoden des göttlichen Stiers als Quell des befruchtenden Samens.

Aus dieser Doppelbedeutung als weibliche und männliche Attribute würde auch die fortwirkende universale Bedeutung der Artemis als höchster, alles in sich und um sich vereinigender Gottheit erklärbar: Artemis als das göttliche Prinzip, aus dem alles entsteht und in das alles mündet – Symbol für Zeugung und Geburt wie für Leben und Tod.

Eine solche Deutung hätte auch im Zusammenhang mit den das Jahr begleitenden großen Festen der Göttin, bei denen die Statue den Mittelpunkt bildete, ihren Sinn. Diese Feste, deren zentrale Ereignisse Prozessionen der Priesterinnen mit dem Götterbild waren, stellten die Verbindung der Göttin zur Erde und zum Wasser dar. So führte die älteste dieser Prozessionen zum Meer, wo die Statue untergetaucht, gereinigt und mit frischen Pflanzen bekränzt wurde. Danach gab es für die Göttin eine rituelle Mahlzeit, bei der das Salz als magisches Opfer eine besondere Rolle spielte.

Eine ähnliche Prozession führte von Ephesos durch die Nacht in die Berge. Bei Sonnenaufgang erreichte man den Gipfel. Dieser Weg vom Dunkel zum Licht symbolisierte zugleich die Geburtsstunde der Großen Göttin, die nach altem griechischem Glauben mit ihrem Zwillingsbruder Apollon in Delos zur Welt gekommen war, was die Priester des Artemisions von Ephesos nicht hinderte, diese Göttergeburt in den Hain Ortygia am Meer bei Ephesos zu verlegen.

Die Rolle der Priesterinnen und Priester der Artemis war in Ephesos von entscheidender Bedeutung für den Kult und seine Abwicklung. Dabei spiegeln sich in diesem Priestertum die besonderen Eigenschaften der Göttin: Jungfräulichkeit als Voraussetzung für die Priesterinnen und Kastration als Forderung für die Priester. Selbst das geistliche Oberhaupt des Artemisions – der Megabyzos – war ein Eunuch. Ihm oblag neben dem Zelebrieren der heiligen Handlungen vor allem die Überwachung der Jungfräulichkeit seiner Priesterinnen. Deflorierten Frauen war das Betreten des Tempels bei Todesstrafe verboten. Nur Männern und Jungfrauen, die für ihre Unberührtheit den Beweis zu erbringen hatten, war der Zugang zum Artemision und die Teilnahme an den dort vollzogenen Initiationsriten erlaubt. Gleichzeitig bot der Tempel Exil für Verfolgte. So konnten hier Sklavinnen vor den Zudringlichkeiten ihrer Herren Schutz suchen.

In historischer Zeit war das Artemision einer der prächtigsten Tempel der griechisch-vorderasiatischen Welt. Seine großartigste Ausgestaltung erlebte das Marmorbauwerk unter dem lydischen König Kroisos, der 559 v. Chr. Ephesos einnahm und die Stadt in die Nähe des Artemisions verlegte. Er ließ den siebenundzwanzig Meter hohen Tempel, der bei seinem Auftreten im Neuentstehen begriffen war, mit seinen schlanken, weibliche Anmut verkörpernden Säulen, beschleunigt weiterbauen. Vollendet wurde das gewaltige Bauwerk mit seinen hundertsiebenundzwanzig Säulen jedoch erst hundert Jahre später. Damals erlebten Tempel und Kult der Artemis in Ephesos ihre bedeutendste und glanzvollste Zeit, in der sie Pilger aus aller Welt anzogen.

Dann geschah in der Nacht zum 6. Februar 356 v. Chr. jene Wahnsinnstat, die dem sinnlos wütenden Terrorismus in aller

Welt den Namen gab. Der nach Weltruhm verlangende Priester Herostrat schleuderte eine Fackel in das Gebälk des Tempels und äscherte das architektonische Wunderwerk ein. War es Zufall oder Hinweis auf die sich anbahnenden gewaltigen historischen Veränderungen, daß in der gleichen Nacht, in der das Artemision niederbrannte, Alexander der Große geboren wurde?

ANATOLIEN ZWISCHEN ALEXANDER UND CHRISTUS

Die Betrachtung des Artemisions, seiner Priesterschaft und seiner Kulte läßt deutlich erkennen, daß hier Anatolien, ja das alte Asien lebendig geblieben waren. Es feierte auch nach der Schreckenstat des Herostrat noch einmal Auferstehung aus den Ruinen des alten Artemis-Tempels. Viermal so groß wie die Akropolis von Athen und kostbar ausgestattet wie kein anderer Tempel wurde er in der Zeit Alexanders und seines Nachfolgers Lysimachos zu einem der Sieben Weltwunder. Daß er zu seiner Zeit nicht nur als eines der Sieben, sondern als das größte Weltwunder angesehen wurde, geht aus einem Epigramm des Antipatros von Sidon hervor, in dem das wiedererbaute Artemision als Gipfel aller Menschheitsleistung gefeiert wird:

»Staunend sah ich Babylons Mauer, die Wagen befahren,
Sah am Alpheios darauf Zeus' olympisches Bild,
Auch die hängenden Gärten und Helios' Standbild in Rhodos,
Auch in erhabener Ruh' der Pyramiden Gewalt
Und des Maussolos überwältigend Grab. Dann aber
Sah ich der Artemis Haus bis in die Wolken erhöht.
Da war alles andere nichts. Ich sagte: Auf Erden
Hat selbst Helios nie Schöneres irgend erblickt.«

Der Entschluß zum Wiederaufbau des Tempels ging von den Ephesern selbst aus. Sie spendeten große Teile ihres durch opferwillige Pilgerscharen und internationale Handelsgewinne ins Unermeßliche angewachsenen Reichtums. Die Frauen stifteten ihren kostbaren Schmuck. All das geschah sicher nicht nur aus ungebrochener Gläubigkeit, sondern auch in der Erwartung, daß ein neuer Pilgeransturm die zum Aufbau gegebenen Schätze schnell wieder mit Zins und Zinseszins einbringen würde.

Nachdem Alexander zur Macht gelangt war, erbot er sich, die Vollendung des Tempels zu übernehmen. Doch die stolzen Epheser lehnten ab. Da ordnete Alexander an, daß die bisherigen ephesischen Tributzahlungen an die Perser in den Aufbau und die Erhaltung des Artemisions fließen sollten. Und so geschah es. Alexanders Gefühl der Verantwortung für das Schicksal des Artemisions und seinen Wiederaufbau kam nicht von ungefähr. Die Frage, wo denn Artemis, die Herrin des Tempels, in der Nacht seiner Zerstörung geweilt habe, beschäftigte natürlich die damalige Menschheit – vor allem aber die Pilger und die ephesische Priesterschaft. Aus ihrem Kreis, vielleicht aber auch aus der Umgebung des jungen Alexander kam die schlüssige, den Kult der Artemis für die Zukunft rettende Antwort: Artemis weilte natürlich in der Geburtsstunde Alexanders am Lager seiner Mutter Olympia, um ihr bei der Geburt des künftigen Heros beizustehen.

Artemis als jungfräuliche Geburtshelferin und als Heilerin bei Krankheit und Gebrechen – das ist eine Rolle, die ihr in jenen Jahrhunderten des Umbruchs mehr und mehr zuwächst. Aus ihrer ursprünglichen Ganzheit wird angesichts der überall zu beobachtenden Krankheiten, Gefahren und Zerstörungen besonders die Funktion der Heilenden und Schützenden als dringend notwendig empfunden und so zu ihrer Hauptaufgabe. Dabei spielte offenbar auch ein uralter magisch-medizinischer Aspekt eine Rolle, der mit der Biene, dem Wappentier von Ephesos, zusammenhängt. Hier muß erwähnt werden, daß eine der freilich umstrittenen Namensdeutungen der Stadt auf das älteste uns bekannte Wort für Biene zurückgeht.

Aus hethitischen Texten kennen wir den sonst nicht zu identifizierenden Städtenamen Apasas, der von *apis*, einer indoeuropäischen Bezeichnung für Biene, herkommen könnte. Ephesos wäre so als Bienenstadt oder Stadt der Bienenkönigin zu deuten, was zugleich die Darstellung der Biene auf frühen ephesischen Münzen erklären würde. Die Biene ist eines der Wahrzeichen der die Stadt behütenden Göttin. Ihr Honig und ihr Gift symbolisieren die beiden Seiten ihres heilenden Wirkens durch Süße und Schmerz.

Erinnern wir uns noch einmal des symbolträchtigen Gewands der Ephesia. Die geheimnisvollen Buckel könnten wir auch von daher verstehen: als Bienenleiber, die nach damaliger Auffassung ungeschlechtlich Befruchtung bewirken, entsprechend der Jungfräulichkeit der hier wirkenden Fruchtbarkeitsgöttin Artemis – der Bienenkönigin.

Doch die Biene ist in Ephesos noch mehr: Sie ist die Brücke zum Christentum, das heißt, von der Artemis zur Jungfrau Maria. Darüber wird im letzten Kapitel dieses Buches noch zu sprechen sein. Hier geht es zunächst um Artemis zwischen Alexander und Rom, aber auch zwischen Alexander und Christus. In beiden Fällen ist Ephesos ein Brückenpfeiler zwischen Asien und dem Abendland: das prachtvolle, aber zugleich schwer belastete anatolische Bindeglied einer Welt in der Zerreißprobe. Dabei spielte das Artemision bis zu seiner Plünderung durch die Goten im Jahre 263 und seiner endgültigen Vernichtung durch die Christen eine entscheidende Rolle.

Alexander der Große ist offenbar der letzte gewesen, der die magisch-mythische Bedeutung der späten Artemis und ihrer in Ephesos vollzogenen Initiationen und Kulte verstanden hat. Sein gewaltiger Brückenschlag von Mazedonien nach Asien ist nicht allein ein Eroberungsfeldzug zur Vergeltung an den Persern, sondern zugleich auch die machtpolitische Schlußfolgerung aus einer globalen Erkenntnis. Vielleicht hatte Alexander, der Aristoteles-Schüler, bereits begriffen, welche Gefahr in der einseitigen Ausbildung und Entfaltung abendländischen Denkens, Wollens und Vollbringens lag.

Im Gegensatz zu allen späteren christlichen und kolonialistischen Aktivitäten, die von Europa aus Unglück über die Welt verbreiteten, vertritt Alexander nach seinen großen militärischen Erfolgen Ideen des Miteinander und des Ausgleichs. Artemis, als kosmische Große Göttin, ist ihm dafür Symbol und Gewähr.

Doch die Hybris, die das Artemision nach dem Wiedererstehen aus den von Herostrat hinterlassenen Trümmern, durch ihre Priesterschaft bedingt, mehr und mehr ausstrahlte, war diesem Geist, den Alexander nur so kurz vertreten konnte, entgegengesetzt. Obwohl die bedeutendsten Künstler der Zeit, darunter Praxiteles, Phidias und Polyklet, an der figürlichen Ausgestaltung dieses »Tempels aus lauterem Gold« mitgewirkt haben, blieb seine religiöse Ausstrahlung hinter der vergangener Jahrhunderte weit zurück. Artemis schien nur noch ein Vorwand für Kulte und Praktiken, die sich im rein Äußerlichen, im Materiellen erschöpften. Das Artemision wurde mehr und mehr Bank und Wirtschaftszentrum der damaligen mediterranen Welt. Auch damit entfernte es sich nach dem Tode Alexanders von dessen globaler Konzeption.

In der Stadtplanung für Ephesos hatte diese Konzeption noch einmal unter dem Alexander-Nachfolger Lysimachos einen genialen Niederschlag gefunden. Doch dem Diadochen blieben nur fünf Jahre, von 286 bis 281, zu ihrer teilweisen Verwirklichung. Danach begann für die gesamte kleinasiatische Küste eine Zeit der Machtkämpfe und kriegerischen Auseinandersetzungen, die auch Ephesos zu einem Spielball kontroverser Kräfte machte.

Die anatolischen Fürstentümer und die hellenischen Küstenstädte kamen im Laufe der folgenden Jahre unter den wechselseitigen Druck von drei Machtkonstellationen, die sich im vorderasiatischen Raum Kämpfe um die Hegemonie lieferten. Das waren die persischen Seleukiden, die mit ihnen verschwägerten Könige von Pontos am Schwarzen Meer und die Römer, die allmählich in Anatolien Fuß faßten. Später kamen noch die Parther hinzu.

Die Griechen, die sich in ihrem Mutterland, aber auch an der kleinasiatischen Küste von vielen Seiten bedrängt sahen, setzten ihre ganze Hoffnung auf die Römer. So öffnete ihnen auch das politisch und wirtschaftlich bedrängte Ephesos, das seit der Herrschaft des Lysimachos eine gutbefestigte Stadt war, seine Tore. Die Römer kamen als Helfer, wurden aber bald zu Herrschern und Unterdrückern.

Der Grund lag wohl vor allem in der Bedrängnis, der sich die Römer im anatolischen Bereich durch den pontischen König Mithradates VI. Eupator ausgesetzt sahen. Mithradates, der ein Anhänger und Beschützer der asiatischen Mysterienreligionen war und besonders für den persischen Gott Mithras eintrat, wurde von der Priesterschaft des Artemisions als Retter empfangen. So vermochte der König, der im ganzen Land als neuer Dionysos und Vollender der Ideen Alexanders gefeiert wurde, die unter den Römern leidende Bevölkerung des Vorderen Orients leicht gegen die Besatzungsmacht aus dem Westen aufzuwiegeln. In weniger als sechs Monaten hatte Mithradates die Macht über weite Teile Kleinasiens in seinen Händen.

Mit Hilfe der ihm zugefallenen anatolischen und griechischen Bevölkerungsteile zwischen Schwarzem und Ägäischem Meer entfachte er in der ganzen Region den Volkszorn gegen die Römer. Das gelang ihm um so besser, als die Fremden die Finanzen beherrschten und so das Volk in Abhängigkeit hielten. Als Steuereinnehmer und Geldleiher, die für ihren Zinswucher berüchtigt waren, haßte man sie im ganzen Land. Diese Stimmung machte sich Mithradates zunutze und ließ nach einem genau vorbereiteten Plan an einem einzigen Tag mehr als achtzigtausend römische Männer, Frauen und Kinder abschlachten. An vielen Orten, so auch in Ephesos, ging dieser Römermord mit grausamen Folterungen einher, die als Ausgleich für Ausbeutung, Betrug und Habgier gerechtfertigt wurden.

Doch die Härte und Willkür der Truppen des Mithradates bekamen nicht nur die Römer, sondern auch die Einheimischen zu spüren. So ließen die Sympathien für den erfolgreichen König in seinem ganzen Machtbereich zwischen Schwarzem Meer, Griechenland und Anatolien schnell nach. Mithradates war geächtet, noch bevor sein Heer 85 v. Chr. durch den Römer Lucius Sulla bei Cheironea geschlagen wurde. In Ephesos war Zenobios, der grausame Statthalter des Mithradates, einem Anschlag zum Opfer gefallen, und die Bevölkerung wandte sich erneut voller Hoffnung den zurückkehrenden Römern zu.

Die Wiederbegegnung aber ist ernüchternd. Als Sulla anatolischen Boden betritt, denkt er an nichts als Rache. Er fordert von der asiatischen Provinz eine Geldbuße von zwanzigtausend Talenten, das entspricht 5 240 000 Kilogramm Silber. Die römischen Einquartierungen quälen ihre Wirtsleute und beuten sie aus. Räuberbanden ziehen außerhalb der Garnisonen durchs Land und rauben, was die Soldaten übriggelassen haben. Es scheint, als könne sich die geschundene Provinz von Sulla und den Gewalttätigkeiten seiner Legionäre, angesichts der Rechtlosigkeit, die überall um sich greift, nicht mehr erholen.

Die alte hellenistische Kultur von Ephesos erlischt. Die römische Herrschaft setzt neue Akzente in der Architektur wie in den städtischen Lebensformen, die nun vom römischen Kolonialstil beherrscht sind. Nur im Artemision erhält sich der Schein sakralen Lebens. So, wie es Mithradates geschont hatte, schützen und fördern es auch die Römer. Seine Exilfunktion gewinnt angesichts der wachsenden politischen Unsicherheit im Lande ständig an Bedeutung. Nachdem schon Mithradates den Exilbereich rund um das Artemision durch die Weite eines Pfeilschusses um fast zweihundert Meter erweitert hatte, dehnt Antonius, der mit der ägyptischen Königin Kleopatra nach Ephesos kam, den straffreien Raum für Flüchtlinge und Asylsuchende noch einmal um das Doppelte aus. Wie wenig das in jener Zeit bedeutete, zeigt die erschreckende Tatsache, daß Kleopatra in der erweiterten Exilzone ihre eigene Schwester Arsinoe, die zugleich Schwester und Gattin des Königs Ptolemaios II. Philadelphos war, ermorden ließ, weil sie zum Ärger der Kleopatra in Ephesos wie eine Göttin – vielleicht als ein Abbild der Artemis – verehrt wurde.

Kaiser Augustus zog als Realpolitiker aus solchen Erscheinungen die Konsequenzen und schränkte den Asylbereich ganz erheblich ein. Er sah in der riesigen Freizone, die ein Anziehungspunkt vor allem auch für Terroristen und Gewaltverbrecher war, die Gefahr einer Bedrohung der politischen Ordnung seines Reiches. Doch das Asyl des Artemisions hatte nicht nur eine große Bedeutung für Verfolgte aller Art, wobei politische Flüchtlinge eine immer größere Rolle spielten, sondern es behauptete und stärkte durch diese Rolle auch seine Bedeutung und seine Macht gegenüber anderen Religionszentren wie dem Tempel des Mithras, dem von ägyptischen Getreidehändlern errichteten Serapistempel und dem mit den berühmten eleusinischen Mysterien verbundenen Heiligtum der Demeter.

Neben einer zunehmenden Verweltlichung, die mit Prachtentfaltung und Lebensgenuß, aber auch mit Gewaltanwendung und Verbrechen einherging, entfaltete sich eine ständig wachsende, vielgestaltige Pseudoreligiosität mit Geheimkulten, Hexerei, Wahrsagekunst und magischen Praktiken, die mit echtem Glauben längst nichts mehr zu tun hatte. Doch spiegelt sie und gerade sie die Sehnsucht vieler Menschen nach Verinnerlichung, seelischer Hilfe und Erlösung von den Qualen und Bedrängnissen eines grauen Alltags wider. Das war wohl einer der Gründe für das glanzvolle Überleben des Artemisions und seiner Priesterschaft – für das Anwachsen seiner Macht und seines Einflusses aufgrund der Tradition, die der Artemis in Ephesos selbst jetzt noch den ersten Platz sicherte. Das bestätigt auch eine Bemerkung des Tacitus im dritten Buch seiner *Annalen.* Dort lesen wir, daß sich zur Zeit des Kaisers Tiberius alle Völker vor der Majestät der Großen Göttin von Ephesos verneigten.

Artemis war die Heilsbringerin der Zeitenwende. Die Not der Menschen, vor allem des einfachen Volkes, die unter Tiberius noch gewachsen war, machte aus Artemis die Große Mutter der Zuflucht und der Barmherzigkeit. Zu ihr kam man mit allen Sorgen und in allen Nöten. Von ihr erflehte man Schutz vor Übergriffen und Unterdrückung, Hilfe in allen Notfällen. So spiegelt sich im späten Artemis-Kult und seiner weit über Ephesos hinausreichenden Bedeutung auch etwas vom Elend der Zeit, von der vielfältigen Belastung der Menschen.

Es ist ein gleicher, vom Volk getragener Impuls, wie wir ihn im frühen Christentum erkennen. Er existiert und verstärkt sich zunehmend neben den offiziellen Funktionen des Artemisions und seiner Priesterschaft, der es in dieser Zeit wohl vor allem um die Erhaltung ihrer Privilegien und damit ihrer persönlichen Macht geht. Die Toleranz der Römer allen Religionen gegenüber stärkt ihre äußere Position, die im gläubigen Vertrauen des Volkes auf Artemis als Nothelferin auch ein inneres Fundament hatte.

In Ephesos beobachten wir in den Jahren der Zeitenwende, wie überall im Einflußbereich der Römer, die Ephesos zur Hauptstadt ihrer Provinz Asia machten, eine Dreiteilung der Gesellschaft. Neben der kleinen Gruppe der Herrschenden und Mächtigen, an deren Spitze seit der Vergöttlichung Cäsars und der Begründung des Kaisertums ein Herrscher steht, der gleichzeitig Gott ist, sehen wir die große Zahl der Bürger und Soldaten, ganz unten aber – machtlos und geknechtet – die Masse der Plebs und die Sklaven.

In jener dritten Schicht, die nach dem Tod des Kaisers Augustus schnell anwächst, ist schon früh eine Sehnsucht nach Veränderung des elenden Lebens, nach Befreiung und Erlösung erwacht. Die Vorstellung eines Erlösers aus irdischer Not war jedoch nicht nur bei den Armen lebendig. Sie wurzelt in der kontrastreichen Wirklichkeit des zur Weltmacht aufsteigenden Rom. Zu gegensätzlich waren hier nicht nur die sozialen Verhältnisse, sondern auch die geistigen und gesellschaftlichen Positionen der Bürger. Diese reichten von den im griechischen Sinne Gebildeten bis zum oberflächlichen Genießer, der in des Kaisers kluger Bereitschaft, für das Volk »Brot und Spiele« bereitzustellen, die Erfüllung seines Lebens sah.

Die Grausamkeit der Spiele mit den zahllosen hingeschlachteten Sklaven, später auch Christen, war für viele ein Sinnenkitzel; für andere war es ein verabscheuungswürdiges, menschenverachtendes Treiben, das sie anekelte. So spalteten sich Lebensvorstellung und Lebenssinn im Römischen Reich immer mehr. Die Folge war jener Sehnsuchtsaufbruch bei vielen, die ein unbeschreibliches Verlangen nach Lebensänderung, nach Erlösung fühlten.

Viele brachten zu Beginn der Kaiserzeit diese Vorstellung in Zusammenhang mit Augustus, von dessen friedlicher Herrschaft man die Heraufkunft eines Goldenen Zeitalters erwartete. Schon 40 v. Chr. hatte Vergil im vierten seiner berühmten Hirtengedichte die Geburt eines göttlichen Knaben beschworen, mit dem »eine goldene Weltzeit« beginnen würde. Mit dieser Prophezeiung verbindet Vergil in seinen Versen die Hoffnung auf die Hilfe der Artemis bei der Geburt dieses Erlösers, was die anhaltende Bedeutung der Göttin im ganzen Römischen Reich sehr deutlich macht.

Man hat den Text des Vergil als Voraussage des Christus gedeutet, sie aber später auch auf Augustus bezogen. In jedem Fall spiegelt er die Hoffnung der Menschheit jener Jahre auf den wundertätigen Begründer eines besseren Zeitalters.

Messianische Erwartungen waren damals genauso verbreitet wie das Auftreten von Propheten, Heiligen, Wundertätern und Verkündern neuer Religionen. Christus war nur einer von ihnen, auch wenn uns das heute nicht ohne weiteres einleuchten will. Und er war schon lange in Jerusalem gekreuzigt, als seine Lehre – von den Aposteln verkündet – die Menschen erfaßte, so daß sie bald in weiten Teilen der damaligen Welt Resonanz fand.

Für die Entstehung und Verbreitung des frühen Christentums ist wiederum Anatolien – und hier vor allem das prachtvolle römische Ephesos – von entscheidender Bedeutung. Das Neue Testament ist voll von diesen Bezügen, so im Brief des Paulus an die Epheser, in der Apostelgeschichte und in der Offenbarung des Johannes. Paulus und Johannes haben lange in Ephesos als Verkünder des Evangeliums Christi gelebt.

Aus der Apostelgeschichte wissen wir, daß Paulus sein Wirken als Prediger in Ephesos fast zum Verhängnis geworden wäre. Offenbar hatte er unter der Vielzahl von Lehrern und Wundertätern, die in der Pilger- und Touristenmetropole Ephesos tätig waren, ganz besonderen Zulauf. Er beschwor seine Hörer, die Verehrung der Artemis aufzugeben und sich vertrauensvoll den Verheißungen der christlichen Lehre zuzuwenden. Das brachte außer den orthodoxen Juden der Stadt, die dem Christentum feindlich gegenüberstanden, vor allem die Nutznießer des Artemis-Kults gegen ihn auf.

Die Silberschmiede, die seit Jahrhunderten durch die Herstellung von Kleinskulpturen der Artemis und Nachbildungen ihres Tempels als Devotionalien und Souvenirs gute Geschäfte machten, sahen ihr Gewerbe in Gefahr. Sie gingen auf die Straße und protestierten gegen den jüdischen Religionsverkünder. Paulus, der sich ihnen entgegenstellen wollte, wurde von Freunden zurückgehalten. Und wenige Tage später verließ er auf ihren Rat hin die Stadt, nicht ohne vorher die kleine christliche Gemeinde nachdrücklich auf ihr Glaubensbekenntnis eingeschworen zu haben. Das war im Jahre 57. Die Anhänger der Artemis triumphierten, wenn auch vor allem aus merkantilen Gründen, über die neue Lehre – das Christentum.

So, wie es Paulus, den Weitgereisten, zweimal unwiderstehlich nach Ephesos gezogen hat, lesen wir auch von Johannes, daß er auf wundersame Weise nach Ephesos gerufen wurde. Er war von Jerusalem nach Milet gekommen, wo ihn – so sein Bericht – eine innere Stimme aufforderte, sofort nach Ephesos weiterzureisen, um dort seinen Gott zu verkünden.

Johannes folgt diesem Ruf. Um 66 erreicht er die Stadt der Artemis. Nach einer anderen Überlieferung soll er schon einmal zwischen 37 und 49 in Ephesos gewirkt und bereits damals die sieben kleinasiatischen christlichen Gemeinden gegründet haben, an die das Buch der Offenbarung gerichtet ist. Da wird neben Smyrna, Pergamon, Thyalira, Sardes, Philadelphia und Laodikeia an erster Stelle Ephesos genannt.

Doch wer ist dieser Johannes von Ephesos? Ist er der Lieblingsjünger Jesu, der uns als Sohn des Zebedäus und Bruder des im Jahre 44 enthaupteten Jüngers Jakobus, und wie diese Fischer vom See Genezareth, bekannt ist? Dem widersprechen frühchristliche und manichäische Quellen, nach denen dieser in Jerusalem von Juden getötet worden sei.

In der Kirchengeschichte des Eusebius wird aufgrund früherer, jedoch seit langem verlorener Quellen zwischen zwei »Jüngern des Herrn« namens Johannes unterschieden: dem Weggefährten Christi und dem Presbyter Johannes. Hier erhebt sich nun zugleich die Frage nach der Autorschaft des Johannes-Evangeliums und der Offenbarung des Johannes der Apokalypse.

Gegen die von der Kirche vertretene Autorschaft des Jüngers Johannes am Johannes-Evangelium sprechen vor allem textkritische Argumente. Das Buch ist in bestem Griechisch geschrieben und läßt auf einen hohen Bildungsstand seines Verfassers schließen, wie man ihn von einem Fischer nicht erwarten kann. Andererseits verblüfft die Genauigkeit und die atmosphärische Dichte des Lebensberichts Christi, die so nur von einem Augenzeugen wiedergegeben werden konnten. Wahrscheinlich kommt Luther in seiner Bibelübersetzung der Wahrheit am nächsten, wenn er den Text »Evangelium nach Johannes« nennt.

Wir müssen hier also wohl zwischen dem Informanten und dem Autor unterscheiden. Ja mehr noch, wir müssen neben den Berichten zur Lebens- und Wirkensgeschichte Christi, die im Johannes-Evangelium enthalten sind, auch jene Elemente betrachten, die auf Einflüsse des vorderasiatischen Synkretismus hinweisen und eindeutig nachchristlich sind. Hier ist Ephesos mit der Fülle seiner religiösen und pseudoreligiösen Aktivitäten als mögliche Quelle zu nennen.

Damit wird der ephesische Johannes als Autor am wahrscheinlichsten, zumal kaum ein Zweifel besteht, daß die Niederschrift des Johannes-Evangeliums in Kleinasien erfolgt ist.

Eine wesentlich schwierigere Frage ist es, ob die Offenbarung des Johannes, die diesen Namen tragende Apokalypse, aus der gleichen Feder stammt. Der Text macht deutlich, daß der Autor ein umfassendes Wissen von den Glaubensformen, Prophezeiungen, Zukunftsvisionen und geheimen Ritualen seiner Zeit gehabt haben muß. Die »Apokalypse« ist ohne genaueste Kenntnisse ihrer »heidnischen« Umwelt, ohne Priesterwissen und Initiationsvorstellungen nicht denkbar. Sie wurzelt in altem anatolischem Glaubensgut und ist ihrem Wesen wie ihrem Ausdruck nach asiatisch. Sie reicht mit ihren Symbolen zurück in die babylonische Kosmologie, die wahrscheinlich stärker, als das heute historisch nachweisbar ist, auf das Geistes- und Glaubensleben des Vorderen Orients und später des ganzen Römischen Reiches eingewirkt hat.

Obwohl wir uns bei der Betrachtung dieser Zusammenhänge

längst in historischer Zeit befinden und auch über eine große Anzahl schriftlicher Dokumente verfügen, ist unser Wissen über diese Epoche des Aufbruchs der Kräfte des Christentums gering. Widersprüche in den Texten und ihrer Interpretation machen es schwer, Spuren des damaligen Geschehens aufzudecken. Geschichte und Legende durchdringen einander. Was im Leben Christi als Wunder bezeichnet wird, ist ein Wirken, dessen sich, will man den Berichten glauben, in dieser Zeit viele mächtig fühlten.

Auf ein solches Wunder wird auch das Dasein des ephesischen Johannes zurückgeführt. So vertritt Rudolf Steiner die auch noch später geäußerte Auffassung, Johannes sei kein Geringerer als der durch Christus von den Toten auferweckte Lazarus. Tatsächlich finden wir die Geschichte von Lazarus nur im Johannes-Evangelium. Natürlich scheiden sich an solchen Berichten die Geister. Allerdings neigt man heute aufgrund parapsychologischer Erkenntnisse und Erfahrungen mehr dazu, solche Deutungen zu erwägen als noch vor wenigen Jahrzehnten.

Folgen wir den apokryphen Johannes-Akten, so begegnet uns Johannes selbst auf dem Wege nach Ephesos und in der Stadt seines langjährigen Wirkens als Wundertäter. Er erweckt eine verstorbene Frau und danach ihren Mann, der aus Kummer über den Verlust der Gattin gleichfalls verschied, von den Toten. Dieses Ereignis wird zu einem wichtigen Auslöser der Missionserfolge des Johannes in Ephesos. Doch das ist nur eines von vielen Beispielen magischen Wirkens in jener Zeit. Ohne solche Ereignisse und ihre Verbreitung im Volk wäre das Christentum – wie viele andere religiöse Bewegungen dieser Jahre – unbeachtet geblieben und in Vergessenheit geraten.

Die Wundertäter freilich waren nicht überall wohlgelitten; oft galten sie als Störer der staatlichen oder gesellschaftlichen Ordnung. Und so mancher von ihnen wurde verfolgt und eingekerkert. Für Johannes kam die Bedrohung nicht von der Masse, wie bei Paulus, sondern vom römischen Imperator.

Johannes war schon ein Greis, als Kaiser Domitian im Jahre 81 den Thron bestieg und auf Anbetung seiner kaiserlich-göttlichen Majestät bestand. Johannes weigerte sich, dem Herrscher das geforderte Opfer zu bringen. In Ketten transportierte man ihn nach Rom, wo er grausamer Folter unterworfen wurde. Doch auch da ereignet sich, wie so oft in seinem Leben, wieder ein Wunder. An der Porta Latina taucht man ihn in Gegenwart von vielen Schaulustigen in einen Bottich mit siedendem Öl. Doch unberührt entsteigt Johannes dem Gefäß. Die Legende ist kennzeichnend für den Mann aus der Mysterienstadt Ephesos. Seinem Leben konnte man nach dem Glauben der Christen, das zeigt dieses Ereignis, nichts anhaben. Deshalb verbannte man den unbequemen Geist, der dem Volk das Erstaunen lehrte, auf die Insel Patmos.

Es ist der Ort, an dem Johannes seine Schauungen als Apokalypse niederschreibt. Bis zum Tode des Kaisers, der im Jahre 96 von der eigenen Leibgarde ermordet wurde, bleibt Johannes auf Patmos. Dann darf er hochbetagt nach Ephesos zurückkehren, wo er ein Alter von über hundert Jahren erreicht haben soll.

Sein Wirken für das Christentum im kleinasiatischen Küstengebiet war von nachhaltiger, nicht zu unterschätzender Bedeutung, obwohl er historisch für uns kaum faßbar ist. In ihm verwirklicht sich der irrationale Geist des frühen Christentums mit all seinen Rätseln und Unwahrscheinlichkeiten. Voraussetzung dafür war allerdings die sich zu jener Zeit immer mehr ausbreitende irrationale Geisteshaltung, die im Artemision genauso zuhause war wie in den geheimen Versammlungsstätten der Christen.

Mit Johannes taucht das Christentum ein in die Tiefe asiatischer Mysterienreligionen, deren Geheimnisse sich im frühen Christentum fortsetzten, ja zum Teil auch wieder auflebten. Und vieles, was noch heute zu den Kultformen der christlichen Kirchen – besonders des katholischen und des orthodoxen Bekenntnisses – gehört, hat dort seine Wurzeln.

Insofern ist das Christentum jener Zeit Neuaufbruch und Traditionsbewahrer zugleich. Neben der Verheißung eines besseren Lebens im Glauben an den für die Menschheit am Kreuz gestorbenen Erlöser predigt Johannes in seinem Evangelium, das nach seiner Rückkehr in Ephesos entstanden oder doch niedergeschrieben worden sein soll, die Liebe als Forderung und beherrschendes Element einer künftigen Menschheit. Damit knüpft er wahrscheinlich ganz bewußt an die Lehren der späten Artemis – als Mutter- und Heilsgöttin – an. Hier zeigt sich nicht nur eine Brücke in der Lehre, sondern auch die Ausbildung des Glaubens an eine persönliche Nachfolge, der in den ältesten Texten des Christentums gar nicht vorkommt. Es ist die Stunde der Besinnung auf Maria, die Gottesmutter. In ihr erkennt Johannes ein mögliches Bindeglied zwischen der Mysterienreligion der Artemis und der Lehre Christi.

MARIA – JUNGFRAU UND GOTTESMUTTER

Der Lieblingsjünger Johannes hatte in Jerusalem vom gekreuzigten Christus in letzter Minute den Auftrag erhalten, sich seiner Mutter Maria anzunehmen. So jedenfalls lesen wir es im neunzehnten Kapitel des Johannes-Evangeliums:

»Es stand aber bei dem Kreuze Jesu seine Mutter und seiner Mutter Schwester, Maria, des Kleopas Frau, und Maria Magdalena. Da nun Jesus seine Mutter sah und den Jünger dabeistehen, den er liebhatte, spricht er zu seiner Mutter: Weib, siehe, das ist dein Sohn! Danach spricht er zu dem Jünger: Siehe, das ist deine Mutter! Und von der Stunde an nahm sie der Jünger zu sich.«

Bis zu diesem Augenblick der sorgenden Erinnerung an seine Mutter ist Jesus nicht als liebender Sohn bezeugt. Und auch Maria scheint keine innigen Gefühle für den ihr so wunderbar verkündeten Sohn empfunden zu haben – einen Sohn, der sich schon früh von ihr abwendet.

Als der Wundertäter Jesus von einer Frau auf offener Straße an die Besonderheit seiner Mutter mit den Worten erinnert wird, »selig ist der Leib, der dich getragen hat, und die Brüste, die du gesogen hast«, erwidert er: »Nein, selig sind, die Gottes Wort hören und bewahren.« Diese Äußerungen sind im Lukas-Evangelium XI, 28 überliefert.

Noch deutlicher zeigt sich Jesu Abkehr von Mutter und Familie in einem Bericht, den wir bei Markus, Matthäus und Lukas finden. Die Angehörigen Jesu hören diesen Texten zufolge von seinen Predigten und Wundertaten und glauben, er sei von Sinnen. So kommen sie und fragen nach ihm. Da entwickelt sich nach Markus III, 32 folgender aufschlußreicher Dialog zwischen seinen Anhängern und ihm: »Siehe, deine Mutter und deine Brüder draußen fragen nach dir.« Da antwortete er ihnen und sprach: ›Wer ist meine Mutter und meine Brüder?‹ Und er sah rings um sich auf die, die um ihn im Kreise saßen und sprach: ›Sieh, das ist meine Mutter und meine Brüder! Wer Gottes Willen tut, der ist mein Bruder und meine Schwester und meine Mutter.‹«

Selbst im Johannes-Evangelium II,4 finden wir ein abweisendes Wort Jesu an seine Mutter. Als diese ihn auf der Hochzeit von Kana darauf hinweist, daß es im Hause an Wein fehle, wendet er sich von ihr ab mit der schroffen Frage: »Weib, was geht's dich an, was ich tue?« Trotzdem vollzieht er danach das berühmte Weinwunder von Kana, indem er sechs Krüge Wasser in köstlichen Wein verwandelt.

All das und vieles mehr in der Lebensgeschichte Jesu deutet nicht auf ein Bewußtsein seiner wunderbaren Geburt und der besonderen Bedeutung der Maria für seine Gotteskindschaft hin. Sie ihrerseits scheint sein Wirken anfangs als Ausdruck dämonischer Besessenheit verstanden zu haben. Doch wendet sie sich nach seiner Kreuzigung den Jüngern, vor allem Johannes, zu und ist dann wohl auch mit jenem nach Ephesos gezogen, wo sie wahrscheinlich in den fünfziger Jahren gestorben ist.

Daß Mariengräber auch in Jerusalem und in Asien verehrt werden, spricht nicht gegen diese, allerdings unbeweisbare, Annahme, die sich im wesentlichen auf Visionen zweier Katholikinnen des neunzehnten Jahrhunderts stützt. Die eine, Katharina Emmerick, eine Nonne aus Dülmen in Westfalen, hat ihre Visionen dem Romantiker Clemens Brentano mitgeteilt, der sie in den Büchern *Die Passion Jesu Christi* und *Das Leben der allerseligsten Jungfrau* veröffentlicht hat. Vor allem diese geheimnisvollen Aussagen waren es, die Spurensucher im späten neunzehnten Jahrhundert nach Ephesos geführt haben.

Übernatürlich wie Verkündigung, Empfängnis und Geburt ist also auch dieser wichtigste späte Hinweis auf das Schicksal Marias. Was man von ihr zu wissen meint, bewegt sich im Rahmen der Legende. Historisch ist die Gottesmutter noch weniger faßbar als ihr Sohn. Erst nach ihrem Tode hat sich der Mythos von der jungfräulichen Empfängnis und Geburt Jesu ausgebreitet. Auch die Stellen, die in den Evangelien darauf hinweisen, sind wohl spätere Einfügungen, die auf die schnelle Ausbildung des Mythos von der Jungfrau Maria hindeuten.

Hier erhebt sich nun die Frage, wie es zu diesem Mythos kam. Es ist zugleich die Frage nach dem Ursprung und der Entfaltung der christlichen Lehre in ihrem zweifachen Aspekt des Christus als Heiland und seiner Mutter als Jungfrau und Gottesgebärerin. Und die haben wir in Kleinasien mit dem Schwerpunkt Ephesos zu suchen, wo wahrscheinlich schon zu Zeiten des Johannes oder doch unmittelbar danach von der Unbefleckten Empfängnis Mariens und der jungfräulichen Geburt Christi gesprochen und geschrieben wurde.

Diese Vorstellungen und Texte, die wir später in den neutestamentlichen Apokryphen finden, gehen zurück auf die Mysterien der Gnosis, jener Geheimlehre von der Erkenntnis des Übersinnlichen, deren Vertreter in der Frühzeit des Christentums die stärksten Rivalen der jungen Kirche waren, auch wenn sie sich zum Teil auf die christliche Lehre beriefen. Insofern muß es uns einerseits paradox erscheinen, daß eines der ältesten christlichen Dogmen – das Mariendogma – seinen Ursprung in der Gnosis hat. Andererseits ist eben der Marienmythos eine so gut in die gnostische Vorstellungswelt passende Erscheinung, daß wir in den gnostischen Texten sogar einem der Maria zugeschriebenen Evangelium mit dem Titel »Die Fragen Marias« begegnen, das allerdings nur in Bruchstücken erhalten ist.

Dabei kommen in den sogenannten »Großen Fragen« Offenbarungen vor, die Jesus angeblich seiner Mutter gemacht hat, die aber so weit von allem wegführen, was wir als ursprünglich christlich bezeichnen können, daß hier die phantasievolle Ausstattung christlicher Zeugen mit gnostischen Gedanken deutlich wird. So heißt es in einer jener Offenbarungen Jesu an seine Mutter, er habe »sie beiseite genommen auf den Berg, gebetet und eine Frau aus seiner Seite hervorgebracht und begonnen, sich mit ihr zu vereinigen, und so habe er dann, indem er seinen

Samenausfluß nahm, gezeigt, daß man so handeln müsse, auf daß wir leben«.

Es ist aufschlußreich, daß Christus in einem Kommentar zu diesem Text als »Offenbarer obszöner Praktiken« bezeichnet wird. Wäre es nicht vielmehr denkbar, daß Christus hier einfach als Verkünder des natürlichen Vorgangs der Zeugung auftritt und mit seinem Tun zu erkennen geben will, daß seine Geburt ohne menschliche Zeugung die Ausnahme sei und bleiben müsse?

Was in diesem Zusammenhang auffällt, ist die Beurteilung des Geschlechtlichen, das an dieser Stelle doch offensichtlich symbolisch für die Menschwerdung gesehen wird, als obszöner Akt. Damit kommt eine neue Tendenz in die Betrachtung und Einschätzung der Sexualität, die bis in jene Zeit zwar von Beschränkungen, Tabus und asketischen Übungen betroffen war, aber doch nie einen unmoralischen, verwerflichen Aspekt hatte. Die Verteufelung geschlechtlicher Beziehungen und Praktiken als etwas Menschenunwürdiges, dem Ethos Widersprechendes beginnt offenbar erst um die Zeitenwende und wird Bestandteil christlicher Moralvorstellungen, so wie auch die Forderung der geschlechtlichen Askese zum christlichen Ideal erhoben wird, das dann in den Mönchs- und Nonnenorden seinen absoluten Ausdruck findet.

Es ist heute schwer, eine Zeit wie die des Römischen Reiches, in der sexuelle Ausschweifung und Perversitäten eine große Rolle gespielt haben, in dieser Hinsicht gerecht zu beurteilen. Vielleicht wollte man sich in christlichen Kreisen einfach von dem absetzen, was als reine Genußsucht und Ausdruck der sexuellen Übersättigung viele Menschen beherrschte. Doch wir müssen in diesem Zusammenhang auch noch einen anderen Aspekt berücksichtigen. Es ist die geschlechtsfeindliche, prüde Mentalität vieler Esoteriker und pseudophilosophischer Autoren jener Zeit, die Geschlechtsfeindschaft und Askese zu einer Mode hochstilisieren, die ihrem Lebensekel und ihrer zum Teil nur gespielten Weltabkehr entsprach.

In diese Vorstellungswelt einer allem Natürlichen abholden

Esoterik, wie wir sie bei Stoikern und Neuplatonikern finden, paßt auch die erzwungene Jungfräulichkeit der Artemis-Priesterinnen wie das Eunuchentum ihrer Priester. Vielleicht war diese elitäre Lebensform von Auserlesenen sogar der Auslöser solch unnatürlicher Entwicklungen. Die Artemis-Mysterien spielten dabei sicher eine entscheidende Rolle. Deshalb müssen wir wohl auch die Berichte von Marias Unbefleckter Empfängnis und der jungfräulichen Geburt Christi, die sich in dieser Zeit entwickeln, in solchen Zusammenhängen sehen. Das bezeugen viele Beispiele aus der umfangreichen Marienliteratur jener Zeit.

Im sogenannten Protoevangelium des Jakobus, dessen älteste Fassungen wahrscheinlich ins zweite Jahrhundert zurückgehen, finden wir die Geschichte einer Hebamme, die Maria bei der Niederkunft beigestanden hat, romanhaft ausgebreitet. Die Frau ist fasziniert von dem Wunder dieser Geburt, das sie sogleich mit dem Ausdruck größten Erstaunens einer anderen Frau namens Salome erzählt. Doch Salome zweifelt und sagt: »Bei dem Leben des Herrn, meines Gottes, wenn ich nicht meinen Finger hineinlege und ihren Schoß erforsche, so werde ich niemals glauben, daß eine Jungfrau geboren hat.«

Hier begegnen wir der gleichen Jungfrauenprobe, wie sie im Artemision üblich war. Doch die Geschichte findet eine interessante Fortsetzung. Nachdem Salome ihren Finger in Marias Schoß gelegt hat, stößt sie einen Schrei aus: »Verflucht sei meine Ruchlosigkeit und mein Unglaube, denn ich habe den lebenden Gott versucht, und jetzt ist meine Hand mit Feuer geschlagen und fällt ab von mir.« Hier löst der Zweifel die sofortige Strafe aus – eine Strafe jedoch, die durch Reue und Buße der Salome wieder zurückgenommen wird.

So knüpfen sich im Beispiel dieser Geschichte Lehre und Wunder zu jener seltsamen ethisch-eschatologischen Einheit, mit der die frühen Christen nicht nur die alten Götter Asiens, Griechenlands und Roms, sondern auch ihre ärgsten Feinde, die Vertreter des römischen Kaiserkults, überwunden haben. Welch große Bedeutung dabei die richtige Einschätzung des Artemis-Kults und dessen in gewandelter Gestalt erfolgte Eingliederung in die eigene Glaubenswelt der Christen hatte, wollen wir nun untersuchen.

Wir wissen nicht, ob die Ausbildung des Marienmythos eine unmittelbare Folge des mächtigen Artemis-Kults war oder ob er, aus gnostischer Quelle entsprungen, von geschickten Kirchenmännern gegen die unsterblich scheinende, uralte Göttin ins Feld geführt wurde, um sie verwandelt zu übernehmen, da man ihren Einfluß offensichtlich nicht zu überwinden vermochte.

In die Nähe der Artemis rückt Maria als die ewige Jungfrau. Über sie hinaus weist ihre Rolle als Gottesgebärerin. Hier haben wir die beiden Grundlagen ihres Kults und die Enthüllung ihres Geheimnisses als letzte im langen Reigen der Muttergottheiten, die sich im Grunde alle gleich sind: Varianten der Großen Mutter. Aus christlicher Sicht wird sie erhöht zur Gottesgebärerin. Diese kühne, die alten Kulte überwindende Vorstellung entwickelte das frühe Christentum in vierhundert Jahren. Es war der Weg von Johannes zum Konzil, das am 22. Juni 431 in der Marienkirche von Ephesos stattfand. Dort erfolgte die Sanktionierung eines Vorgangs ohne Beispiel, an den die katholische Christenheit trotz berechtigter Zweifel bis heute glaubt oder doch durch Dogma zu glauben gehalten ist.

An jenem 22. Juni 431 fand der asiatische Mythos, wie er in der Artemis bis in diese Zeit überlebt hatte, seinen Eingang in die ursprünglich ganz anders begründete Glaubenswelt Christi. Es war die Überwältigung des klaren Geistes der Bergpredigt durch die Wundergläubigkeit einer Gemeinde, die den Vorschlägen Christi zur rechten Lebensbewältigung wohl nicht zu folgen vermochte, ohne darüber den Zauber des Wunderbaren auszubreiten. Dieses Wunderbare aber, das in der Jungfrau Maria als Gottesgebärerin ihren Ausdruck findet, ist zugleich die Bindung des rationalen Geistes an eine Welt, die er verneint – an die Welt der Großen Mutter. Der Brückenschlag gelingt mit Hilfe der uralten Vorstellung von der heiligen Biene als dem Sinnbild der Reinheit und Jungfräulichkeit. Sie ist Symbol der Artemis in ihrer letzten Epiphanie und zugleich Ausdruck des Fortwirkens der Göttin in Maria als Gottesmutter.

So wird Maria für uns zum lebendigen Bindeglied zwischen den geheimnisvollen religiösen Mysterien Asiens und dem rationalen, agnostischen Abendland, wie es heute in all seiner Problematik, seiner Größe und seiner Fragwürdigkeit besteht. Ohne Marias selbst in den Kirchen zuweilen bezweifelte Rolle der mystischen Einheit von Jungfrau, Gottesgebärerin und Himmelskönigin wäre für viele Menschen das Leben in Vergangenheit und Gegenwart noch trauriger, noch trostloser gewesen, als sie es empfinden mußten, wenn sie vom Geist oder vom Erfolg her nicht zu den Begünstigten gehörten.

Wie immer wir die Rolle Marias in den christlichen Kirchen auch einschätzen mögen, eine Hilfe, eine Hoffnung, ein Trost ist sie seit fast zweitausend Jahren für viele gewesen. Selbst wenn man ihren Wandel von der Mutter Jesu zur letzten großen Muttergöttin als Manipulation der Kirche begreifen muß, wie das die Betrachtung der erkennbaren Fakten nahelegt, kommt ihr in der gewandelten Form doch eine große Heilsbedeutung zu. Das darf man nicht vergessen, gerade auch dann nicht, wenn man Geschichte und Legenden kritisch hinterfragt.

Wir leben nun einmal in einer gespaltenen Welt, in der harte rationale Wirklichkeit die eine und tiefe, oft auch naive Frömmigkeit die andere Seite ist. Dazwischen verläuft unser polarisiertes Leben mit stärkerer Neigung zur einen oder zur anderen Seite. Da sucht das »Maria hilf« der zahlreichen Prozessionen den Ausgleich. Er kann im Verständnis vieler Menschen nur von außen kommen – vom Schicksal, von Gott oder eben von Maria. Die Hilfe der Mutter ist immer gefragt – vom Kind, vom Menschen in hilfloser, bedrängter Lage. Kein Wunder also, daß Marienbilder bis heute Gegenstand der Verehrung, der Anbetung, vor allem aber auch der Hoffnung sind – der Hoffnung auf Hilfe und Schutz, besonders in den ärmeren und ärmsten Ländern.

So gesehen ist Maria das letzte uns gebliebene Abbild jener mütterlichen Vergangenheit, die der Alte Orient und Anatolien dem Abendland geschenkt haben. Ein Abbild nur, ein Abglanz jener tragenden Ganzheit, als die uns die Große Mutter früh begegnet ist und uns begleitet hat durch Jahrtausende bis zu jenem Punkt, da der Mann zum Krieger, zum Gewalttäter und die Frau zur Unterdrückten, zur Untertanin des Mannes wurde.

Damals tat sich die Kluft auf zwischen Asien und Europa, zwischen kontemplativer und vorwärtsdrängender Geistesart – eine Kluft, die es zu überwinden gilt, so wie die politische Kluft zwischen Ost und West, die, wie wir im Herbst 1989 erfahren haben, nicht nur eine Kluft zwischen entstellten sozialistischen Hoffnungen und harter kapitalistischer Wirklichkeit ist. Wir erkennen sie auch als eine Kluft zwischen Mentalitäten und Lebensvorstellungen, zwischen Realität und Lebenserwartungen.

Wie wenig Sensibilität westliche Politiker in diesem Prozeß oft zeigen, erwies sich am 18. Dezember 1989 durch die Nachricht, die Europäische Gemeinschaft habe den beantragten Beitritt der Türkei zur EG vorläufig abgelehnt. Die Begründung: Das Land sei weder politisch noch wirtschaftlich reif für eine Mitgliedschaft. Da erhebt sich für eine Gruppierung, die sich, wie man immer wieder liest, als »westliche Wertegemeinschaft« versteht, die Frage, ob nicht gerade die angegebenen Gründe für die Nichtaufnahme im Geist wertebewußter Verantwortung tragender Europäer das Gegenteil hätten bewirken müssen.

Doch wer besinnt sich heute schon noch auf die Mutterrolle des frühen Anatolien bei der Entstehung europäischer Kultur und auf das, was ihr ganz Europa verdankt? Aber vielleicht ist die Entscheidung auch nur ein Beweis für die Fragwürdigkeit all des Redens über Europa, des Bemühens um seine Einheit – um das »europäische Haus« –, wenn man dabei, wie hier deutlich wird, seine Wurzeln, seinen Ursprung vergißt.

NACHWEIS DER ZITATE UND QUELLENVERZEICHNIS

Nachweis der Zitate

S. 159, »Komm, laß uns zum Gebirge gehen...« Zitiert nach: Volkert Haas, Hethitische Berggötter und hurritische Steindämonen. Mainz: Philipp von Zabern 1982.

S. 199, »Hymnus auf die Sonnengöttin von Arinna« Zitiert nach: Akurgal/Hirmer, Die Kunst der Hethiter. München: Hirmer 1961.

S. 208, »Sie [die Hethiter] paßten sich...« Zitiert nach: Volkert Haas, Hethitische Berggötter und hurritische Steindämonen. Mainz: Philipp von Zabern 1982.

S. 214 f., »Vormals in uralten Zeiten...« Eigene Formulierung – mit philologischer Fachberatung – nach bestehenden Übersetzungen.

S 267 f., »Die zauberhafte Gewalt...« Zitiert nach: Johann Jakob Bachofen, Mutterrecht und Urreligion.

S. 283 f., »Ursprung und Urgrund...« Zitiert nach: Walther Kranz, Vorsokratische Denker. Berlin 1949.

S. 291, »Die Pferde, die mich fahren...« Zitiert nach: Parmenides, Die Fragmente. Hrsg. u. übers. v. E. Heitsch. München: Heimeran 1974.

S. 294 f., »Artemis! Jungfrau du!...« Zitiert nach: Kallimachos, Dichtungen. Übers. v. E. Howald und E. Staiger. Zürich: Artemis 1955.

Quellenverzeichnis

Aischylos: Tragödien und Fragmente. Übers. v. O. Werner. München 1959.

Archilochos: Gesamtausgabe. Hrsg. u. übers. v. M. Treu. München 1959.

Aristoteles: Metaphysik. Übers. v. E. Rolfes. Leipzig 1920.

Gelb, I. J.: Hithite Hieroglyphic Monuments. Chicago 1939.

Heraklit: Fragmente. Übers. v. B. Snell. München 1965.

Hesiod: Sämtliche Gedichte. Übers. v. W. Marg. Zürich 1970. (Bibliothek der Alten Welt.)

Homer: Ilias. Übers. v. W. Schadewaldt. Frankfurt/Main 1975.

Kallimachos: Dichtungen. Übers. v. E. Howald und E. Staiger. Zürich 1955. (Bibliothek der Alten Welt.)

Keilschrifttexte aus Boghazköy. Berlin 1921 ff.

Neu, E.: Der Anitta-Text. Wiesbaden 1974.

Orpheus: Altgriechische Mysterien. Übertragen v. J. O. Plassmann. Köln 1982.

Parmenides: Vom Wesen des Seiendes. Die Fragmente. Hrsg. u. übers. v. U. Hölscher. Frankfurt/Main 1969.

Parmenides: Die Fragmente. Übers. v. E. Heitsch. München 1974.

Pindar: Die Dichtungen und Fragmente. Übers. v. L. Wolde. Wiesbaden 1958.

Platon: Spätdialoge. 2 Bände. Übers. v. R. Rufener. Zürich 1969.

Die Schöpfungsmythen. Vorwort von M. Eliade. Darmstadt 1977.

Thukydides: Geschichte des Peloponnesischen Krieges. Übers. v. G. P. Landmann. Zürich 1960.

Thureau-Dangin, F. (Hg.): Die sumerischen und akkadischen Königsinschriften. Leipzig 1907.

LITERATURVERZEICHNIS

Zusammengestellt von Kirstin Sylva Stolle

AKURGAL, E.: Die Kunst Anatoliens von Homer bis Alexander. Berlin 1961.

AKURGAL, E./M. HIRMER: Die Kunst der Hethiter. München 1961.

ALKIRU, U. B.: Anatolien I. Genf 1968.

BACHOFEN, J. J.: Gesammelte Werke. 10 Bände. Basel 1943 ff.

BAMMER, A.: Das Heiligtum der Artemis von Ephesos. Graz 1984.

BÄUMLER, A.: Der Mythos von Orient und Occident. München 1956.

BIEGEL, G. (Hg.): Das erste Gold der Menschheit. Ausstellungskatalog. Freiburg 1986.

BITTEL, K.: Grundzüge der Vor- und Frühgeschichte Kleinasiens. Tübingen 1945.

BITTEL, K.: Archäologische Forschungsprobleme zur Frühgeschichte Kleinasiens. Opladen 1973.

BITTEL, K.: Die Hethiter. München 1976.

BITTEL, K.: Hattuscha. Hauptstadt der Hethiter. Köln 1983.

BLEGEN, C.W.: Troy and the Trojans. London 1963.

BOARDMAN, J.: Die Keramik der Antike. Freiburg 1985.

BONNET, H.: Die Waffen der Völker des Alten Orients. Leipzig 1926.

BOSINSKI, G./G. FISCHER: Die Menschendarstellungen von Gönnersdorf. Wiesbaden 1974.

BOSSERT, H. T.: Alt-Anatolien. Berlin 1942.

BRAIDWOOD, R. J./B. HOWE: Prehistoric Investigations in Iraqui Kurdistan. Chicago 1960.

BUCHHOLZ, H. G.: Ägäische Bronzezeit. Darmstadt 1987.

BUCHHOLZ, H. G./V. KARAGEORGHIS: Altägais und Altkypros. Tübingen 1971.

BURKERT, W.: Antike Mysterien. München 1990.

BURNEY, C./D. M. LANG: Die Bergvölker Vorderasiens. München 1973.

CAMPBELL, J.: Der Heros in tausend Gestalten. Frankfurt/Main 1978.

CAPELLE, W. (Hg.): Die Vorsokratiker. Stuttgart 1973.

CHARRIÈRE, G.: Die Kunst der Skythen. Köln 1974.

CREUZER, G. F.: Symbolik und Mythologie der alten Völker. 4 Bände. Leipzig 1837–1842.

DEMARGNE, P.: Die Geburt der griechischen Kunst. München 1965.

DEVEREUX, G.: Frau und Mythos. München 1986.

EKSCHMITT, W.: Die Kontroverse um Linear B. München 1969.

FORRER, E.: Forschungen I, 1. o. O. 1926.

FRÄNKEL, H.: Dichtung und Philosophie des frühen Griechentums. München 1962.

FRÄNKEL, H.: Wege und Formen frühgriechischen Denkens. München 1969.

FRIEDRICH, J.: Entzifferungsgeschichte der hethitischen Hieroglyphenschrift. Stuttgart 1939.

FRIEDRICH, J.: Die hethitischen Gesetze. Leiden 1959.

GADAMER, H. G. (Hg.): Um die Begriffswelt der Vorsokratiker. Darmstadt 1989.

GELB, I. J.: Von der Keilschrift zum Alphabet. Stuttgart 1958.

GEORGIEV, G. J. u. a.: Keramik und Gold. Bulgarische Jungsteinzeit im 6. und 5. Jahrtausend. Ausstellungskatalog. Frankfurt/Main 1983.

GIEDION, S.: Die Entstehung der Kunst. Köln 1964.

GIEDION, S.: Der Beginn der Architektur. Köln 1964.

GOETZE, A.: Kleinasien. In: Handbuch der Alter-

tumswissenschaft III, 1, 3. München 1957.
GRIGSON, G.: Aphrodite. Bergisch Gladbach 1978.
HAAS, V.: Hethitische Berggötter und hurritische Steindämonen. Mainz 1982.
HAAS, V./G. WILHELM: Hurritische und luwische Riten aus Kizzuwatna. Kevelaer 1974.
HAENSCH, W.G.: Die paläolithischen Menschendarstellungen. Bonn 1968.
HAUSSIG, H.W. (Hg.): Götter und Mythen im Vorderen Orient. Stuttgart 1965.
HELCK, W.: Die Beziehungen Ägyptens zu Vorderasien im 3. und 2. Jahrtausend v. Chr. Wiesbaden 1971.
HELCK, W.: Die Beziehungen Ägyptens und Vorderasiens zur Ägäis bis ins 7. Jahrhundert v. Chr. Darmstadt 1979.
HOENN, K.: Artemis. Zürich 1946.
HOERNES, M./O. MENGHIN: Urgeschichte der bildenden Kunst in Europa. Wien 1925.
HOWALD, E.: Der Dichter Kallimachos von Kyrene. Erlenbach, Zürich 1943.
HROUDA, B.: Vorderasien I. In: Handbuch der Archäologie. München 1971.
HROZNÝ, B.: Die älteste Geschichte Vorderasiens. Prag 1940.
HÜBNER, K.: Die Wahrheit des Mythos. München 1985.
HUMANN, K./O. PUCHSTEIN: Reisen in Kleinasien und Nordsyrien. Berlin 1890.
IDOLE. Frühe Götterbilder und Opfergaben. Mainz 1985.
JAEGER, W.: Die Theologie der frühen griechischen Denker. Stuttgart 1953.
JENNY-KAPPERS, TH.: Muttergöttin und Gottesmutter in Ephesos. Einsiedeln 1986.
JENSEN, H.: Die Schrift in Vergangenheit und Gegenwart. Berlin 1958.
JETTMAR, K.: Die frühen Steppenvölker. Baden-Baden 1964.
KERÉNYI, K.: Die Mythologie der Griechen. 2 Bände. München 1966.
KERÉNYI, K.: Auf Spuren des Mythos. München 1967.
KERÉNYI, K.: Dionysos. München 1976.
KERÉNYI, K.: Apollon und Niobe. München 1980.
KERSCHENSTEINER, J.: Platon und der Orient. Stuttgart 1945.
KERSCHENSTEINER, J.: Die mykenische Welt in ihren schriftlichen Zeugnissen. München 1970.
KLENGEL, E. UND H.: Die Hethiter. Leipzig 1970.
KLENGEL, H.: Kulturgeschichte des alten Vorderasiens. Berlin 1989.
KORFMANN, M.: Tilkitepe. Tübingen 1982.
KRANZ, W.: Vorsokratische Denker. Berlin 1949.
KÜHN, H.: Die Kunst Alt-Europas. Stuttgart 1958.
LEROI-GOURHAN, A.: Die Religionen der Vorgeschichte. Frankfurt/Main 1981.
LEWY, H.: Anatolia in the Old Assyrian Period. Cambridge 1965.
LLOYD, S.: Die Kunst des alten Orients. München 1961.
LLOYD, S.: Early Highland Peoples of Anatolia. London 1967.
MARINATOS. SP./M. HIRMER: Kreta, Thera und das mykenische Hellas. München 1973.
MARINGER, J.: Vorgeschichtliche Religion. Einsiedeln 1956.
MASSON, E.: Le Panthéon de Yazilikaya. Paris 1981.
MATZ, F.: Kreta und frühes Griechenland. Baden-Baden 1962.
MAYRHOFER, M.: Die Indo-Arier im Alten Vorderasien. Wiesbaden 1966.
MAYRHOFER, M.: Die Arier im Vorderen Orient. Ein Mythos. Wien 1974.
MAYRHOFER, M.: Kleinasien zwischen Agonie des Perserreiches und hellenistischem Frühling. Wien 1976.
MEIER-SEETHALER, C.: Ursprünge und Befreiungen. Zürich 1988.
MELLAART, J.: Çatal Hüyük. Bergisch Gladbach 1967.
MELLAART, J.: Excavations at Hacılar. Edinburgh 1970.
MELLINK, M.J./J. FILIP: Frühe Stufen der Kunst. Berlin 1974.
METZGER, H.: Anatolien II. Genf 1969.
MEYER, E.: Geschichte des Altertums. 8 Bände. Stuttgart, Berlin 1910.
MEYER, E.: Kleine Schriften. 2 Bände. Halle 1924.
MÜLLER-KARPE, H.: Handbuch der Vorgeschichte. 4 Bände. München 1966–1980.
MÜLLER-KARPE, H.: Das vorgeschichtliche Europa. Baden-Baden 1968.

NARR, K. J.: Weibliche Symbolplastik der älteren Steinzeit. In: Antaios II, 2, 1960.
NARR, K. J.: Urgeschichte der Kultur. Stuttgart 1961.
NARR, K. J.: Handbuch der Urgeschichte I, II. Bern, München 1966–1975.
NAUMANN, R.: Architektur Kleinasiens. Tübingen 1971.
NESTLE, W.: Die Vorsokratiker. Jena 1922.
NESTLE, W.: Die Sokratiker. Jena 1923.
NESTLE, W.: Vom Mythos zum Logos. Stuttgart 1975.
NIETZSCHE, F.: Homers Wettkampf. Vorrede zu einem ungeschriebenen Buch. 1872. In: Ders., Kritische Ausgabe sämtl. Werke. Berlin, New York 1967 ff.
NIETZSCHE, F.: Die Philosophie im tragischen Zeitalter der Griechen. 1873. In: Ders., Kritische Ausgabe sämtl. Werke. Berlin, New York 1967 ff.
NILSSON, M. P.: Geschichte der Griechischen Religion. 2 Bände. München 1967–1974.
NISSEN, H. J.: Grundzüge einer Geschichte der Frühzeit des Vorderen Orients. Darmstadt 1983.
OBERHUBER, K.: Die Kultur des Alten Orients. In: Handbuch der Kulturgeschichte. Frankfurt/Main 1972.
ORTHMANN, W.: Der alte Orient. Berlin 1975.
OTTO, B.: Geometrische Ornamente auf anatolischer Keramik. Mainz 1976.
OTTO, W. F.: Die Götter Griechenlands. Frankfurt/Main 1987.
PAPATHANASSOPOULOS, G.: Neolithic and Cycladic Civilization. Athen o. J.
PIGGOTT, S.: Vorgeschichte Europas. München 1972.
PLATON, N.: Kreta. Genf 1968.
REDEN, S. VON / J. G. P. BEST: Auf der Spur der ersten Griechen. Köln 1981.
RIEMENSCHNEIDER, M.: Die Welt der Hethiter. Stuttgart o. J.
RUMPF, E.: Das Muttertrauma in der griechischen Mythologie. Frankfurt/Main 1985.
SCHACHERMEYR, F.: Hethiter und Achäer. Leipzig 1935. (Mitteilungen der Altorientalischen Gesellschaft.)
SCHACHERMEYR, F.: Indogermanen und Orient. Stuttgart 1944.
SCHACHERMEYR, F.: Ägäis und Orient. Wien 1967.
SCHACHERMEYR, F.: Die ägäische Frühzeit. Teil 1. Wien 1976.
SCHACHERMEYR, F.: Die mykenische Zeit und die Gesittung von Thera. Wien 1976.
SCHACHERMEYR, F.: Die minoische Kultur des alten Kreta. Stuttgart 1979.
SCHACHERMEYR, F.: Kreta zur Zeit der Wanderungen. Wien 1979.
SCHACHERMEYR, F.: Griechische Frühgeschichte. Wien 1984.
SCHADEWALDT, W.: Von Homers Welt und Werk. Leipzig 1944.
SCHADEWALDT, W.: Die Anfänge der Philosophie bei den Griechen. Frankfurt/Main 1977.
SCHERER, A. (Hg.): Die Urheimat der Indogermanen. Darmstadt 1978.
SCHLIEMANN, H.: Ithaka, der Peloponnes und Troja. Leipzig 1869.
SCHLIEMANN, H.: Mykenae. Leipzig 1878.
SCHMOECKEL, R.: Die Hirten, die die Welt veränderten. Hamburg 1982.
SCHMÖKEL, H.: Hethitische Geschichte. In: Handbuch der Orientalistik II, 3. Leyden 1957.
SCHNEIDER, C.: Geistesgeschichte des antiken Christentums. 2 Bände. München 1954.
SCHUCHHARDT, C.: Alteuropa. Berlin 1926.
SOMMER, F.: Hethiter und Hethitisch. Stuttgart 1947.
SREJOVIĆ, D.: Lepenski Vir. Bergisch Gladbach 1973.
STEINER, G.: Die Ahhijawa-Frage heute. In: Saeculum 15, 1964.
STIER, H. E.: Grundlagen und Sinn der griechischen Geschichte. Stuttgart 1945.
THIMME, J. (Hg.): Kunst der Kykladen. Karlsruhe 1976.
UHLIG, H.: Die Sumerer. Bergisch Gladbach 1989.
VERNANT, J. P.: Tod in den Augen. Artemis und Gorgo. Frankfurt/Main 1988.
WEBSTER, T. B. L.: Von Mykene bis Homer. München 1960.
WINTER, U.: Frau und Göttin. Göttingen 1983.
WOOD, M.: Der Krieg um Troja. Frankfurt/Main 1985.
WOOLLEY, L.: Mesopotamien und Vorderasien. Baden-Baden 1961.

REGISTER

Zusammengestellt von Kirstin Sylva Stolle

Die Hethiter
und ihre Nachfolger
0
250 km
Istanbul
Sakarya
Gordi
Gediz
Izmir
Karabel
Eflatun Pınar
Kony
Fasıllar
Menderes
Antalya